Mireille Guiliano

Warum französische Frauen nicht dick werden

Aus dem Englischen
von Werner Löcher-Lawrence

BLOOMSBURY BERLIN

4. Auflage 2005

Die Originalausgabe erschien 2005 unter dem Titel
French Women Don't Get Fat bei Alfred A. Knopf, New York

BLOOMSBURY BERLIN

Umschlaggestaltung: Nina Rothfos
und Patrick Gabler, Hamburg
Gesetzt aus der Stempel Garamond
durch Fotosatz Amann, Aichstetten
Druck und Bindung: Clausen & Bosse, Leck
Printed in Germany 2005
ISBN 3-8270-0565-5

»Was ist wichtiger als das Essen? Betrachtet nicht selbst der unaufmerksamste Mann – die unaufmerksamste Frau – von Welt die Ausrichtung und den rituellen Ablauf eines Essens wie ein liturgisches Regelwerk? Wird nicht alle Zivilisation sichtbar in jenen sorgfältigen Vorbereitungen, die den Triumph des Geistes über eine rasende Esslust weihen?«

Valéry

INHALT

OUVERTÜRE

Was immer in kommenden Zeiten von der *grande nation* Frankreich bleiben wird – die einzigartigen Errungenschaften der französischen Geschichte und Kultur werden wohl nie in Vergessenheit geraten. Auch wenn bis heute, wie ich leider feststellen muss, einer der großen französischen Triumphe längst noch nicht die Anerkennung erfahren hat, die ihm eigentlich zustünde. Denn es ist eine ebenso einfache wie bekannte anthropologische Tatsache: Französische Frauen werden nicht dick.

Ich bin weder Ärztin, Physiologin, Psychologin, Ernährungsexpertin noch sonst ein Profi, der Menschen hauptamtlich hilft oder sie studiert. Aber ich bin in Frankreich aufgewachsen, mit zwei gesunden Augen, die mich meine Landsleute und Geschlechtsgenossinnen ein Leben lang haben beobachten lassen. Und ich esse sehr viel. Natürlich gibt es Ausnahmen, wie bei jeder Regel, dennoch lässt sich über französische Frauen in ihrer überwiegenden Mehrzahl sagen: Sie essen nach Herzenslust und werden doch nicht dick. *Pourquoi?*

In den letzten Jahren ist gerade in meiner Wahlheimat Amerika der Glaube gewachsen, dass sich Französinnen ganz offenbar, was Essen und Trinken angeht, fast alles erlauben können. Vorsichtig hat man so etwas wie ein »französisches Paradox« ausgemacht, was nicht zuletzt zahllose Herzpatienten und Wellness-Enthusiasten die Weinläden hat stürmen lassen, um sich mit Rotwein einzudecken. Darüber hinaus jedoch hat man sich leider wenig darum bemüht, die Weisheit französischer Esskultur und Lebensweise wirklich zu verstehen. Wer der ungemeinen Fähigkeit französischer Frauen, sich ihre Schlankheit zu bewahren, auf die Schliche käme, könnte zweifellos von ihren Erfahrungen profitieren. Mich selbst als lebenden Beweis vorführend, habe ich über die Jahre erfolgreich Dutzenden Amerikanerinnen geholfen, darunter einigen, die für mich in New York gearbeitet haben. In Gesprächen habe ich immer wieder die unzähligen Aspekte des Themas erörtert und bin deswegen von Freunden und Kollegen aufgezogen worden: »Wann wirst du endlich ein Buch darüber schreiben?« Nun, es ist so weit: *Le jour est arrivé!*

Könnte es eine bloße Laune der *Natur* sein? Könnte das langsame Rad der Evolution genug Zeit gehabt haben, einen eigenen Gen-Pool schlanker Frauen hervorzubringen? *J'en doute.*

Nein, französische Frauen haben ein System, ihre *trucs* – eine ganze Kollektion fein geschliffener Tricks. Obwohl ich mit ihnen aufwuchs und als Kind und Teenager glücklich nach dem lebte, was meine Mutter mich lehrte, geriet ich schließlich aus der Bahn. Ich kam als Austauschstudentin nach Amerika und erlitt eine Katastrophe, auf die ich völlig unvorbereitet war: eine 20-Pfund-Katastrophe. Wo war ich nur hingeraten, und wie würde ich meinen Weg zurück zu meinem früheren Selbst finden? Glücklicherweise bekam ich Hilfe: unseren Familiendoktor, den ich heute noch Dr. Wunder nenne. Er half mir, meine ererbte, aber verloren gegangene französische Weisheit in Bezug auf unser kulinarisches Leben neu zu entdecken – und damit auch meine alte Figur wiederzuerlangen. (Ja, es ist durchaus eine Art Erlösungsgeschichte.)

Ich habe mittlerweile den größten Teil meines Lebens in Amerika gelebt und gearbeitet und komme mir heute gleichzeitig wie eine Französin und eine Amerikanerin vor (und bin auf beides gleichermaßen stolz). Ein paar Jahre nach Abschluss der Universität kam ich als Übersetzerin der Vereinten Nationen nach New York und arbeitete anschließend für die französische Regierung – als Botschafterin französischen Essens und Weins. Ich heiratete einen wunderbaren Amerikaner und fand schließlich einen festen Platz in der hiesigen Arbeitswelt. 1984 begann nämlich etwas, das mich seitdem zwischen beiden Kulturen hat leben lassen. Ein großes, ehrbares französisches Champagnerhaus, dessen Geschichte bis ins 18. Jahrhundert zurückreicht, eröffnete eine New Yorker Dependance, die sich mit dem Import und Marketing von Champagner und erlesenen Weinen befassen sollte. Ich war die erste Angestellte und wurde damit über Nacht zur hochrangigsten Frau des Unternehmens seit der alten Familienpatriarchin, die 1866 gestorben war. Bis heute bekleide ich eine führende Position in dem Haus, das mittlerweile zu einer größeren Gruppe gehört.

Während meiner ganzen Zeit hier habe ich praktiziert, was die meisten Französinnen gleichsam automatisch tun. Dabei liegen die Gefahren, denen ich mich gegenübersah und -sehe, weit über dem Durchschnitt. Ich übertreibe nicht, wenn ich sage, dass mein Beruf von mir verlangt, rund 300-mal im Jahr in Restaurants zu essen (ein harter Job, aber einer muss ihn machen). Seit 20 Jahren ist das so, und zwar nie ohne ein Glas Wein oder Champagner (Geschäft ist Geschäft). Dabei geht es immer um ganze Menüs, nicht einfach nur um einen leichten Salat und ein Glas sprudelndes Mineralwasser. Und doch wiege ich nicht zu viel und bin durch und durch gesund.

Dieses Buch nun soll erklären, warum das so ist – und wichtiger: wie auch Sie Ihr Wunschgewicht bewahren können. Wenn Sie lernen und sich zu Herzen nehmen, wie französische Frauen traditionell über Essen und Leben denken und damit umgehen, können auch Sie erreichen, was unmöglich zu sein scheint. Was ist das Geheimnis? Zuerst ein Wort dazu, was es nicht ist.

Viele von uns erfüllen immer noch gleichzeitig zwei Rollen und arbeiten zu Hause und im Beruf mehr, als die meisten Männer ahnen. Obendrein müssen wir einen Weg finden, uns um unsere Gesundheit zu kümmern, und versuchen unser Aussehen so zu pflegen, dass wir uns selbst gefallen. Aber seien wir ehrlich: Vielen von uns gelingt es nicht, ein gesundes Gewicht zu halten, sosehr wir uns auch immer wieder Dinge verbieten. So gibt es mittlerweile eine wahre Schwemme von Diäten und Diätbüchern, die mitunter wie Handbücher der Biochemie anmuten. Egal, wie viele bereits erschienen sind, die nächsten werden gerade geschrieben. Warum bricht die Nachfrage nicht ab? Warum setzen die zahllos gekauften und gelesenen Anleitungen unseren Sorgen nicht tatsächlich ein Ende? Einfach gesagt: wegen ihres unerträglichen Extremismus.

Abgesehen von einem kleinen jakobinischen Zwischenspiel im 18. Jahrhundert, war Extremismus nie eine französische Sache. Die meisten Diäten bedeuten jedoch Radikalkuren – extreme Maßnahmen, schnelle Erfolge, die zwar eine Weile funktionieren mögen, danach leben lässt sich jedoch nicht. Irgendwann stolpern Sie, fallen aus dem Schema und verlieren den Überblick über Ihre Kalorien. Und warum auch nicht? *C'est normal!* Denn morgen schon wird der eine Extremismus durch einen anderen abgelöst. Wer erinnert sich nicht an die Tage der Kohlehydrat-Diäten? An Grapefruit-Wochen? Einmal stehen Fett und Proteine auf der Tagesordnung, und die bösen Kohlehydrate werden verteufelt. Ein anderes Mal sind Kohlehydrate angesagt, dann sind sie das Einzige, was Sie essen dürfen. Genauso geht es mit Wein, Brot, Fleisch – das unausgesprochene Prinzip hinter all diesen Diäten scheint zu sein, dass Sie sich irgendwann zu Tode langweilen mit dem einen, was Sie da essen, das Interesse am Essen überhaupt verlieren und somit auch ein paar Pfunde. Manchmal funktioniert das auch tatsächlich. Aber was passiert, wenn Sie Ihr Radikalprogramm hinter sich lassen und zur Normalität zurückkehren? Sie wissen es. Und deshalb: *attention!* Verbannen Sie alle Diätbücher! Sie brauchen keine Ideologie oder Technologie oder was auch immer – Sie brauchen, was französische Frauen haben: ein ausgewogenes, langzeiterprobtes Verständnis für Ernährung und für Ihre Bedürfnisse und die daraus resultierende Beziehung zu Essen und Leben. Der *coup de grâce*, der Gnadenstoß für alle Extrem-Diäten, besteht letztlich in deren Unverständnis für die individuellen Unterschiede in unserem Stoffwechsel. Viele männlichen Autoren übersehen zudem völlig den Umstand, dass die weibliche Physiologie anders funktioniert als ihre eigene. Darüber hinaus ändert sich der Stoffwechsel der Frau über die Jahre: Eine 25-Jährige, die zu viel wiegt, ist in einer ganz anderen Situation und Verfassung als eine 50-Jährige.

Meine Geschichten und Ratschläge können jedermann helfen, dennoch richtet sich dieses Buch vor allem an Frauen; schließlich gründet es auf meiner eigenen Erfahrung. Ich möchte Frauen ansprechen, die unter persönlichem und beruflichem Druck stehen und sich wie wir alle den Fallen und Versuchungen der modernen Welt gegenübersehen. Dabei meine ich nicht die, deren Gewicht eine unmittelbare Gefahr für ihre Gesundheit darstellt, sondern all jene, die bis zu zehn Kilo abnehmen wollen – und vielleicht auch etwas mehr. Ich spreche ganz verschiedene

Altersgruppen an, von 7 bis 77, und ich schneide meinen Rat auf deren besondere Bedürfnisse und Probleme zu. Ich biete einen umfassenden Ansatz, Strategien und Überlegungen, die Sie sich zu Eigen machen können. Dazu gehören ganze Menüs und schnelle Rezepte, die jeder nachkochen kann, und, *bien sûr*, eine Anleitung, wie wir uns bewegen sollten. Ja, und dass Männer dieses Buch ebenfalls in die Hand nehmen und nicht nur selbst davon profitieren, sondern auch noch das eine oder andere über das andere Geschlecht lernen – dieser Gedanke gefällt mir durchaus.

Worin liegt also nun das Geheimnis französischer Frauen? All der reiferen Französinnen, die mit der Figur von 25-Jährigen über die Boulevards von Paris spazieren? Die folgenden Kapitel tragen meine französischen und Pariser Erfahrungen zusammen (wo ich auch heute jedes Jahr rund drei Monate lebe), aber auch die aus Amerika und anderen Ländern. Ich möchte Sie, die Leserin, dazu einladen, über Möglichkeiten und Unterschiede nachzudenken und Ihren gesunden Lebensstil danach neu auszurichten.

Lassen Sie mich ganz zu Anfang noch feststellen, dass Französinnen kaum über Gewicht und Diäten sprechen, schon gar nicht mit Fremden. Vielleicht erzählen sie irgendwann einer wirklich nahen Freundin von einem kleinen Kniff, einer schlauen Verfeinerung eines alten französischen Prinzips, hauptsächlich aber sprechen wir von den Dingen, die wir genießen: Gefühle, die Familie, Hobbys, Philosophie, Politik, Kultur – und ja, natürlich, Essen, ganz besonders das Essen (aber nie Diäten).

Für Französinnen besteht kein Widerspruch zwischen Essen und Schlank-Bleiben. Französische Frauen lassen keine Mahlzeiten aus oder ersetzen sie mit »Schlankheits-Shakes«. Sie essen drei Gänge zu Mittag und noch einmal drei – oder gar vier – am Abend. Und dazu gibt's Wein, *bien sûr*. Und wie machen sie das? Nun, darum geht es in diesem Buch. Ein Hinweis bereits: Sie essen bewusst und fühlen sich weder voll noch schuldig, wenn sie vom Tisch aufstehen.

Wichtig dabei ist zu lernen, dass weniger mehr sein *kann*, und zu entdecken, dass und *wie* sich alles in Maßen zu sich nehmen lässt. Ihre körperlichen Aktivitäten sollten in Proportion zur Menge der Kalorien stehen, die Sie zu sich nehmen, und Wasser – trinken Sie viel mehr Wasser. Wir arbeiten heute nicht mehr 18 Stunden unter Tage oder auf dem Feld, und die altsteinzeitlichen Tage des Sammelns und Jagens sind lange vorüber. Dennoch essen viele von uns ständig zu viel – nicht, um zu überleben, sondern um ihren »psychologischen« Hunger zu befriedigen. Der Trick besteht darin, mit Ihrem Appetit umzugehen und ihn befriedigen zu lernen, während Sie zunächst einmal entscheiden, was sich wann und wie reduzieren lässt. Das wunderbare Gefühl von Befriedigung, das sich einstellt, wenn Sie sich etwas Neuem, Schönem gegenübersehen – ein erhöhter Genuss, auch wenn die Gesamtmenge Ihres Essens reduziert wird –, wird Sie dazu inspirieren, den Weg des Sich-Wohlfühlens weiterzugehen. Es geht dabei um das Erlernen einer der grundsätzlichsten französischen Regeln: sich selbst an der Nase herumzuführen.

Was brauche ich, um den Geheimnissen französischer Frauen zu folgen? Nun, sehr wenig: eine kleine Waage vielleicht, die viele aber sowieso zum Kochen haben werden (während der ersten drei Monate sollten Sie einige der Dinge wiegen, die Sie zu sich nehmen). Und womöglich sollten Sie sich einen Joghurtbereiter kaufen, wenn Sie *le vrai yaourt* probieren wollen, eine der Schlüsselspeisen in meinem Lifestyle-Programm; und wenn Sie über 40 sind, sollten Sie ein paar kleine Hanteln erwerben, um Ihre Muskeln zu unterstützen. *C'est tout.*

Ich fange an mit meiner Kindheit in Frankreich und werde Sie dann an meiner Erfahrung als junge Frau teilhaben lassen, als ich plötzlich mit einem Gewichtsproblem konfrontiert war, aus dem mir unsere klassischen französischen Prinzipien herausgeholfen haben. Es geht nicht nur um Essen, sondern um einen »umfassenden Ansatz« zu einem gesunden Leben, der Ihnen, meiner Leserin, ganz individuell den Weg weisen soll, Ihr eigenes Gleichgewicht zu finden – Ihr persönliches *equilibrium*. (Was äußerst wichtig ist: Auch wenn unsere Körper »Maschinen« sind, so sind doch alle verschieden und richten sich mit der Zeit immer wieder neu aus; ein Programm, das sich nicht mit Ihnen *entwickelt*, wird Ihnen auf Dauer keine Hilfe sein.) Zwar zeige ich Ihnen Menüs, denen Sie bis ins Detail folgen können, das Ziel aber ist, dass *Sie* selbst herausfinden, was für Sie am besten ist – es gilt, ein neues Gefühl für sich zu entwickeln. Ich mache keine Vorschriften, sondern biete Orientierungsvorschläge, die Sie sich gemäß Ihrer Vorlieben und Bedürfnisse zurechtschneidern sollten, indem Sie auf Ihren Körper hören und Ihren Tagesablauf, das Umfeld und alle möglichen anderen Charakteristika mit in Betracht ziehen. Ich verlasse mich auf Einfachheit, Flexibilität – und die *Belohnungen*, die Ihr *eigener* Weg für Sie bereit hält. Bei diesen Feineinstellungen kann ich Ihnen als Autorin, die Sie nie getroffen hat, nämlich nicht helfen.

Dadurch, dass ich Ihnen meine eigene Geschichte erzähle, von meinem plötzlichen Aus-der-Bahn-Geraten bis zur Rettung durch einen Ansatz, der über die Jahrzehnte, bis heute, funktioniert hat, zeige ich Ihnen einen Weg, den Sie beschreiten können. Ich leite Sie durch das komplette Programm …

Phase 1 – der Weckruf: Führen Sie drei Wochen lang ein altmodisches Essenstagebuch. Dieser klare Blick auf das, was Sie essen, kann schon nach wenigen Tagen, aus sich heraus, die Wende einleiten.

Phase 2 – die Umorientierung: Hier gebe ich Ihnen eine Einführung in die französische Schule von Mengen und Vielfalt der Ernährung. Sie werden die zentralen »Übeltäter« Ihres Speiseplans identifizieren und vorübergehend eliminieren (oder schrittweise reduzieren). Diese Phase dauert normalerweise drei Monate, obgleich manch eine von Ihnen auch schon nach einem Monat so weit sein mag. Es ist kein diätisches Straflager, sondern bietet Ihnen die Möglichkeit, Ihren Körper auf ein neues Gleichgewicht einzustellen. Disziplin wird benötigt, ja, aber vor allem Flexibilität, da es um Ihre Motivierung geht. Routine und Alltagstrott bei Essen und Bewegung gilt es zu vermeiden und den Wert von Qualität statt Quantität zu erkennen: nicht drei Tage nacheinander Pizza, aber auch nicht allsamstäglich drei Stunden im Fitness-Studio. Sie werden Ihre fünf Sinne an eine neue *Gastronomie* gewöhnen müssen (ursprünglich ein griechisches Wort, das noch vor den Franzosen auf die Regeln des Magens hinwies). Drei Monate sind keine kurze Zeit, sie sind aber auch nicht sonderlich lang, bleiben sie doch eine einmalige Sache. Es dauert einfach länger, die Einstellschrauben Ihres Körpers neu zu justieren, als die sieben Pfund Wasser zu verlieren, an denen einige Extrem-Diäten ihren Erfolg festmachen. Und nicht vergessen: Wir reden von etwas Französischem, und es wird Genüsse geben – viele Genüsse.

Phase 3 – die Stabilisierung: Jetzt wird alles, das Sie gern essen und sich vorübergehend verboten haben, im richtigen Maß wieder auf Ihren Speiseplan genommen. Sie haben Ihr neues *equilibrium* erreicht und sollten zumindest die Hälfte der Pfunde verloren haben, die Sie im Ganzen verlieren wollen. Staunenswerterweise können Sie jetzt bei Ihren Genüssen zulegen und doch weiter abnehmen – oder, sollten Sie Ihr Ziel bereits erreicht haben, Ihre Balance bewahren. Ich gebe Ihnen hier ein paar Ratschläge, was das Würzen und das Essen mit den Jahreszeiten betrifft; das alles hilft Ihnen sehr und bedeutet weit weniger Aufwand, als Sie annehmen mögen. Dazu gibt es ein paar weitere Rezepte, die der französischen Liebe zur Variation eines Themas folgen und Ihnen zeigen, wie sich aus einem Gericht gleich drei köstliche Essen machen lassen; damit spart man Zeit, Geld und Kalorien.

Phase 4 – der Rest Ihres Lebens: Sie haben Ihr Wunschgewicht erreicht, dazu ein stabiles Gleichgewicht und nehmen nur noch Feineinstellungen vor. Sie kennen Ihren Körper und Ihre Vorlieben gut genug, um kleine Korrekturen anzubringen, falls Sie unerwartet in die eine oder andere Richtung getrieben werden, besonders beim Eintritt in neue Lebensphasen. Ihre Ess- und Lebensgewohnheiten sind exakt auf Ihre Vorlieben und Ihren Stoffwechsel zugeschnitten, so dass sie Ihnen wie ein klassisches Chanel-Kleid ewig passen und nur hier und da etwas geändert werden müssen. Sie haben eine neue Einstellung zum Essen gewonnen und können damit jeder Französin Konkurrenz machen – eine kultivierte Achtung für Frische und Geschmack, die Ihnen eine ganze Welt sinnlicher Genüsse erschließt, vielfältig, farbenfroh und herrlich präsentiert. Was Sie tun, tun Sie aus Freude, nicht zur Strafe. Sie genießen Ihre Schokolade und ein Glas Wein zum Abendessen. *Pourquoi pas?*

Neben meinen Ausführungen zum Thema Essen, um das es hauptsächlich geht, werde ich Ihnen erläutern, warum auch alle anderen Bereiche gesunden Lebens Spaß machen sollten. Auch sie verlangen keine extremen Maßnahmen (körperlich, emotional, intellektuell, spirituell oder finanziell), sondern lediglich ein Gefühl für Balance. Dazu gehören Dinge, die ich gern »französisches Zen« nenne, die sich leicht lernen und überall problemlos praktizieren lassen – und zwar *chacun à son goût*, jeder nach seinem Geschmack. Leben besteht nicht nur aus Essen, und es dürfte Sie interessieren, wie Französinnen mit anderen Dingen umgehen, wie Lachen und Liebe. Von der ersten bis zur letzten Seite ist es wichtig zu verstehen, dass Montaignes *aperçu* heute aktueller ist denn je: Ein gesunder Körper und ein gesunder Geist gehören zusammen. Wenn Sie beides aufrechterhalten, gibt es keinen Ersatz für Ihre *joie de vivre*, Ihre Lebensfreude.

Aber jetzt lassen Sie mich meine Geschichten erzählen, ein paar Dutzend sind es geworden. Ich erzähle ähnlich gern, wie ich esse und trinke, und sosehr ich Ihnen nun das eine oder andere vermitteln will, sosehr hoffe ich auch, dass Ihnen die Lektüre *comme ça*, Seite für Seite, gefällt. Im Gegensatz zu einem Diätbuch können Sie nicht gleich Schautafeln studieren und in das Programm einsteigen: Lesen Sie zunächst einmal das ganze Buch. Richtig essen zu lernen, ist wie das Erlernen einer Sprache – versenken Sie sich ganz in die neue Welt.

Vorhang auf.*

* Im Original dieses Buches wurden in den Rezepten die gängigen amerikanischen Maßeinheiten verwendet. Soweit sinnvoll, wurden die Mengen für die deutschsprachige Ausgabe konvertiert, dennoch ist mitunter von »Tassen« und »Esslöffeln« die Rede. Eine Tasse entspricht dabei 250 ml, 1/2 Tasse 125 ml, 1/3 Tasse 80 ml und 1/4 Tasse 60 ml. Eine Tasse geriebener Käse sind etwa 50 g, eine Tasse Ricotta dagegen 225 g. Ein Esslöffel entspricht 15 ml, was z. B. bei Butter etwa 15 g sind, ebenso bei Zucker und Reis, bei Mehl etwa 8 g und bei geriebenem Parmesan 5 g.

KAPITEL 1
Vive l'Amérique:
Der Anfang ... Ich wiege zu viel

Ich liebe meine Wahlheimat. Als Austauschstudentin in Massachusetts galt meine erste Liebe jedoch *chocolate chip cookies* und *brownies*. Und schon hatte ich 20 Pfund zugenommen.

Meine Liebesaffäre mit Amerika fing an mit meiner Liebe für die englische Sprache. Wir lernten uns im *lycée*, dem Gymnasium, kennen. Englisch war mein Lieblingsfach, gleich nach französischer Literatur – unseren Englischlehrer betete ich an. Obwohl er nie im Ausland gewesen war, sprach er Englisch ohne jeden Akzent, auch keinen britischen. Er hatte die Sprache in einem Kriegsgefangenenlager von einem Highschool-Lehrer aus Weston, Massachusetts, gelernt (ich nehme an, sie hatten reichlich Zeit zum Üben). Ohne zu wissen, ob sie je wieder lebend nach Hause kommen würden, beschlossen sie für den Fall, dass alles gut ging, ein Austauschprogramm für Schulabgänger einzurichten. Jedes Jahr sollte ein Schüler aus den Vereinigten Staaten zu uns nach Frankreich kommen, und einer von uns würde nach Weston gehen. Der Austausch läuft heute noch, und die Plätze sind begehrt.

Während meines letzten Jahres am *lycée* waren meine Noten gut genug, um mich für das Programm bewerben zu können, aber ich hatte kein Interesse. Zwar träumte ich davon, Englischlehrerin oder gar Professorin zu werden, wollte dafür aber möglichst bald an der örtlichen Universität das Studium aufnehmen. Zudem war ich mit meinen 18 Jahren überzeugt davon, einen jungen Mann aus unserem Ort über alles zu lieben. Er sah wahnsinnig gut aus, auch wenn er zugegebenermaßen nicht der Hellste war; er war der *coqueluche*, der Schwarm aller Mädchen. Mich von ihm zu trennen, schien mir unvorstellbar, und so dachte ich nicht einmal daran, mich für Weston zu bewerben. Auf dem Schulhof jedoch gab es unter den Schülern kaum ein anderes Gesprächsthema. Bei meinen Freundinnen galt Monique als heißeste Anwärterin; sie wünschte es sich so sehr und war obendrein die Beste der Klasse, was dem Auswahlkomitee natürlich bekannt war. Dessen Vorsitz hatte unser Englischlehrer inne; zu den erlauchten Mitgliedern zählten Delegierte des Eltern-Lehrer-Beirats, weitere Lehrer, der Bürgermeister, der katholische Pfarrer und, der Ausgewogenheit halber, sein protestantischer Kollege. Am fraglichen Montag jedoch, als das Ergebnis bekannt gegeben werden sollte, bestand die einzige Verlautbarung darin, dass man noch keine Entscheidung gefällt habe.

Am Donnerstag darauf klingelte es vormittags bei uns zu Hause an der Tür. In jenen Tagen war donnerstags kein Unterricht, dafür mussten wir den halben Samstag in die Schule. Es war unser Lehrer, der meine Mutter sprechen wollte, was mich angesichts meiner guten Noten verwunderte. Kaum hatte er eine Weile später, mit einem breiten, zufriedenen Lächeln auf dem Gesicht, wenn auch nur mit einem knappen Hallo für mich, das Haus wieder verlassen, rief mich meine Mutter zu sich. Irgendetwas war *très important*.

Das Auswahlkomitee hatte keine geeignete Kandidatin gefunden. Als ich nach Monique fragte, versuchte mir meine Mutter etwas zu erklären, das man in meinem Alter kaum begreifen konnte: Für meine Freundin sprach im Grunde alles, aber ihre Eltern waren Kommunisten, und das würde in Amerika nicht gerade Jubelstürme auslösen. Das Komitee hatte den Fall eingehend erörtert (es war eine kleine Stadt, wo jeder über jeden bestens Bescheid wusste), war dann aber doch zu keinem anderen Schluss gekommen als dem, dass die Tochter eines Kommunisten Frankreich nicht vertreten konnte.

Mein Lehrer schlug daraufhin mich als Alternative vor, und die Jury hatte zugestimmt. Allerdings hatte ich mich gar nicht beworben, und so war er gekommen, um zunächst einmal meine Eltern zu überreden, dass sie mich überhaupt gehen ließen. Mein überbesorgter, völlig in mich verschossener Vater, der niemals erlaubt hätte, dass ich für ein Jahr so weit weg fuhr, war nicht zu Hause. Vielleicht hatte mein Lehrer seine Taktik darauf eingestellt; auf jeden Fall war es ihm gelungen, meine Mutter auf seine Seite zu bringen, die jetzt die eigentliche Arbeit zu leisten hatte: Sie musste nicht nur meinen Vater, sondern auch mich von der Sache überzeugen. Auch sie hatte ihre Bedenken, was mein Weggehen betraf, aber *Mamie* war ebenso weise wie weitsichtig; und sie setzte sich gewöhnlich durch. Ich hatte schreckliche Skrupel, was Monique anging, aber sie war die Erste, die sagte, was für eine gute Botschafterin Frankreichs ich sein würde. Offenbar waren kommunistische Familien ziemlich unkompliziert und praktisch eingestellt, was derlei Fragen anging, und man hatte Monique von Beginn an zu verstehen gegeben, dass die politische Einstellung ihrer Familie nicht unbedingt von Vorteil sei.

Also fuhr ich. Es war ein wundervolles Jahr, eines meiner besten auf dem Weg zum Erwachsenwerden, und es hat fraglos mein Leben verändert. Für eine junge Französin schien der wohlhabende Bostoner Vorort Weston ein amerikanischer Traum – grün, gepflegt, weitläufig, mit großen, prächtigen Häusern und erfolgreichen, gebildeten Familien. Man konnte Tennis spielen und reiten, es gab Swimmingpools und Golfplätze und in jeder Familie zwei oder drei Autos. Diese Welt hatte kaum etwas mit dem Leben daheim in Frankreich zu tun, damals und auch heute noch nicht. Alles war so voller neuer Dinge, wie ich sie mir nie vorgestellt hätte, aber am Ende wurde mir genau dieser Überfluss zum Verhängnis. Während ich mich auf all die unbezahlbaren neuen Freunde und Erfahrungen einließ, nahm nach und nach etwas Unheimliches, Unerwartetes Gestalt an. Fast ohne dass ich es bemerkte, nahm ich etwa 15 Pfund zu … wahrscheinlich noch mehr. Es war August, der letzte Monat vor meiner Rückkehr nach Frankreich. Ich war mit einer meiner Gastfamilien in Nantucket, als ich mich im Badeanzug im Spiegel sah: Es war ein Schlag. Meine amerikanische Mutter, die möglicherweise mit einer anderen Gasttochter bereits etwas Ähnliches erlebt hatte, reagierte instinktiv. Sie war eine ausgezeichnete Schneiderin, kaufte einen wundervollen leichten Leinenstoff und nähte mir ein weites Sommerkleid. Das Kleid schien das Problem zu lösen – bedeutete tatsächlich aber nur einen kleinen Aufschub.

Der Gedanke, all meine neuen Freunde und Bekannten wieder verlassen zu müssen, stimmte mich während meiner letzten Wochen in Amerika traurig; und gleichzeitig wuchs meine Angst, was meine französischen Freundinnen und meine Familie wohl zu meinem neuen Aussehen sagen würden. In keinem meiner Briefe hatte ich erwähnt, dass ich zugenommen hatte, und irgendwie war es mir gelungen, nur Fotos nach Hause zu schicken, auf denen ich höchstens bis zur Taille aufwärts zu sehen war.

Die Stunde der Wahrheit rückte näher.

KAPITEL 2
La Fille Prodigue: Die Rückkehr der verlorenen Tochter

Mein Vater brachte meinen Bruder mit nach Le Havre, um mich abzuholen. Ich kam mit der *SS Rotterdam.* Auf dem Schiff den Atlantik zu überqueren, war in den späten Sechzigern noch für viele Franzosen der bevorzugte Standard. Zusammen mit mir reiste die neue amerikanische Austauschstudentin aus Weston, die das kommende Jahr in Frankreich verbringen sollte.

Mein Vater hatte mich ein Jahr nicht gesehen, und da er sich normalerweise nicht scheute, seine Gefühle zu zeigen, nahm ich an, er würde mich dadurch in Verlegenheit bringen, dass er die Gangway hinaufgestürmt kam, um mich ausführlich zu umarmen und abzuküssen. Aber als ich den kleinen Franzosen mit seiner vertrauten Baskenmütze – ja, einer Baskenmütze – entdeckte, sah er wie benommen aus. Ich ging, jetzt etwas zögerlich, auf ihn zu, und er starrte mich einfach nur an. Wir kamen näher. Die Sekunden schienen sich zu Ewigkeiten zu dehnen, bis er es schließlich fertig brachte – vor meinem Bruder und meiner amerikanischen Reisebegleiterin –, zu seinem geliebten kleinen Mädchen, das zurück nach Hause kam, zu sagen: »*Tu ressembles à un sac de patates* – du siehst aus wie ein Sack Kartoffeln.« Es gibt Dinge, die auch auf Französisch nicht besser klingen als in anderen Sprachen. Ich wusste, woran er dachte: nicht an einen der kleinen Beutel vom Wochenmarkt, sondern einen der großen, groben 150-Pfund-Säcke, wie sie an Lebensmittelläden und Restaurants geliefert werden! Glücklicherweise sprach die junge Amerikanerin aus Weston noch wenig Französisch, sonst hätte sie einen seltsamen ersten Eindruck vom französischen Familienleben bekommen.

Mit 19 kann einem kaum etwas gesagt werden, das verletzender ist, und bis heute hat mich nichts mehr so getroffen. Dabei meinte es mein Vater nicht böse. Besonderer Takt war allerdings nie seine Stärke gewesen, und die Überempfindlichkeit eines Teenagers, was Aussehen und Gewicht angeht, war damals noch nicht das sprichwörtliche Schlagloch, das Eltern heute notfalls zu umfahren wissen. Seine vernichtende Begrüßung war vor allem darauf zurückzuführen, dass ihn mein Anblick völlig unvorbereitet getroffen hatte. Trotzdem wurde ich nicht damit fertig. Ich war traurig, wütend, verärgert und hilflos; ohne mir darüber klar zu sein, wie tief ich verletzt war.

Auf unserem Weg nach Hause machten wir für ein paar Tage Station in Paris, um meiner Freundin aus Weston die Stadt an der Seine zu zeigen, aber meine erbarmungslos schlechte Laune ließ alle die Weiterreise herbeisehnen. Ich verdarb uns die Zeit in Paris. Ich war völlig durcheinander.

Die nächsten zwei Monate waren bitter und schwierig. Ich wollte nicht, dass mich irgendwer sah, aber alle wollten *l'Américaine* begrüßen. Meine Mutter hatte nicht nur gleich begriffen, wie und warum ich zugenommen hatte, sondern auch, wie ich mich fühlte. Sie ging behutsam vor und vermied das unvermeidbare Thema, vielleicht gerade auch, weil ich ihr schon bald einen noch schwereren Brocken aufgetischt hatte.

Nachdem ich nun etwas von der Welt gesehen hatte, war mir der Geschmack daran vergangen, die örtliche Universität zu besuchen. Ich wollte Sprachen an der Grande École in Paris studieren und zusätzlich Literatur an der Sorbonne. Das war ungewöhnlich und bedeutete ein irrsinniges Arbeitspensum. Meine Eltern waren absolut nicht von der Idee begeistert: Wenn ich in Paris angenommen wurde (was nicht sicher war – alle wollten dorthin), würde es ein großes emotionales und auch finanzielles Opfer bedeuten, wenn ich dreieinhalb Stunden von zu Hause entfernt lebte. Ich musste also ziemlich kämpfen, aber nicht zuletzt dank meiner sowieso bloßliegenden Nerven ließen sie mich schließlich ziehen, um die berühmt-berüchtigte Eingangsprüfung zu absolvieren. Ich bestand und zog Ende September nach Paris. Meine Eltern wollten immer nur das Beste für mich.

Bis Allerheiligen hatte ich noch einmal fünf Pfund zugenommen, bis Weihnachten waren es zehn. Bei 1,60 Meter Größe war ich jetzt fraglos übergewichtig, welchen Maßstab man auch zugrunde legte; nichts passte mir mehr, nicht einmal mein amerikanisches Sommerkleid. Ich besaß mittlerweile zwei Flanellkleider – genauso geschnitten, aber weiter –, um meine Unförmigkeit zu verstecken. Ich trieb meinen Schneider an und hasste mich jede Minute des Tages. Der *faux pas* meines Vaters in Le Havre schien mehr und mehr gerechtfertigt. Es waren trübe Tage, an deren Ende ich mich in den Schlaf heulte. Ich vermied alle Spiegel, und auch wenn diese Erfahrung für eine 19-Jährige nicht allzu außergewöhnlich erscheinen mag – von meinen französischen Freundinnen machte keine Ähnliches durch.

Dann geschah so etwas wie ein Weihnachtswunder. Oder vielleicht sollte ich sagen, »Dr. Wunder« erschien, dank *Mamie*. Während der Ferien bat sie unseren Hausarzt, Dr. Meyer, zu einem Besuch. Sie tat das ohne viel Aufhebens, sehr darauf bedacht, mich nicht noch mehr zu verletzen. Dr. Meyer hatte mich heranwachsen sehen, und er war der sanfteste, liebenswürdigste Mann auf der Welt. Er versicherte mir, dass es nicht schwer sein würde, meine alte Figur wiederzuerlangen, dazu bedürfe es nur ein »paar alter französischer Tricks«. Zu Ostern, versprach er, würde ich fast schon wieder wie früher sein, und zu Ende des Schuljahrs im Juni sollte mir mein alter Badeanzug wieder passen; der, den ich mit nach Amerika genommen hatte. Wie in einem Märchen würde alles unser Geheimnis bleiben. (Warum auch irgendwen mit den Einzelheiten unseres Plans langweilen?, meinte er.) Und die Pfunde würden weit schneller verschwinden, als sie gekommen waren. Das klang wunderbar. Natürlich wollte ich Dr. Meyer vertrauen, und glücklicherweise gab es in jenen Tagen auch keine wirkliche Alternative.

Dr. Wunders Rezept fürs Wochenende

Die nächsten drei Wochen sollte ich über *alles* genau Buch führen, was ich aß. Das ist eine Strategie, die man auch aus anderen Diätprogrammen kennt, zum Beispiel den *Weight Watchers*. Ich sollte allerdings nicht nur aufschreiben, was und wie viel ich aß, sondern auch wann und wo. Es gab kein Kalorienzählen, wozu ich auch gar nicht imstande gewesen wäre. Der Zweck des Ganzen lag für Dr. Meyer schlicht darin, den *Nährwert* dessen abzuschätzen, was ich aß – es war das erste Mal, dass ich dieses Wort hörte. Und da sonst nichts von mir verlangt wurde, willigte ich nur zu gern in den Plan ein.

Genauso sollten auch Sie anfangen.

Dr. Meyer verlangte keine große Genauigkeit. Schätz einfach nur, sagte er und legte als einzige Maßeinheit »eine Portion« fest, was in etwa einem mittelgroßen Apfel entsprechen sollte. Heutzutage, wo der größte Feind ausgewogenen Essens die immer weiter wachsenden Portionen sind, möchte ich zu etwas größerer Genauigkeit raten. Benutzen Sie eine kleine Küchenwaage. (Brot, das mitunter in Riesenscheiben auf den Tisch kommt, lässt sich leichter wiegen als mit einem Apfel vergleichen, zumal auch die Äpfel heutzutage offenbar immer größer werden!)

Drei Wochen später kam ich erneut übers Wochenende nach Hause. Kurz vor Mittag erschien Dr. Meyer, mit seinen grauen Schläfen *très distingué*, zum zweiten Mal. Er blieb zum Essen. Anschließend sah er durch mein Essenstagebuch und entdeckte sogleich ein Muster, das ihm förmlich in die Augen sprang, mir jedoch, die ich munter jeden Krümel verzeichnet hatte, den ich mir in den Mund stopfte, verborgen geblieben war. Auf dem Weg zwischen der Uni und meinem Zimmer im siebten Arrondissement gab es nicht weniger als 16 Konditoreien. Ohne dass es mir bewusst geworden wäre, ernährte ich mich zunehmend von Gebäck. Da ich in Paris lebte, konnte meine Familie das nicht wissen, und wenn ich nach Hause kam, machte meine Mutter natürlich mein Lieblingsessen, ohne zu bemerken, dass ich heimlich Extra-Portionen Nachtisch futterte, selbst unter ihrem Dach.

Meine Pariser Gebäck-Völlerei war herrlich vielseitig. Morgens gab es ein *croissant*, ein *pain au chocolat*, eine *chouquette* oder eine *tarte au sucre*. Vor dem Mittagessen sah ich noch kurz bei der berühmten Bäckerei Poîlane vorbei, deren *pains aux raisins*, *tartes aux pommes* und *petits sablés* ich nicht widerstehen konnte. Mein nächster Zwischenstopp führte mich in ein Café zu einem der allgegenwärtigen *jambon beurre*, einem gebutterten Baguette mit Schinken; danach gab es die Überbleibsel dessen, was ich bei Poîlane erstanden hatte und nun mit einem Kaffee herunterspülte. Zu meinem Abendessen gehörte immer auch – manchmal gab es nichts anderes – ein *éclair*, ein *Paris-Brest*, eine *religieuse* oder ein *millefeuille* (außerhalb Frankreichs seltsamerweise oft »Napoleon« genannt); immer gab es etwas Sahniges, Buttriges, Süßes. Mitunter genehmigte ich mir zwischendurch noch ein *palmier*, ein mit Zucker bedecktes großes Schweinsohr, als *goûter*, zur nachmittäglichen Stärkung. Als Studentin lebte ich von Dingen, die man unterwegs essen konnte. Kaum etwas Grünes kam mir über die Lippen, und meine tägliche Ration Obst nahm ich in Form von Obstkuchen zu mir. Ich aß seltsam einseitig, ohne mir darüber Gedanken zu machen, und war dabei doch sehr zufrieden – zog man mein Aussehen nicht in Betracht.

Sicher handelte es sich dabei nicht um eine Diät, die ich aus Amerika mitgebracht hatte. Die Straßen drüben wurden nicht von unwiderstehlichen *pâtisseries* gesäumt (obwohl es damals wie heute keinen Mangel gab an Ständen mit verführerischen *hot chocolate chip cookies* und sahnigem Eis, ganz zu schweigen von der wahnsinnigen Vielfalt an Süßigkeiten in den Supermärkten, die noch weit schlimmer sind als Sahne und Butter). Aber wie ich herausfinden sollte, war es meine amerikanisierte *Art* zu essen, die sich in meinem Kopf eingenistet und mich schutzlos gemacht hatte gegenüber diesem so köstlichen Pariser Minenfeld süßer Versuchungen. In Amerika hatte ich mir verschiedene Dinge angewöhnt: im Stehen zu essen, nicht selbst für mich zu kochen und von dem zu leben, was auch die anderen aßen – *n'importe quoi*, wie man in Frankreich sagt. *Brownies* und *bagels* waren besonders gefährlich; bei uns zu Hause gab es nichts Vergleichbares, und woher sollte ich wissen, wie kalorienreich sie waren?

Auch in Frankreich aß ich dann *n'importe quoi*, obwohl

es keine *brownies* mehr gab. Vielleicht vermisste ich mein zweites Zuhause und suchte nach *madeleine*-Erinnerungen vergangener süßer Tage. Auf jeden Fall aß ich völlig sorglos, was Frankreich an »Gutem« zu bieten hatte, und am Ende wurde ich ein *millefeuille*-Junkie. Wie ein Süchtiger erwartete mein Körper, was ihn einst in kleinen Dosen in Glücksgefühle versetzt hatte.

Es war Zeit, in eine Rehabilitationsphase einzutreten, und glücklicherweise dachte Dr. Wunder nicht an einen abrupten Entzug, der zu einem *cold turkey* geführt hätte. (Franzosen sind weder nach heißem noch nach kaltem *dinde*, Truthahn, verrückt.)

Dr. Wunders Ansatz war weit weniger rau und umso kultivierter. Seiner Meinung nach schlummern in jedem von uns zwei Wesen, von denen das eine schlank und gesund sein möchte, was dem anderen jedoch egal ist. Das eine sieht das größere Ganze – Wohlergehen, Selbstachtung und wie man in die neueste Mode passt –, das andere nichts als Vergnügen, und zwar sofort. Das eine ist der Narziss in uns, der sich über das Wasser beugt, das andere der Pantagruel, der sich über den Tisch lehnt. Die Lösung, sagte er, bestand nicht darin, den Pantagruel zu besiegen, sondern ein *rapprochement* einzuleiten: die beiden Wesen miteinander zu befreunden und so seine Willenskraft *und* seine Genusswünsche unter einen Hut zu bringen. Darin bestand der französische Weg.

Man darf nicht vergessen, sagte er, *il y a poids et poids* – es gibt Gewicht und Gewicht: Es gibt das »ideale« Körpergewicht, wie man es auf den Tabellen von Versicherungsgesellschaften findet und das allein auf der Körpergröße gründet; es gibt das »Modegewicht«, das als Ideal weit weniger natürlich ist, dafür aber in Wirtschaft und Werbung eine große, manchmal heimtückische Rolle spielt; und dann gibt es das »Wohlfühl«-Gewicht, mit dem sich ein Mensch in seiner Haut wohl fühlt, *bien dans sa peau*, wie Montaigne es ausdrückt. Dieses »Wohlfühl«-Gewicht präsentierte mir Dr. Wunder als unser Ziel. Hat man es erreicht, lässt sich sagen: »Ich fühle mich gut und sehe gut aus.« Wie viele Pfunde das jeweils sind, variiert in den unterschiedlichen Lebensphasen, wobei es darauf ankommt herauszufinden, wie man gleichzeitig ein wenig narzisstisch und ein wenig hedonistisch sein kann. Wille und Genuss – das sind zwei Dinge, die längst nicht so widersprüchlich sind, wie viele annehmen. (Ja doch, ich erkenne durchaus den calvinistischen Zug daran, schließlich entstamme ich einer Familie von Hugenotten, also französischen Protestanten; dennoch nur keine Angst.)

Tout est question d'équilibre – alles ist eine Frage der Balance: Das war Dr. Wunders französisches Mantra. Und es wurde damals auch zu meinem und ist es bis heute geblieben. Mir dabei zu helfen, mein persönliches Gleichgewicht zu finden und zu bewahren, damit ich mich wieder wohl in meiner Haut fühlte, das war unsere Aufgabe.

Es sei nichts falsch daran, erklärte er mir, Gebäck zu essen, aber mein Konsum sei aus dem Gleichgewicht geraten. Und so galt es, die nächsten drei Monate über gegenzusteuern, weniger reichhaltige Alternativen zu finden und mir die wirklichen Leckereien für besondere Anlässe aufzuheben – wofür sie auch gedacht sind. Das war weniger ein Entzug als eine Überlegung, eine Art Neuprogrammierung, denn ich sollte schon bald herausfinden, dass das Erlangen des erwünschten Gleichgewichts mehr mit dem Kopf zu tun hat als mit dem Bauch; es gilt, *nos petits démons*, wie unser guter Doktor sie nannte, zu entdecken und in Zaum zu halten. (Wenn Ihnen klar wird, dass es weitgehend eine Frage des Geistes ist, seine Gewohnheiten zu ändern – zum Beispiel, sich wie eine Französin zu verhalten –, dann wissen Sie, dass der einzige Erfolg versprechende Weg dorthin über Ihren Kopf geht.) Später würde ich mir alle Lieblingsdinge wieder gönnen – in Maßen wohlgemerkt –, würde sie genießen, ohne mich schuldig zu fühlen oder zuzunehmen. Leichter gesagt als getan? *Peut-être*. Entscheiden Sie selbst, während wir mit unserem Programm fortfahren.

Dr. Wunder war ein guter Feierabend-Psychologe. Er wusste um ein gewichtiges Moment der meisten Diäten, auch derer, die langfristig scheitern: schnelle Erfolgserlebnisse. Seine Trägheit zu überwinden, ist das Schwerste, was das Ändern von Gewohnheiten angeht. Jeder braucht eine schnelle Ermutigung. Man muss sein *equilibrium* langsam entwickeln; man kann es sich nicht einfach auferlegen. An diesem Wochenende sollte ich deshalb noch etwas Besonderes unternehmen, um genug Schwung für die nächste Woche zu sammeln. Danach würde ich dann Woche für Woche neu angehen. An den Wochenenden und in den Ferien sollte ich in aller Regel nachsichtig mit mir sein und mir etwas genehmigen dürfen. *Peu à peu* jedoch würde meine »Nachsicht« überlegter werden, und bis dahin fände ich Wege, in der jeweils nachfolgenden Woche kleine Kompensationen für meine wochenendlichen Genüsse vorzunehmen.

Dr. Wunder hatte selbst etwas von einem Gourmand. Er gab mir eine Anzahl Rezepte, aber keines von ihnen war wichtiger als das, welches für mein erstes, und einziges, »hartes« Wochenende vorgesehen war. Im Nachhinein betrachtet, war es gar nicht so hart – wegen seiner »Magischen Lauchsuppe«. Viele Frauen in unserer Gegend greifen schon seit Generationen auf dieses Rezept, diesen Trick, zurück. Auch meiner Mutter und Großmutter hat Dr. Wunder damit schon zu irgendeinem Zeitpunkt geholfen. Lauch ist nahrhaft und hat wenig Kalorien, vor allem aber hat er eine leicht harntreibende Wirkung, und 48 Stunden mit Lauchsuppe zeitigen unmittelbare Ergebnisse, was die Umorientierung in Gang bringt. Für mich war diese Suppe der Anfang eines neuen Verständnisses und aktiven Strebens um mein Wohlbefinden, aber auch der Beginn meiner Hochschätzung, ja, meiner Vorliebe für Lauch, wozu es noch weit mehr zu sagen gibt. Auch heute noch benutze ich diesen Kniff immer wieder einmal. Versuchen Sie es am ersten Wochenende, nachdem Sie über Ihre Essensgewohnheiten Buch geführt und sie studiert haben.

Magische Lauchsuppe
Reicht für 1 Person und 1 Wochenende

Zutaten:
1 kg Lauch

1. Den Lauch putzen und gut abspülen, um Sand und Erde zu entfernen. Die grünen Enden bis auf einen schmalen Rand von den weißen Stangen schneiden. (Das übrig gebliebene Grün lässt sich für eine Suppenbrühe verwenden.)
2. Die Lauchstangen in einen großen Topf geben und mit Wasser bedecken. Das Wasser zum Kochen bringen und das Ganze ohne Deckel 20 bis 30 Minuten sieden lassen. Die Flüssigkeit abgießen und aufbewahren. Den Lauch in eine Schüssel geben.

Die Flüssigkeit wird erhitzt oder in Zimmertemperatur, je nach Geschmack, getrunken: alle zwei bis drei Stunden eine Tasse.

Zu den Essenszeiten, oder wenn Sie Hunger verspüren, essen Sie den Lauch selbst, jeweils ein paar Löffel, vom Volumen etwa eine halbe Tasse. Träufeln Sie ein paar Tropfen reines, natives Olivenöl und etwas Zitronensaft darüber. Würzen Sie sparsam mit Salz und Pfeffer. Wenn Sie mögen, fügen Sie noch etwas gehackte Petersilie hinzu.

Das ist es, was Sie an den beiden Tagen essen. Sonntagabend ist dann ein kleines Stück Fleisch oder Fisch erlaubt (100 bis 150 g – räumen Sie die Waage noch nicht wieder weg!), dazu zwei Portionen gedünstetes Gemüse, mit ein bisschen Butter oder Öl. Ein Stück Obst.

Als Alternative

Zu bedauern sind alle, die den süßen Geschmack und die Konsistenz von Lauch nicht mögen – am Ende werden sie es wahrscheinlich schon. Aber wenn Sie es nicht darauf ankommen lassen wollen, folgen Sie dem Beispiel meiner Cousine aus Aix-en-Provence. Nach der Geburt von zwei Söhnen wollte sie ein paar Pfund verlieren, mochte aber keinen Lauch. Eine Nachbarin riet ihr zu einer leicht geänderten Version der »Magischen Lauchsuppe«, bei der der Lauch zwischen anders schmeckenden gesunden Zutaten versteckt wird. Vielleicht bevorzugen auch Sie die provençalische Version, die als *soupe mimosa* bekannt ist.

Mimosen-Suppe

Zutaten:
1 Kopfsalat
Ca. 250 g Karotten

Ca. 250 g Knollensellerie
Ca. 250 g weiße Rüben
Ca. 250 g Blumenkohl
450 g Lauch
2 hart gekochte, zerkleinerte Eier
4 Esslöffel gehackte Petersilie
Ausreichend Wasser, um alles in einem Topf zu bedecken

1. Das Gemüse putzen und in Würfel schneiden. Alles bis auf den Blumenkohl und die Petersilie in einen Topf geben. Mit Wasser bedecken, zum Kochen bringen und 40 Minuten ohne Deckel sieden lassen. Den Blumenkohl hinzufügen und das Ganze weitere 15 Minuten kochen.
2. Alles in einen Mixer geben und zerkleinern.
3. In einer Schüssel mit gehackter Petersilie und Ei garnieren und servieren.

Essen Sie am Samstag und Sonntag ungefähr alle drei Stunden eine Tasse, erhitzt oder in Zimmertemperatur. Sonntag gibt es das gleiche Abendessen wie nach der »Magischen Lauchsuppe«, mit Fleisch oder Fisch, zwei Portionen gedünstetem Gemüse, etwas Butter oder Olivenöl und einem Stück Obst. Weniger flüssig und magisch als die Lauchsuppe, ist dies eine wirkungsvolle, geschmacklich ansprechende Alternative.

Beide Suppen sind so gut und ein solches Abenteuer für die meisten Gaumen, dass es Ihnen schwer fallen wird, sie als Gefängnisrationen zu betrachten. Besonders, wenn der Geschmack neu für Sie ist – beschreiben Sie ihn und den Duft auf der nächsten freien Seite in dem Heft, in dem Sie während der letzten drei Wochen über Ihre Essgewohnheiten Buch geführt haben. Das wird Ihren Genuss noch erhöhen, und womöglich beschließen Sie, Ihre kulinarischen Erfahrungen regelmäßig zu Papier zu bringen, einschließlich kurzer Bemerkungen zu den Weinen, die Sie getrunken haben. (So tun es auch ernsthafte Weinliebhaber, *œnophiles*, wie es auf Französisch heißt.)

KAPITEL 3
Der Beginn der Umorientierung: Die ersten drei Monate

Stellen Sie sich ein paar Fragen, während Ihr Lauch auf dem Herd köchelt.

1. Warum tue ich das alles? Weil ich Angst habe, dass mein Mann oder meine Freundinnen denken, ich bin *bouboum* – ein übergewichtiger Pummel? Weil mir keins von meinen Kleidern mehr passt? Diäten haben oft mit Ängsten und Selbsthass zu tun. Bei Ihrem Wunsch, wie eine Französin leben zu wollen, bringen Sie derartige Gefühle nicht weiter. Betrachten Sie Freude, Vergnügen und Ihr persönliches Glück als Ziele. Das klingt paradox? Zumindest die Hälfte unserer schlechten Ess- und Trinkgewohnheiten haben mit Nachlässigkeit zu tun; sie entstehen, weil wir unseren wahren Bedürfnissen und Freuden nicht genug Beachtung schenken: Wir nehmen keine Notiz von dem, was wir konsumieren, achten nicht wirklich darauf, wie etwas schmeckt – *genießen* das, was wir uns gönnen, nicht richtig, schätzen die Dinge zu wenig und übertreiben es so. Vielleicht kümmert Sie nicht mehr, was gerade modern ist. Und Sie probieren auch sonst wenig Neues? Für eine Ehefrau, Mutter und vollzeitbeschäftigte Angestellte mag es leicht sein, wenig auf Vergnügungen zu geben, vielleicht hält ein Teil von Ihnen es sogar für selbstsüchtig, den eigenen Genüssen zu folgen. Aber Sie müssen verstehen, dass es nichts besonders Edles und Lobenswertes an sich hat, sich nicht um seine Wünsche zu kümmern und seine Freuden zu kultivieren. (Das macht nicht nur dick, sondern auch missmutig.) Sie sind es Ihren Liebsten und vor

allem sich selbst geradezu schuldig, herauszufinden und zu tun, was Ihnen Freude bereitet. Und da, wenn es ums Essen geht, jedermanns Geschmack und Stoffwechsel einzigartig sind, müssen Sie in sich hineinhören – auf das, was Ihnen Freude macht –, um Ihre Vorlieben zu erkennen und Ihr eigenes System entwickeln zu können. Das müssen Sie immer wieder tun; es ist eine nie endende Aufgabe, aber sie verspricht auch ein Leben in guter Gesundheit und voller Zufriedenheit.

2. *Qu'est-ce qui se passe?* Was ist hier eigentlich los? Um in unser Programm einzusteigen, müssen Sie sich über Ihre körperliche und emotionale Verfassung Klarheit verschaffen. Warum, *glauben* Sie, haben Sie zugenommen? Hat es mit dem Alter zu tun? Der Familie oder beruflichem Druck? Einsamkeit? Mode? (Ob Sie es glauben oder nicht, einige von uns nehmen genau dann zu, wenn die Mode kein Gramm zu viel verzeiht!) Haben Sie ein Baby bekommen? Aufgehört zu rauchen? Sind Sie ständig hungrig? Sind Sie traurig? Stehen unter Stress? Die möglichen Verbindungen mentaler und körperlicher Faktoren sind zu umfangreich, als dass sie sich hier vollständig auflisten ließen. Das Gleichgewicht zu verlieren, kann auch das Symptom eines schwerwiegenderen Traumas sein. Wenn es ein zu großes Problem ist, brauchen Sie möglicherweise Hilfe von außen – nehmen Sie diese Hilfe in Anspruch. Wenn es Sie jedoch nicht völlig aus der Bahn geworfen hat, stehen die Chancen gut, dass Sie Ihr Problem erkennen und damit umgehen lernen. Sollten Sie sich mit Ihren schlechten Essgewohnheiten Ausgleich für ein anderes Problem schaffen, lesen Sie weiter: Französinnen verfügen über ein weit gefächertes Arsenal, das Ihnen ausreichend Alternativen bietet. Wenn Sie Ihre Zigaretten gegen Kartoffelchips eingetauscht haben, wird es Zeit, sich über Alternativen Gedanken zu machen.

Nachdem all dies gesagt ist, können wir uns daran machen, die Umorientierung während der ersten drei Monate zu planen. Voraussetzung dafür ist, die schlimmsten »Übeltäter« zu identifizieren und unter die Lupe zu nehmen. Einige werden wir völlig eliminieren können, andere reduzieren. Der richtige Ansatz hängt von Ihren individuellen Bedürfnissen ab.

»Verhaften Sie die üblichen Verdächtigen.« Inspektor Renaults berühmter Satz in *Casablanca*, als er Humphrey Bogart aus der Schusslinie nimmt, der einen Nazi-Offizier getötet hat, taugt gut als Aufforderung für unseren ersten Schritt.

Sehen Sie sich genau an, was Sie in den letzten drei Wochen gegessen haben. Kommt Ihnen dabei irgendetwas seltsam vor? Vielleicht nicht. Ohne das unvoreingenommene Auge von Dr. Wunder hätte ich womöglich auch nicht sofort meine schlimmsten »Übeltäter« ausgemacht – das, was ich mir über alle Maßen einverleibt hatte. Meine größten Probleme waren Brot, Gebäck und Schokolade. Keine zu seltenen Untugenden. Aber vielleicht ist es bei Ihnen ganz anders, und Ihr Konsum dieser Dinge ist absolut maßvoll und fällt nicht ins Gewicht. Ein Stück Brot zum Mittagessen, ein kleines Stück Kuchen nach dem Abendessen. Ihre Übeltäter sind vielleicht ganz andere.

Analysieren Sie Ihr Essenstagebuch, und entscheiden Sie, was *Ihrer Meinung nach* zu oft darin auftaucht. Vielleicht beginnen Sie mit der Frage: »Worauf könnte ich auch verzichten – oder es zumindest einschränken?« Ist der Gedanke an zwei Cocktails zum Feierabend das Einzige, was Sie über den Tag rettet? Wie wäre es mit *einem*? Oder einer Pause jeden dritten Tag? Bitten Sie den Ober bereits um mehr Brot, noch bevor er überhaupt Ihre Bestellung gebracht hat? Vielleicht ist ein Stück Brot, das Sie ganz ruhig zum Essen genießen, ebenso befriedigend. Warum nicht sowieso erst auf die Vorspeise warten? Verputzen Sie auch noch das letzte kleine Stück Kartoffel auf Ihrem Teller?

Sie sehen, worauf ich hinauswill. Es geht hier nicht um eine Radikalkur. Die kleinen Dinge summieren sich. Und jetzt fragen Sie sich etwas anderes: Was genieße ich am meisten? Das Glas Wein zum Abendessen? Mein Eis am Sonntagnachmittag? Sehen Sie sich an, was Sie alles regelmäßig essen und trinken: Was davon bereitet Ihnen wirklichen Genuss, und wovon essen Sie einfach grundlos zu viel? Eine französische Frau weiß, dass der Genuss von fast allen Speisen in den ersten Bissen liegt; uns bleiben da kaum Sekunden. Das, was wir wirklich genießen, ist keinesfalls Teil einer bloßen Angewohnheit.

Sie können sich immer noch nicht entscheiden, was Sie über Bord werfen wollen? In Ordnung, machen wir's also wie Inspektor Renault: Verhaften wir die üblichen Verdächtigen. Von folgenden Dingen essen oder trinken viele Frauen zu viel: Süßigkeiten, Schokoriegel, Schokolade, Gebäck, Eiskrem, aber auch Kartoffelchips, Pasta und Pizza, Säfte und, ja, Bier und andere Alkoholika. Wenn Sie von diesen Dingen täglich etwas zu sich nehmen, betrachten Sie es als Chance! Wenn Sie das Betreffende während der nächsten drei Monate ganz von Ihrem Speiseplan nehmen können, ohne sich deswegen zu sehr eingeschränkt zu fühlen, tun Sie es. Wenn der »Übeltäter« aber wichtig für Ihr Wohlbefinden ist, reduzieren Sie ihn langsam. Saft, der mit Mineralwasser verdünnt wird, löscht den Durst besser als reiner Saft. Fahren Sie den Saftanteil langsam zurück. Brot ist ein besonderes Thema – Teil des Lebens für eine Französin – und kann nicht einfach so abgetan werden. (Tatsächlich ist Brot genau wie Schokolade eines der wenigen Nahrungsmittel, das Ihr bester Freund, aber auch Ihr schlimmster Feind sein kann. Ich gehe in einem späteren Kapitel genauer darauf ein.) Wenn Sie jedoch zu jeder Mahlzeit drei Stück essen, begnügen Sie sich mit einem und reichen den Brotkorb weiter, wenn Sie tatsächlich nicht mehr wollen. Essen Sie nicht automatisch, schalten Sie Ihren Autopiloten ab. Greifen Sie nur noch bewusst zu!

Es gibt ein Leben voll herrlicher Genüsse auch ohne all diese Dinge, selbst die, die im Grunde gut für Sie sind. Um es zu erlangen, müssen Sie erkennen, dass die »Übeltäter« letztlich fast immer Speisen sind, die wir zwanghaft essen, ohne den Genuss, den wir eigentlich suchen. Oft sind es schlechte Ausgaben von etwas Besserem, zum Beispiel Schmelzkäse aus dem Supermarkt statt wirklichem Käse mit wirklichem Charakter. Wenn Sie den Ramsch durch Dinge ersetzen, die Sie ernsthaft befriedigen, werden Sie sehen, dass die Regel »Weniger ist mehr« keine hohle Behauptung ist. Dann entdecken Sie, dass ein einzelnes Stück dunkler Schokolade einen fast ekstatischen Genuss hervorrufen kann, wie es ein ganzes Dutzend Schokoriegel nicht könnte. Und da wir schon dabei sind: Bitte verzichten Sie grundsätzlich auf Schokolade, die mit Maisstärke und -sirup, künstlichen Geschmacksverstärkern, Farbstoffen und zu viel Zucker angereichert ist.

Der große Philosoph Descartes aus dem 17. Jahrhundert ist bekannt für seinen Ausspruch: »Ich denke, also bin ich.« Aber er wusste auch ein paar Dinge darüber, wie Geist und Körper sich gegenseitig beeinflussen, und dass man, um die Leidenschaften der Seele zu verstehen, ihre Funktionen von denen des Körpers trennen muss. Das Geheimnis der Französin liegt hauptsächlich in ihrem Kopf. Dabei ist es eine Sache, die »Übeltäter« zu identifizieren, und eine andere, mit ihnen umzugehen. Wenn wir alle einen eisernen Willen hätten, wäre dieses Buch überflüssig, und Französinnen sind da nicht besser ausgestattet als andere Frauen. Aber ich glaube, sie haben die hilfreichen Künste der Selbsttäuschung besser im Griff – den mentalen Teil des guten Lebens. (Ich glaube sowieso, dass eine völlige Kontrolle des Geistes über den Körper gar nicht wünschenswert ist; das würde auf eine mangelnde Offenheit für spontane Sinnesfreuden hindeuten.) Wie also sollen normal sterbliche Frauen drei Monate »Übeltäter«-Reduktion durchstehen, während sie nach neuen Gewohnheiten und einem neuen Gleichgewicht suchen? Hier sind die Grundprinzipien, wie Dr. Wunder sie mir beigebracht hat – verfeinert und in jahrelanger Erprobung weiterentwickelt. Ich reiße sie hier nur kurz an, um Sie gedanklich auf den richtigen Weg zu bringen. Wollen Sie sich tatsächlich ein Leben lang den Geheimnissen französischer Frauen verschreiben, sollten Sie eingehend die nachfolgenden Kapitel studieren. Sie enthalten genauere Lektionen, die es sich wieder und wieder zu vergegenwärtigen gilt, um mit seinen Essgewohnheiten in Einklang zu kommen. Aber zunächst in aller Kürze:

Langsam und beständig

Schneller Gewichtsverlust bedeutet keinen andauernden Ruhm. Genau das bieten Diäten: kurzfristiges Elend (während weniger Wochen, nicht Monate) für kurzfristige, vorübergehende Erfolge. Wenn Sie glauben, Ihre Pfunde mit schierer Willenskraft und Entsagung auf die Schnelle loswerden zu können, werden Sie mit großer Wahrscheinlichkeit genau diese Pfunde anschließend nicht nur ebenso schnell wieder zulegen, sondern ihnen noch ein paar weitere hinzufügen. (Man spricht deshalb auch vom Jojo-Effekt, dem schnellen Ab- und gleich wieder Zunehmen.) Wenn Ihre Neuorientierung schon nach einem Monat deutliche Erfolge zeitigt, gehören Sie zu den Glücklichen. Die eigentliche Umstellung, die Neujustierung Ihrer körpereigenen Maßeinheiten, braucht die vollen drei Monate. Der Trick besteht darin, daraus drei angenehme Monate zu machen. Keinen schweren Kerker in der Bastille.

Abwechslung

Wie mir Dr. Wunder erklärte, bergen vor allem Schnelldiäten das Risiko von *carences*, Defiziten, bei bestimmten Nährstoffen, die gefährlicher sein können als die von Übergewicht. Die Antwort darauf besteht nicht in Ergänzungen, sondern darin, die größtmögliche Vielfalt guter Speisen zu sich zu nehmen. Diese Vielfalt wird Sie für einen Großteil dessen entschädigen, was Sie vermissen – tatsächlich werden Sie den »Verlust« gar nicht so stark empfinden.

Französinnen wundert es, dass einige Menschen immer wieder die gleichen alten Dinge essen. Kulinarische Langeweile führt zu viel ungesundem Essen. Wenn Sie nicht immer wieder improvisieren und Neues ausprobieren, geraten Sie schnell in eine Art Essenstrott. Und das ist genauso schlecht, wie wenn die Romantik im Alltagstrott auf der Strecke bleibt, ihr Prickeln verliert: Hier wie da sind dann die Probleme nicht mehr weit! Es ist wichtig, das Angenehme und Behagliche aufregend zu gestalten. Kennen Sie sich auf dem Wochenmarkt aus? Haben Sie genug Zeit zum Kochen? Ganz ruhig: Sie müssen nicht reich sein oder eine Drei-Sterne-Köchin, um die ganze natürliche Vielfalt des Essens und Trinkens zu genießen. Mit ein paar Kniffen ist es erstaunlich einfach, mehr Abwechslung in Ihre Küche zu bringen. Und mehr Zeit brauchen Sie auch nicht. (Im nächsten Kapitel gebe ich dafür ein paar Beispiele; gleich ein ganzes »Arsenal« finden Sie im Kapitel »Jahreszeitlich gewürzt«.)

Betrachten Sie Ihren Neuansatz als Gelegenheit, Gerichte und Geschmacksrichtungen auszuprobieren, die Sie bis jetzt nie versucht haben. Ein neuer Käse, von dem Sie gehört haben? Ein paar frische Kräuter? Was ist mit einem noch unbekannten Fisch, Schalotten, Feldsalat oder ganz gewöhnlichem Knollensellerie? Oder Austern und was sich alles mit ihnen machen lässt (da schlägt zum Beispiel mein Herz höher)? Etwas Neues zu probieren, ist ein machtvolles Instrument zur Ablenkung. Wählen Sie Qualität statt Quantität; gehen Sie mit den Jahreszeiten. Gewöhnlich ist das Beste jeder Jahreszeit preiswerter als alles, was eigentlich in eine andere Zeit gehört – und was dazu noch in aller Regel gar nicht gut ist!

Ein letzter Tipp, was die Vielfalt angeht: Da der Genuss der meisten Speisen in den ersten Bissen liegt, essen Sie eins nach dem anderen, besonders zu Beginn eines Essens, wenn Sie sich noch voll auf den Geschmack konzentrieren können. Die *mélange*, der Mund voll mit allem Möglichen, ist der Feind aller Vielfalt.

Das Ritual der Vorbereitung

Französinnen lieben es, einzukaufen, Essen vorzubereiten und zu kochen. Sie lieben es, sich darüber zu unterhalten, was sie gekauft und gekocht haben. Diese tiefe, natürliche Beziehung zum Essen ist in vielen Kulturen und modernen

Gesellschaften verloren gegangen. Die meisten Frauen bei uns lernen es von ihren Müttern, einige von ihren Vätern. Wenn *Ihre* Eltern es Ihnen nicht vermittelt haben, so können Sie es natürlich auch selbst lernen. Dr. Wunder schickte mich zu einem der besten örtlichen Wochenmärkte, in der rue Clerc, direkt in der Nachbarschaft meiner Studentenbude. Zwei- oder dreimal in der Woche ging ich dorthin. Sein Rat war denkbar einfach: Kaufe nur, was du für den nächsten und übernächsten Tag brauchst. (Vergessen Sie Ihren Großeinkauf zweimal im Monat.) Ich sollte einfach kochen, bei mir zu Hause, und darauf achten, was ich meinem Körper zuführe. In der Zeit der Umorientierung ist es eine große Hilfe, wenn Sie sich Ihr eigenes Mittagessen bereiten und es gegebenenfalls auch mit ins Büro nehmen. (Das ist allemal leichter, als Ihre Waage mitzuschleppen!) Vermeiden Sie Speisen, deren Zutaten Sie nicht kennen, besonders vorbereitete Soßen und andere Fertiggerichte. Ähnlich wichtig war es, meine Abendessen in eine Art Schlemmermahl zu verwandeln. »Was gibt's zum Abendessen?«, sollte eine aufregende Frage werden, mit einer Vielzahl von Antworten. Widmen Sie Ihrem Abendessen Überlegung und Vorbereitungszeit. Betrachten Sie es als angenehme Notwendigkeit, dass die Ergebnisse, die Sie erreichen wollen, gerade am Anfang zusätzliche Überlegung und etwas Mehraufwand verdienen. Sehr schnell schon werden Sie das alles für normal halten. Marktgänge und Kochen waren relativ neu für mich; aus irgendeinem Grund hatte ich zu Hause nicht viel davon mitbekommen, obwohl es ein paar wunderbare Köche in unserer Familie gab. Dr. Wunder war jedoch sicher, dass es mir Spaß machen würde. Glücklicherweise fingen die meisten Veranstaltungen an der Universität erst am späteren Vormittag an.

Wasser

Alle, in Frankreich und anderswo, sind sich darüber einig, dass Wasser von entscheidender Bedeutung für uns ist – und dass wir nicht genug davon zu uns nehmen. Sicher, es mag langweilig erscheinen, täglich acht Gläser Wasser zu trinken. Und auch wenn die Wasserflasche, die Sie den ganzen Tag mit sich herumtragen, für viele Frauen bereits eine Art Fetisch geworden ist, frage ich mich doch, ob Sie tatsächlich genug davon bekommen. Wie viel Sie auch trinken – *zu* viel kann nicht schaden. Wenn Sie sich nicht vorstellen können, wie Sie auf acht Gläser kommen sollen, fangen Sie mit zwei zusätzlichen an: zunächst einem großen am Morgen, denn nur wenigen von uns ist bewusst, wie viel Flüssigkeit wir im Schlaf verlieren. (Vielleicht ist das einer der Gründe dafür, warum ein großes Glas Saft morgens – zweifellos ein »Übeltäter« – uns als etwas so Gutes erscheint.) Ein morgendliches Glas Wasser erfrischt nicht nur Ihren Teint, es hilft auch, Sie aufzumuntern, falls Sie schlecht geschlafen haben. Und trinken Sie ein Glas vor dem Zubettgehen. Wassermangel ist ein Grund für schlechten Schlaf. Wenn Ihnen Wasser nicht schmeckt, geben Sie eine Scheibe Zitrone hinein.

Das Ritual des Essens

Hierzu kommt später noch einiges. Zunächst nur die einfachsten Überlebenstechniken: Essen Sie nur am Tisch. Setzen Sie sich auf jeden Fall dazu hin. Essen Sie nie aus Schachteln, sondern verwenden Sie immer nur Teller. Nehmen Sie ansprechende Servietten, wenn Sie welche haben, damit unterstreichen Sie die Bedeutung dessen, was Sie da tun. Essen Sie langsam. Kauen Sie ausgiebig. (Viele Mütter sagen einem das, aber sie sehen es mehr als eine Frage des richtigen Benehmens als des Genusses.) Sehen Sie beim Essen nicht fern oder lesen die Zeitung. Denken Sie nur daran, was Sie gerade essen und riechen, genießen Sie jeden Bissen. Legen Sie das Besteck nach ein paar Bissen kurz ab, beschreiben Sie sich selbst den Geschmack Ihres Essens und wie sich die Dinge im Mund anfühlen. (Und lassen Sie sich deswegen von niemandem aufziehen – am Ende lachen Sie!)

Die richtigen Portionen

Gewöhnen Sie sich langsam um. Nicht nur in Amerika ist die Größe der Portionen ein wahres kulinarisches Waterloo. Verkleinern Sie die Mengen nach und nach, besonders wenn Sie ganz allgemein zu viel essen. Lachs ist etwas wunderbar Gesundes, aber wenn Sie ein halbes Pfund davon brauchen, um sich zufrieden zu fühlen, ist das zu viel. Benutzen Sie Ihre Waage, und reduzieren Sie das Gewicht in kleinen Schritten, bis gut 100 bis 150 g für Sie ausreichen. Hier zeigt sich, wie grotesk eine Proteindiät ist, bei der man sich bis an den Rand mit Schinken voll stopfen kann, solange man kein Brot dazu isst. *C'est dégueulasse!* Einfach ekelhaft! Grundsätzlich ist ein halbes Pfund von was auch immer bei einem einzigen Essen zu viel. Sie werden sich nach einer vorsichtigen Reduktion nicht weniger befriedigt fühlen als vorher – aber die Auswirkungen auf Ihr Gewicht werden Sie erstaunen.

Verbannen Sie alle »Übeltäter« aus dem Haus

Einige Dinge essen wir automatisch, je nachdem, wie viel davon gerade verfügbar ist. Sie können es nicht bei einer Hand voll Nüsse belassen? Sorgen Sie dafür, dass keine im Haus sind. Wenige von uns werden losgehen, nur um eine Tüte Nüsse oder Kartoffelchips zu kaufen. Wenn Sie dennoch welche haben und immer wieder an den Schrank gehen, versuchen Sie es mit folgendem Prinzip: Wenn Ihre erste Hand voll sechs Nüsse enthält, belassen Sie es dabei. Und beim nächsten Mal versuchen Sie es mit nur dreien pro Tag.

Ersatz, der befriedigt

Da er wusste, dass mein größtes Problem süße Dinge waren, gab mir Dr. Wunder ein Rezept, das mir einen Großteil der gewohnten Befriedigung verschaffte, aber nur einen Bruchteil der Kalorien enthielt. Wie alle seine hilfreichen Rezepte, ist es mir bis auf den heutigen Tag von Nutzen.

Apfeltörtchen ohne Teig

Das folgende Apfeltörtchen ohne Teig ist weniger süß – und hat weniger Kalorien –, aber nahrhafter als alles, was Sie in Konditoreien, Lebensmittelläden und Supermärkten bekommen. Selbst gemachtes und fertig gekauftes Essen: dazwischen liegen Welten. Lesen Sie, was auf den Etiketten steht, und vermeiden Sie Speisen, deren Zutaten wie chemische Waffen klingen.

Reicht für 4 Personen

Zutaten:
4 mittelgroße Tafeläpfel
2 Esslöffel Zitronensaft
4 Kohlblätter
1 Esslöffel Zucker
1/2 Teelöffel Zimt
Ein paar Butterflocken

1. Die Äpfel schälen und in Viertel schneiden, diese dann noch einmal der Länge nach dritteln. Zitronensaft darüber träufeln. Die Apfelscheiben auf den Kohlblättern verteilen wie auf kleinen Törtchen.
2. Den Zucker mit dem Zimt vermischen und das meiste davon über die Apfelscheiben streuen. Die Butterflocken auf den Äpfeln verteilen und die restliche Zucker-Zimt-Mischung darüber geben. Das Ganze 15 Minuten lang bei 135 °C backen.

Servieren Sie Ihre teiglosen Apfeltörtchen warm oder bei Zimmertemperatur. Die Kohlblätter müssen Sie nicht mitessen, auch wenn Sie es können; sie dienen der Präsentation und gehören nicht wirklich zum Kuchen. Und, ja, nach Ihren ersten drei Monaten dürfen Sie sich wieder ein Stück richtigen Apfelkuchen gönnen, auf dünnem Mürbeteig.

Stellen wir uns unseren petits démons

Vorsicht ist die Mutter der Porzellankiste. Dr. Wunder schlug vor, mich vor »Unruhestiftern« – in meinem Fall Süßem – zu schützen, so wie man einem Kind erklärt, sich aus einem Streit herauszuhalten. Es ist besser, sagte er, wenn du am Anfang ohne Geld zu deinen Vorlesungen gehst, oder nur mit so viel, wie du für die Métro und eine Tasse Kaffee brauchst. Mich von den Konditoreien fern zu halten, bedeutete zudem, meinen täglichen Weg zur Universität zu verändern. Gehe sowieso nicht jeden Tag denselben Weg, sagte Dr. Wunder. Abwechslung ist auch da wichtig, wie bei der Ernährung. Dr. Wunder kannte Paris sehr gut und testete mich, befragte mich nach Denkmälern, Plätzen und Gebäuden, in denen berühmte Leute lebten (Gertrude Stein in der rue de Fleurus, Edith Wharton in der rue de l'Université). Ich erkundete die *portes cochères* (die großen Portale) jedes einzelnen hübschen *hôtel particulier* auf meinem Weg zur Sorbonne. Niemand aus unserer Familie war bislang länger als für einen kurzen Besuch in Paris gewesen, und alle waren fasziniert, zu beobachten, wie ich mich in diese große, wunderbare Stadt verliebte.

Wenn Ihre »Übeltäter« nicht wie bei mir auf den Straßen lauern oder Ihre Straßen nicht so interessant sind, versuchen Sie, Ihre übrigen Sinne zu stimulieren. Etwas, das mich in die Konditoreien trieb, war der himmlische Duft der Backwaren. Schön duftende Blumen zu kaufen, war nicht nur etwas, das ich mir hin und wieder gönnte, es war auch eine Verteidigungsstrategie. Ich steckte die Nase hinein, wenn ich an einer Bäckerei vorbeikam. Da Geruch den halben Geschmack ausmacht, ist es nicht so leicht, sich nach Süßem zu sehnen, wenn man es nicht riechen kann. Ein kleiner Beutel mit duftendem Lavendel kann Wunder tun.

Bewegung

Vielleicht fahren Sie viel Auto und haben nicht die Möglichkeit, jeden Tag ein Stück zu gehen. Das ändert jedoch nichts an der Tatsache, dass Ihr Gewicht von zwei Variablen abhängt: dem, was Sie zu sich nehmen, und dem, was Sie verbrennen. Dr. Wunder wusste, dass ich keinen Sport mochte (die meisten Französinnen tun das nicht), trotzdem musste ich *me remuer* – meinen Hintern in Bewegung bringen. Zweimal am Tag 20 Minuten zur Uni und zurückzulaufen, war ein perfektes Heilmittel für mich. Wenn Sie zu weit von der Arbeit, Schule oder Uni wohnen, um hinzulaufen, gehen Sie einfach nur ein Stück des Wegs. Oder nehmen Sie sich in der Mittagspause eine halbe Stunde Zeit für einen Spaziergang. So ein kleiner Gang verbrennt nicht nur Kalorien, sondern kann auch wunderbar meditativ sein, Ihnen den Kopf frei und Sie auf diese Weise weniger anfällig dafür machen, sich mit Essen psychologisch etwas Gutes tun zu wollen. Erhöhen Sie Ihr Bewegungspensum bedächtig, aber systematisch. Nehmen Sie die Treppe, statt in den Lift zu steigen. Im Laufe einer Woche verbrennen Sie so ein gerüttelt Maß mehr an Kalorien – und der Aufwand ist gering.

»Werde nie hungrig!«

Das ist einer von Dr. Wunders weisesten Ratschlägen für die ersten Wochen der Umorientierung, während Ihr Körper sich an die neue Weltordnung gewöhnt. Hunger macht Sie unruhig und ist unangenehm, fast so, als wäre man aufgedunsen oder zu voll. Überschlagen Sie keine Mahlzeiten, genauso wenig wie Sie einen Tankstellenbesuch auslassen würden – sonst bleiben Sie später irgendwo liegen. Unser Ziel ist es nicht, die Gesetze der Physik außer Kraft zu setzen. Nähren Sie den Motor Ihres Körpers vernünftig und regelmäßig, dann wird er Ihnen nicht mit bohrendem Hunger antworten. Darauf sollten Sie strikt achten, bis Sie Ihren Geist gezähmt haben.

Ein ganz wichtiges Geheimnis im Umgang mit Hunger ist Joghurt, hat Dr. Wunder mich gelehrt. Nicht der zuckrig-bunte, der die Supermarktregale beherrscht, sondern der echte, natürliche, der nicht nur eine weit bessere Konsistenz hat und besser schmeckt, sondern auch voller gesunder Bakterienkulturen ist. Man kann ihn sich sogar einmal die Woche selbst machen, nach einem unglaublich einfachen Rezept (siehe Seite 159). Dr. Wunder verschrieb mir für die ersten drei Monate zwei Portionen pro Tag, als was auch immer ich sie mochte: zum Frühstück, als Nachtisch oder kleine Zwischenmahlzeit. Ein bisschen Honig, ein paar Weizenkeime oder etwas frisches Obst können den Joghurt noch mehr als einen Schmaus erscheinen lassen. Als ich jedoch den richtigen Geschmack dafür entwickelt hatte, mochte ich ihn vor allem pur, wegen seiner seidigen, sahnigen Säure. Diese beiden Joghurts am Tag waren wunderbare Friedensstifter, wenn ich wusste, dass ich bald hungrig werden würde.

En cas

Zusätzlich hatte ich immer auch noch einen kleinen Snack für außergewöhnliche Notfälle bei mir – *en cas*, sagte Dr. Wunder, für den Fall einer plötzlichen Hungerattacke. Es war so einfach, immer etwas Kleines in der Tasche zu haben, etwas, das der Körper als Mini-Mahlzeit auffassen würde. Das ist nicht nur praktisch, sondern auch psychologisch von ungeheurer Wirkung. Es bringt die *petits démons* zum Verstummen. Zu wissen, dass ich etwas bei mir hatte, nahm mir die Angst und den Wunsch nach Essen. Und wenn ich es einmal aß, genoss ich es und war beim Abendessen weniger hungrig. Kompensation. Ich trage noch heute immer etwas bei mir: ein kleines Tütchen Sojanüsse beispielsweise, das ich hervorhole, wenn sich mein Flug verspätet. Es sollte etwas sein, das gut für Sie ist, Sie aber auch befriedigt.

Wochenendbelohnungen

Dr. Wunder verstand nur zu gut, dass wir alle schwache Wesen in einer Welt voller Versuchungen sind. Entbehrung ist die Mutter der Niederlage. Gegen jedes Programm, das Sie letztlich als Bestrafung verstehen, wird sich Ihr Inneres über kurz oder lang auflehnen. Ob Ihre Freude in einem Glas Wein zum Abendessen besteht oder einem *croissant* zum Frühstück, Sie können sich nicht alles auf Dauer verbieten, ohne dass Ihr Körper sich dagegen auflehnt. Selbst während der Zeit der Umorientierung braucht Ihr Körper eine regelmäßige Pause – am Wochenende. Verstehen Sie mich nicht falsch, ich meine nicht, dass plötzlich alles wieder erlaubt ist, was Sie die Woche über vermieden haben. Es sollte ein Tag (nicht Samstag *und* Sonntag) der Erholung sein, an dem Sie, in maßvollem Rahmen, einige Ihrer Lieblingsdinge genießen. Einige Diätfachleute raten, sich nicht mit Essen zu belohnen, ich sage jedoch, das geht in Ordnung, solange es tatsächlich eine Belohnung *ist*: kein Junkfood, sondern etwas von guter Qualität, die Sie bewusst genießen.

Dr. Wunder meinte, es sei besser, sich den Samstag dafür auszusuchen und sonntags wieder auf seinen Plan umzuschalten, damit man für die neue Woche zurück auf das richtige Gleis kam. Für mich war es sinnvoll so. Ich wurde während meiner Studienzeit samstagabends oft von ein paar ziemlich schicken Freunden zum Essen eingeladen.

Sie hatten einen fest angestellten Koch – damals wie heute ein wahnsinniger Luxus –, dessen ausgefallene Speisen es ziemlich schwierig machten, meinem Plan unterworfen zu werden. (Sie werden verstehen, dass ich mir solche Freunde warm halten wollte!) Dr. Wunders Antwort lautete: »*Mais Mireille, fais preuve d'intelligence* – gebrauch deinen Kopf dabei.« Wenn ein Glas Champagner als Aperitif und der Nachtisch zu gut sind, um ihnen zu widerstehen, gut – aber dann verzichte auf das Brot. Die richtige Wahl zu treffen zwischen Dingen, die einem etwas bedeuten, da liegt der Schlüssel zum Geheimnis einer Französin.

Während meiner Zeit der Umorientierung fürchtete ich mich besonders vor meinem Osterbesuch zu Hause und dem ausgiebigen Feiertagsessen mit meiner Familie, die mit ihren Reaktionen weit weniger zurückhaltend war als meine Freunde in Paris. Ich war auf dem richtigen Weg, hatte bereits neun Pfund abgenommen und wollte keinerlei Aufmerksamkeit auf mich oder meine geänderten Essensgewohnheiten lenken. Dr. Wunder riet mir ganz zu Recht, dass niemand etwas merken würde, wenn ich meine *foie gras*, meine Gänseleberpastete, nur dünn auf eine der verschiedenen Brotsorten strich, bloß ein paar Pommes frites nahm und dafür den Nachtisch genoss. Am nächsten Tag machst du es wieder gut, sagte er sehr sachlich. Ich sollte Herrin meiner Freuden und gleichzeitig auch meiner Zurückhaltung sein.

Trotz allem nagte die Frage an mir, wie sich das alles längerfristig entwickeln sollte. Himmel, da meldeten sich die dämonischen »Übeltäter« erneut. Ich wusste, dass ich sie nur für eine bestimmte Zeit an einer so kurzen Leine würde halten können. Wann ließen sie sich wieder in meine Uni-Woche integrieren, ohne einen Rückfall zu provozieren? Richtig, ich litt nicht wirklich, aber der gute Doktor hatte mir ein Leben mit mehr Genüssen versprochen. Und schließlich war ich eine 68erin, deren Slogan lautete: »*Il est interdit d'interdire* – Verbote sind verboten.«

Die Antwort lag in den Worten *petit* und *peu*, die beide »ein wenig« bedeuten. Erlaubt war *de tout un peu et de peu pas beaucoup*: Man konnte von allem ein wenig haben, aber eben in kleinen Portionen. Da ich mit meinen Ergebnissen zufrieden war, mich aber ein wenig zurückgesetzt fühlte, nahm Dr. Wunder eine kleine Korrektur vor: zweimal wöchentlich zum Mittagessen – das ich normalerweise zusammen mit Freunden, die genau wie ich das Essen im *restaurant universitaire*, der Mensa, nicht hinunterbekamen, in einem Straßencafé einnahm – war das dunkle Stück Schokolade erlaubt, das ich mit meinem Espresso bekam, *un palet* oder *carré*. Die Tage konnte ich mir aussuchen, aber es durfte nicht öfter als zweimal in der Woche sein. Lernen Sie, die richtigen Momente zu finden: Nach einer schweren Prüfung morgens brauchte ich das Stück Schokolade. Oder wenn ich vor den Seminarteilnehmern ein Referat halten musste! Es war eine kleine Korrektur mit großer psychologischer Wirkung. Und es war meine erste Erfahrung mit der Macht meiner beginnenden Neujustierung. Kleine Veränderungen können langfristig einen großen Unterschied machen.

Das Reißverschluss-Syndrom

Als es dann tatsächlich Ostern wurde, war meine Neuorientierung vollzogen. Die neuen Gewohnheiten waren selbstverständlich und natürlich geworden. Dabei erinnere ich mich auch heute noch an die Zeit als an etwas, das nichts mit Entzug und geschmacklicher Leere zu tun hatte.

Aber wie weit war ich gekommen, was mein Gewicht anging? Was kann man nach der Zeit erwarten? Ich hatte zwölf Pfund verloren, die Hälfte von dem, was ich abnehmen wollte. *Mais attention* – ich stellte mich nicht jeden Tag auf die Waage, um meine Fortschritte zu dokumentieren. Personenwaagen sind in französischen Badezimmern nicht so verbreitet wie vielleicht anderswo; und sie können einem den Mut nehmen, wenn es um den Fortschritt geht. Für einen Teil des Monats wird jede Frau schwerer, weil ihr Körper mehr Wasser speichert; und auch aus anderen Gründen, die wenig damit zu tun haben, ob wir uns ausgewogen ernähren, kann unser Gewicht variieren (je nach Tageszeit zum Beispiel). Natürlich überprüfte ich von Zeit zu Zeit, wie viel ich abgenommen hatte, aber hauptsächlich orientierte ich mich daran, wie ich aussah und mich in meinen Kleidern fühlte. Es war klar, dass ich mich veränderte. Und als die Waage anzeigte, dass ich zwölf Pfund verloren hatte, bestätigte sie nur, was ich längst gefühlt hatte. Nach wie vor sehe ich den besten Indikator meines Gewichts darin, wie gut ich in ein Paar enge Hosen hineinkomme – das ist verlässlicher und sexy. Orientieren Sie sich an dem, was Französinnen *le syndrome de la fermeture éclair* nennen – das Reißverschluss-Syndrom. Oder benutzen Sie ein Bandmaß.

Ihr ausgewogenes Gewicht ist, wie wir gesagt haben, eine sehr persönliche, individuelle Sache, die von vielerlei Faktoren abhängt, wie Ihrem Alter, Ihrem Körperbau und bei manchen sogar der Jahreszeit. Somit sind Verbesserungen immer relativ und nie absolut. Genau wie Französinnen normalerweise keine Kalorien zählen, zählen sie auch keine Pfunde. Nach drei Monaten Neuorientierung werden Sie ein Gefühl dafür entwickelt haben, wie weit Sie noch kommen müssen. Wenn Sie denken, Ihr Ziel etwa zur

Hälfte erreicht zu haben, war die Umorientierung erfolgreich. Wenn nicht, überlegen Sie, wie weit Sie stattdessen sind, und machen Sie ein paar Wochen weiter. Und seien Sie vorsichtig mit unrealistischen Zielen: Wir können nicht alle dünn wie Models sein. Suchen Sie möglichst auch nach weiteren Möglichkeiten: Reduzieren Sie ein paar Ihrer »Übeltäter« noch ein bisschen mehr (was auf jeden Fall leichter ist, wenn man es bereits einmal getan hat); gehen Sie täglich zehn Minuten mehr spazieren. Aber verändern Sie alle Mengen erst nach und nach – so finden Sie sicher zu Ihrem Gleichgewicht.

Damit dieser Lebensstil seine volle Wirkung entwickelt, ist es wichtig, dass Sie die Regel »Qualität vor Quantität« wirklich verinnerlichen. Wie man Qualität kultiviert, lernen wir in den nächsten Kapiteln, in denen es um die Stabilisierung geht – die Phase, in der Sie, bemerkenswerterweise, mehr Genüssen frönen und doch weiter abnehmen. Lassen Sie uns zunächst jedoch am Beispiel einiger Frauen, die ich kenne, verfolgen, wie die Neuorientierung im Einzelnen abläuft.

KAPITEL 4
Die Geschichten der drei C.s

Sehen wir uns noch einmal einige der Grundprinzipien der Neuorientierung an:

– Führen Sie drei Wochen Buch über Ihre Ess- und Trinkgewohnheiten, und analysieren Sie Ihre Aufzeichnungen; identifizieren und reduzieren Sie die »Übeltäter« so weit wie möglich, ohne sich dabei zu überfordern. Verzichten Sie ganz, auf was immer Sie ganz verzichten können. Reduzieren Sie die anderen *peu à peu* – in kleinen Schritten.

– Essen Sie regelmäßig.

– Beachten Sie auch die Mengen von dem, was nicht zu den »Übeltätern« zählt; verkleinern Sie die Portionen nach und nach.

– Lernen Sie Ihren Markt besser kennen, nicht Ihren Supermarkt. Kaufen Sie mehrmals in der Woche ein (das, was Sie zum Essen brauchen; aber nie, wenn Sie hungrig sind).

– Vergrößern Sie die Palette dessen, was Sie essen, und gehen Sie mit den Jahreszeiten. Essen Sie mehr frisches Obst und Gemüse.

– Trauen Sie sich an neue Dinge heran, und experimentieren Sie mit neuen Geschmacksrichtungen.

– Bereiten Sie Ihre Mahlzeiten selbst zu. Verbannen Sie Fertiggerichte, besonders haltbar gemachtes Essen und künstliche Zusätze.

– Frühstücken Sie richtig.

– Essen Sie langsam, und setzen Sie sich dabei an den

Tisch. Kauen Sie ausgiebig, auch wenn es Ihnen zunächst etwas theatralisch vorkommt.

– Essen Sie zweimal täglich natürlichen – eventuell hausgemachten – Joghurt ohne irgendwelche Zusätze; als Nachtisch, zum Frühstück oder zwischendurch.

– Trinken Sie zumindest zwei Gläser Wasser mehr pro Tag, wenn sich die Gelegenheit bietet, noch mehr.

– Bewegen Sie sich regelmäßig, gehen Sie täglich ein Stück zu Fuß, und nehmen Sie die Treppe anstelle des Aufzugs. (Sollten Sie bereits in ein Fitness-Studio gehen oder sonst zum Sport, suchen Sie sich etwas, das Sie in Ihren Alltagskleidern tun können.)

– Bewahren Sie keine »Übeltäter« in Ihrer Wohnung auf.

– Machen Sie sich eine Liste, und halten Sie immer ein paar »Friedensstifter« vorrätig, als Ersatz für »Übeltäter«.

– Haben Sie immer Ihr *en cas* in der Tasche für unerwartete Notfälle.

– Wählen und genießen Sie Ihre Wochenendbelohnungen.

Wie ich gesagt habe, wollen wir keine Radikalkur. Aber für einige von Ihnen mag das alles an diesem Punkt noch etwas abstrakt wirken. Sehen wir uns also an, wie unsere Neuorientierung praktisch aussieht, an drei Beispielen. Dazu möchte ich Ihnen die drei C.s vorstellen, Freundinnen von mir.

Die Geschichten der drei C.s – Camille

Camille war 35 und hatte ihr ganzes Leben mit ihrem Gewicht gekämpft. Fettleibig war sie nicht, aber bei ihren 1,58 Meter waren ihre knapp zwölf Kilo Übergewicht offensichtlich; sie war pummelig und fühlte sich auch so. Immer wieder hatte sie probiert, was sich an Diäten anbot. Irgendwann jedoch kam sie zu dem Schluss, dass ihr Problem schlicht genetischer Natur sein musste: Die Übergewichtigkeit lag in der Familie. Besonders ihre Mutter war immer recht schwergewichtig gewesen. So glaubte Camille denn tief in ihrem Innersten, dass ihre Versuche abzunehmen von vornherein zum Scheitern verurteilt waren.

Camille stieß zu unserer Champagnerfirma, nachdem wir ein weiteres Unternehmen gekauft hatten; sie verfügte über ausgezeichnete Geschäftskenntnisse und war sehr erfahren. Die Geschäftswelt kann jedoch grausam und unfair sein, besonders in der Luxusgüterindustrie, wo es sehr um den äußeren Schein geht. Sowieso ist das Erscheinungsbild von Frauen immer und überall weit wichtiger als das von Männern. Zu Camilles Aufgaben gehörten regelmäßige Reisen und Geschäftsessen mit Kunden. Sie war etwa ein Jahr bei uns, als offensichtlich wurde, dass ihr erster Winter in New York nicht einfach für sie gewesen war. Weite Wintersachen hatten einiges verbergen können, aber als es Frühling wurde, spürte ich, wie sie zunehmend nervös wurde. Die nächste, ausgiebige Runde mit Reisen und Geschäftsessen stand unmittelbar bevor.

Camille und ich hatten uns miteinander angefreundet, und eines Tages, als ich sie fragte, wie es ihr gehe, schüttete sie mir ihr Herz aus. Ich erzählte ihr von meinen eigenen Gewichtsproblemen zu Beginn des Studiums und wie es mir gelungen war, sie mit ein paar einfachen Änderungen in den Griff zu bekommen. Sie willigte ein, drei Wochen über ihr Essen und Trinken Buch zu führen.

Ich bin kein Anhänger voreiliger Schlüsse, aber ein Blick auf die Einträge der ersten Woche genügte, um ein paar der größten »Übeltäter« auszumachen. Zunächst einmal das Bier. Abends bekam Camille »Durst«, regelmäßig, ob sie nun zu Hause geblieben oder ausgegangen war. Also trank sie eine Flasche Bier, oft erst gegen elf Uhr. So spät noch Bier zu trinken, kam mir komisch vor, besonders bei jemandem, der zum Essen in Restaurants Wein trank. Hatte Camille möglicherweise ein Alkoholproblem? Nein, denn ihr Alkoholkonsum war nicht groß, und es gab auch keine anderen Anzeichen dafür. Ich fragte sie, wie lange sie schon so spät noch Bier trank. Offenbar seit dem College: Sie zog sich salzige Snacks aus dem Automaten, während sie lernte, und spülte sie vor dem Zubettgehen mit einem Bier hinunter. Als sie darüber nachdachte, gab sie zu, dass sie das Bier nicht einmal wirklich mochte; es war einfach eine Gewohnheit, sie war nun mal »durstig«. Ganz eindeutig hatte sie, ohne weiter darüber nachzudenken, eine alte College-Gewohnheit mit in ihr Erwachsenenleben genommen und sie 15 Jahre lang beibehalten!

Warum nicht das Offensichtliche zuerst probieren? Ich sagte: Warum trinkst du nicht Wasser, wenn du durstig bist, und gehst dann zu Bett? Das konnte eine einfache Sache sein und über ein paar Monate fünf, wenn nicht knapp zehn Pfund ausmachen, wenn sie den »Übeltäter« denn als solchen erkannte und ihm die Kette anlegte. Aber so leicht war es nicht. Sie war zwar nicht verrückt nach der Wirkung oder dem Geschmack von Bier, wollte aber doch etwas Interessanteres als Wasser. Überraschenderweise waren dann Kräutertees die Lösung. Eisenkraut und Pfefferminze wurden ihre Lieblingstees und boten wohltuenden Ersatz für den sanft beruhigenden Effekt des Bieres früher. Immer wieder probierte sie neue Sorten und wurde geradezu zur Tee-Expertin. Schwieriger war es für sie, sich daran zu gewöhnen, tagsüber mehr Wasser zu trinken – der Schlüssel zur Reduzierung abendlichen und nächtlichen

Dursts. Ich schlug vor, sie sollte, wann immer sie am Wasserbehälter im Flur vorbeikam, einen der kleinen Pappbecher voll trinken. Als sich die ersten Erfolge einstellten, kam sie regelmäßiger daran vorbei.

Ein anderes Problem hatte mit dem Beruf zu tun. Sie aß, was immer man ihr auf ihren Flügen vorsetzte (für mich passen Essen und Fliegen im Grunde nicht zusammen), und das zusätzlich zu den Geschäftsessen, zu denen sie unterwegs war. Was das Kabinenpersonal auch vor sie hinstellte – muffige Nüsse, undefinierbare Fleischstücke, klebrige Nachtische –, sie aß es (kommt Ihnen das bekannt vor?), auch wenn sie direkt vom Flughafen ins Restaurant fuhr. Damit war relativ leicht umzugehen. Sie wusste, dass Flugzeugessen schrecklich ist. Aß sie aus Langeweile? Um sich die Zeit zu vertreiben? Jedenfalls riet ich ihr, bevor sie an Bord ging, ein kleines Sandwich zu essen und eine Flasche mit kühlem Kräutertee mitzunehmen, den sie sich abends zuvor aufgoss. Während des Fluges nippte sie daran, lauschte ihren eigenen CDs (nicht dem vorgefertigten Musikprogramm) und kam so zufrieden an ihr Ziel. Zum ersten Mal in ihrem Leben gelang es ihr sogar, an Bord ein kurzes Schläfchen einzulegen. (Das tue ich auch. Trinken Sie außerdem gegen die ausgetrocknete Luft an, die allein für die Frisur gut ist, für nichts sonst.)

Mit dem dritten »Übeltäter« wurde es komplizierter. Mehrmals in der Woche, vor allem an den Wochenenden, aß Camille abends eine Riesenportion Pasta. Sie sagte, das sei für sie das Einfachste und gebe ihr dennoch das gute Gefühl, zu Hause zu kochen. Aus ihr sprach mangelnde Erfahrung. Natürlich gibt es andere Wege, den Abends-allein-zu-Hause-Blues zu bekämpfen. Doch zunächst einmal verlangte das Problem nach einem dramatischen Ansatz: dem vorläufigen Verzicht auf Pasta zu Hause. Was bedeutete, dass wir etwas anderes finden mussten, das ähnlich befriedigend und leicht zuzubereiten war. Zum Glück war Frühling, und die offenen Märkte New Yorks schienen wie von Gott gesandt. Ich zeigte ihr die so einfachen wie köstlichen Zubereitungsarten für Rote Bete, Fenchel, Brokkoli, Karotten und mehr, verfeinert mit ein paar gehackten Kräutern und etwas Zitronensaft. Die Geschmacksrichtungen der verschiedenen frischen Gemüse berauschten sie. Jeder, der einmal eine frisch gepflückte Tomate mit etwas Salz und Olivenöl, dazu noch etwas Petersilie oder Basilikum, gegessen hat, wird bestätigen, dass das schon fast eine Mahlzeit sein kann. Bald ging sie selber auf die Suche, folgte ihrem ganz persönlichen Geschmack und fand es wunderbar einfach, weit mehr Obst und Gemüse zu essen als früher. Außerdem probierte sie zum ersten Mal ein einfaches Rezept für Fisch (siehe Seite 146: »Snapper mit Mandeln«). Als unerfahrene Köchin hatte Camille sich nie an Fisch herangetraut – und nun genoss sie zu Hause ein Essen, das selbst nach den meisten Restaurant-Standards geradezu luxuriös war. Außerdem walkte sie jeden Tag 20 Minuten, nach Feierabend, denn sie war kein Morgenmensch. Normalerweise hätte sie mit der U-Bahn einmal umsteigen müssen, aber nun ging sie vom Umsteigebahnhof aus zu Fuß nach Hause.

Nach drei Monaten hatte sie fast fünf Kilo abgenommen. Bei ihrer Größe machte das einen wirklichen Unterschied. Und da ihr die Änderungen, die sie vorgenommen hatte, gefielen, bestand auch nicht die Gefahr, dass sie gleich wieder zunahm. Tatsächlich probierte sie herum, wie sie auch die restlichen überflüssigen Pfunde so schmerzlos verlieren konnte. Mir fiel auf, dass sie neue Kleider kaufte, ihr Selbstbewusstsein wuchs und sie glücklicher aussah denn je. Andere bemerkten es ebenfalls.

Bei einem Seminar für Frauen in Führungspositionen lernte ich Caroline kennen, die eine Generation älter war. Fast ihr ganzes Leben über hatte sie nicht richtig gefrühstückt, sondern nur einen stark gezuckerten Kaffee getrunken und dazu ein oder zwei Zigaretten geraucht. Auch das kam mir vor wie eine Angewohnheit aus alten Universitätszeiten, obwohl die bei Caroline weit zurücklagen. Nun, da sie es nach etlichen gescheiterten Versuchen endlich geschafft hatte, das Rauchen aufzugeben, gab es morgens erst recht nichts. Im letzten Jahr hatte sie fast fünf Kilo zugelegt und schien sich damit abfinden zu wollen, sosehr es ihr gegen den Strich ging – als wäre es der unvermeidliche Preis dafür, dass sie nicht mehr rauchte. Ihr Nichtraucherfrühstück sah kaum besser aus als früher: ein Glas Orangensaft aus der Packung (eine Dosis purer Zucker), zwei Tassen Kaffee mit je zwei oder mehr Löffeln Zucker (eher Zucker mit Kaffee) und zwei Kekse (noch mehr Zucker). Nicht nur zu süß, sondern auch langweilig. Außerdem ließ ihr Essenstagebuch auf eine Vorliebe für Speisen mit schweren Soßen schließen, was angesichts des milden Wetters seltsam war.

Im Übrigen waren Carolines Essgewohnheiten nicht so schlecht, auch wenn sie unter dem weit verbreiteten Problem litt, nicht genug frisches Gemüse, Obst und Wasser zu sich zu nehmen. Ihr Haupt-»Übeltäter« war der Zucker, in allen möglichen, mitunter versteckten Formen. Sie ließ keinen Nachtisch aus, eine Schwäche, die ich gut nachvollziehen kann. Weniger typisch für sie war ihre Vorliebe für Käse. Da sie und ihr Mann weit gereist waren, hatte sie einen ausgeprägten Sinn für Qualität entwickelt, und zu ihren Lieblingssorten gehörten Käse, die für den Normalgaumen fast zu intensiv waren. (»Übeltäter« sind eine sehr individuelle Sache.) Aber trotz allen Sinns für Qualität hatte sie kein Gefühl für die richtigen Portionen entwickelt. Hier wurde die kleine Waage wieder wichtig: 100 Gramm sind weit besser als ein halbes Pfund.

Ihr Frühstück umzustellen, war nicht einfach. Einige von uns können den Tag nicht ohne Kaffee beginnen und Kaffee nicht ohne Zucker trinken. Das liegt allerdings oft am schlechten Kaffee, löslichen, gefriergetrockneten Sorten. Frisch gemahlener Kaffee trinkt sich besser ohne Zucker, wenn man sich auch erst eine Weile daran gewöhnen muss. Mit einer preiswerten kleinen Mühle dauert die Zubereitung einer großen, luxuriös aromatischen Tasse gerade mal eine halbe Minute länger; und in der dritten Woche war Caroline mit dem Zucker bereits auf einen halben Teelöffel herunter. Nach und nach verzichtete sie auch auf den Orangensaft, trank nach drei Wochen nur noch ein Drittel der ursprünglichen Menge und ersetzte ihn dann durch frisches Obst später am Tag. Die Kekse wichen einer Scheibe Mehrkornbrot mit etwas Butter. (Wer sich zum Frühstück keine Butter vorstellen kann, versteht nicht, wie einem bereits eine winzige Menge davon als Luxus vorkommen kann.) Und um das Ganze anzureichern, damit es bis zum Mittagessen vorhielt, gab es noch Joghurt, den wir zunächst mit einer Winzigkeit Akazienhonig verfeinerten, aber schon bald gar nicht mehr süßten. Damit war für sie das Frühstück kein zuckerbetriebener Blitzstart in den Tag mehr, sondern wurde zu etwas, womit sie sich verwöhnte und gute Laune verschaffte.

Die Desserts in Restaurants waren eine Herausforderung. Wie viele New Yorker, deren Kinder nicht mehr zu Hause leben, aßen Caroline und ihr Mann aus Bequemlichkeit gern in einem der Restaurants der Nachbarschaft, und unter den *specials* dort gab es immer auch eine süße Versuchung. Glücklicherweise war es Sommer, und frische Beeren, Melonen und Feigen kamen nicht wie eine Strafe daher, besonders wenn sie mit gutem Joghurt serviert wurden – wie in ihrem griechischen Lokal gleich nebenan. Auch wenn gebackenes, klebriges Zuckerwerk lockte, musste Caroline nicht völlig darauf verzichten. Sie bestellte es, genoss ein oder zwei Bissen – und überließ den Rest ihrem Mann oder Freunden, die mitgekommen waren.

Die Vorliebe für schwere Soßen war seltsam. Ein alter Freund erklärte sie mir, als ich bei einem Essen in Paris bemerkte, dass auch er eine Schwäche dafür hatte. Rauchen richtet auf der Geruchsschleimhaut großen Schaden an, und die regeneriert sich erst langsam. Da sich Aromen in fetten Speisen besser lösen, sprechen unsere Geschmacksknospen darauf besser an, wenn die Geruchskomponente unseres Schmeckens in Mitleidenschaft gezogen ist. Um Caroline also nicht den Geschmack zu nehmen, mussten wir die fetten, schweren Speisen besonders behutsam reduzieren. Caroline stimmte dem zu, nachdem sie das Problem erkannt hatte. Damit war auch ihre Vorliebe für strengen Käse erklärt. Wenn man in Frankreich zum Essen eingeladen wird, ist der Gang mit Käse der einzige, den man höflich zurückweisen kann. Das war für Caroline jedoch zu viel, und so verkleinerte sie ihre Portionen nur *peu à peu*. Sie selbst fing an, mit kräftigeren Gewürzen und Kräutern zu kochen – Gelbwurz (Kurkuma), Curry, Pfefferschoten –, die ihren Gaumen stärker reizten. Die milderen Dinge würden mit der Zeit zurückkommen.

Caroline gewöhnte sich daran, die sechs Stockwerke hinauf in ihre Wohnung und hinunter auf die Straße zu Fuß zu gehen, solange sie nichts zu tragen hatte, und dreimal in der Woche unternahm sie einen 20-minütigen Spaziergang. Sich wie eine typische Französin zu bewegen, machte ihr nichts aus. Nach zehn Wochen waren fünf Kilo verschwunden, und sie musste zugeben, dass sie keinerlei Entbehrung empfand, im Gegenteil, sie hatte das Gefühl, sich mehr zu gönnen als je zuvor. Oder kommen Ihnen Carolines neue Gewohnheiten wie ein Entzug vor?

Connie

Mit Connie wird die Sache etwas komplizierter. Sie war Anfang 20 und ohne großes Bewusstsein für das, was sie aß. Sie stammte aus einer Vorstadt im Mittleren Westen, wo zweimal im Monat eingekauft wurde. Ihre Mutter füllte dann Kühlschrank, Vorratskammer und vor allem die Tiefkühltruhe mit den Vorräten für die nächsten zwei Wochen. Lebensmittel waren nur ein Teil auf einer Einkaufsliste, die auch Toilettenpapier und Seife umfasste. Als sie selbst einkaufte, griff Connie zu den gleichen tiefgefrorenen Gerichten, die ihre Mutter ausprobiert und für gut befunden hatte. Nur sonntags war zu Hause gekocht und gemeinsam – *en famille* – gegessen worden. Die Woche über aß jeder so, wie es ihm sein voll gepackter Arbeitsplan (beide Eltern waren Anwälte) erlaubte. Connies Mutter kannte eine Hand voll Rezepte, die sie wieder und wieder benutzte. Sie waren Sinnbild der Behaglichkeit des eigenen Heims, und so wurden sie zum Einzigen, was auch Connie je zu kochen versuchte, wenn sie Freunde zum Essen zu sich in ihr kleines Wohn-Studio einlud. Im Übrigen folgte sie ihrer völlig unkritischen Liebe für typisch Amerikanisches: Burger, Take-away-Pizza, Stouffer's Lasagne. Kekse, Süßes und Riesenportionen Eis waren immer und überall zu haben, während frisches Gemüse oder Obst in ihrer Diät eher selten vorkamen. Zu trinken gab es Limo, *encore* Limo, *toujours* Limo. Kein schönes Szenario. Der Kühlschrank stand voller Riesenflaschen Limonade, normaler und *diet*. Wenn sie also einmal keinen Zucker in sich hineinschüttete, war es eine fürchterliche Mischung chemikalischer Zusätze.

Als wir uns kennen lernten, war Connie gerade nach New York gekommen und versuchte zum ersten Mal verzweifelt, Gewicht zu verlieren – gute sieben Kilo. In ihren adretten Studentenkleidern, die erst in den letzten Jahren offenherziger geworden sind, fühlte sie sich seltsamerweise nicht so dick, aber in ihrem Büro-Outfit kam sie sich absolut nicht *soignée* vor – so nenne ich es: gesund, gepflegt. Wir trafen uns bei einem gemeinsamen Projekt. Ich hatte sie zum Lunch eingeladen, und sie sah mir eindeutig verwundert zu, als ich alles aß und dazu auch noch ein Glas Champagner trank. Beim Kaffee schließlich fragte sie sehr nett: »Darf ich Ihnen eine persönliche Frage stellen?« Ich ahnte, was kam, und ermutigte sie, kein Blatt vor den Mund zu nehmen. Wie viele junge Frauen hatte sie bereits etliche Diäten hinter sich, ohne dass sich großer Erfolg eingestellt hätte. Bei der letzten, einer streng kohlehydratfreien Diät, hatte sie ungeheure Mengen Eier, Schinken und Käse essen können – die zu ihren Lieblingsspeisen gehörten. Am Ende aber brach sie auch diese Diät ab, fraglos mit einem noch größeren Appetit auf die Dinge, die ihr erlaubt gewesen waren.

Gescheitert war sie auch damit, durch Fitness-Training, das für sie einer Bestrafung gleichkam, Kalorien zu verbrennen und Gewicht zu verlieren. Irgendwer hatte versucht, ihr weiszumachen, wenn sie nur täglich eine Stunde auf einer bestimmten Maschine verbrächte, könne sie essen, was sie wollte. So hatte sie jeden Cent, der ihr neben der Miete noch blieb, in eine dreimonatige Mitgliedschaft in einem Fitness-Studio investiert. Ich begreife es bis heute nicht, warum Menschen sich lieber stundenlang mit irgendwelchen Maschinen abquälen, anstatt ein paar einfache, schmerzlose Korrekturen ihrer Essgewohnheiten hinzunehmen. Connie hatte tatsächlich ein paar Pfund abgenommen, aber ihr tägliches Pensum glich dem einer Sträflingskolonie; nach ein paar Wochen gab sie auf und hatte ihr Gewicht schnell zurück.

Ich schlug vor, dass sie auch weiter ins Fitness-Studio ging, da sie sich bestimmt dafür hassen würde, wenn sie es völlig aufgab. Aber ich empfahl Mäßigung: dreimal die Woche eine halbe Stunde aerobischer Übungen, mehr nicht, und nicht immer jede Woche das Gleiche. Ähnlich sollte sie mit ihren Essgewohnheiten verfahren. Da es Winter war, schien mir die »Magische Lauchsuppe« absolut *de rigueur* – ein Muss. Für jemanden, der sich wie sie ernährte, war es sicher härter, andererseits aber würde ein effektvoller Start gut für die Moral sein. Am Montag darauf war ihr gelungen, wofür sie zuvor zwei Wochen im Fitness-Studio hatte stöhnen und schwitzen müssen. Ein knappes Kilo – hautsächlich Wasser, ja, aber immerhin doch fast ein Kilo – war weg. Das war sehr gut für ihre Verfassung, darüber hinaus aber war noch etwas Bemerkenswertes geschehen: Sie hatte einen neuen Genuss entdeckt. »Ich kann kaum glauben, wie köstlich Lauch ist! Ich liebe ihn!« Da war sogar ich überrascht. Tatsächlich aß Connie nach diesem ersten Lauch-Wochenende auch später noch gerne einen Teller Lauchsuppe zu Mittag.

Connie kamen ihre ersten drei Monate fast mühelos vor, und auf jeden Fall kurzweilig. So zu kochen, wie ich es ihr vorschlug, war eine köstliche abwechslungsreiche Neuheit für sie. Der Winter ist eine wunderbare Zeit für herzhafte Kost, und sie genoss vor allem den Luxus meines leicht zuzubereitenden »Hähnchens in Champagner« (siehe Seite 184). Aber auch Obst und Gemüse waren sehr gut: Sie mochte meine »Pochierten Birnen« (siehe Seite 154) und konnte kaum glauben, dass ein fettfreier Nachtisch, der sich in acht bis zehn Minuten zubereiten ließ, so gut sein konnte! Sie lud sogar Freunde dazu ein, die verrückt danach waren. Weil ihre Essgewohnheiten bis dahin so langweilig und dick machend gewesen waren, wie ich es kaum je gesehen hatte, brachten die Neuerungen schnellen Erfolg. Auch weil sie gemäß den Regeln darauf achtete, nie hungrig zu werden, wandelten wir ihre stark fetthaltigen Speisen in kleine Snacks um: eine nahrhafte, befriedigende Hand voll Nüsse, einige kleine Käsewürfel. Was Connies neue Abenteuer beim Kochen anging, so enthielten die Gerichte weit weniger Fett, wagten sich aber in Geschmacksrichtungen vor, von denen sie vorher keine Ahnung gehabt hatte. (Anis zum Beispiel, oder Haselnussöl an Stelle von Olivenöl für den gemischten Blattsalat.) Und so vermisste die Glückliche nicht mal ihre Burgers und Pizzas. Etwa zweimal in der Woche aß sie diese Dinge noch, wenn sie mit Freunden ausging, aber ihr ständig wachsendes Wissen um andere, interessantere Möglichkeiten ließen sie immer langweiliger erscheinen. Bald schon wirkte auch hier die Portionskontrolle, gleichsam automatisch: Nach einem Monat schon kamen ihr die gewohnten zwei Stück Pizza zum Mittagessen zu schwer und fettig vor. Ihre Diätdrinks waren kein Gewinn, bildeten aber auch keine unmittelbare Gefahr. Ich überließ es ihr, sich davon nach und nach zu befreien, indem ich ihr etwas frisch gepressten Fruchtsaft mit Mineralwasser anbot. (Manchmal sollte man lieber ein paar

Kalorien mehr zu sich nehmen, wenn es der Qualität zugute kommt.)

Connie hatte Glück, wie leicht sich ihre »Übeltäter« durch anderes ersetzen ließen. Ihr Fall macht klar, wie wichtig es ist, sich selbst als individuellen Fall zu betrachten und nicht irgendeiner Diät hinterherzulaufen. Jeder von uns hat Stärken und Schwächen. Was Ihnen ausgesprochen leicht fällt, mag für eine andere schwer sein – und umgekehrt. Was Ihnen gefällt, ist nicht unbedingt jedermanns Sache, oder wie wir auf Französisch sagen: *Chacun à son goût* – jedem nach seinem Geschmack!

Etwas, das Connie ganz besonders gefiel, war die Präsentation von Speisen, für die sie einen besonderen Sinn entwickelte. Den Sommer über arbeitete sie für einen angesehenen Caterer, dessen Kreationen für Hochzeiten und andere Gelegenheiten nicht einfach nur köstlich zu sein hatten, sondern auch wundervoll aussehen sollten. Die dafür notwendige Liebe zu Details fand in Connies akribischer Natur ihre Entsprechung und öffnete ihr die Augen für das, was man in Frankreich mit einem *menu* meint: nicht einfach nur eine Liste von Möglichkeiten, sondern eine besondere Auswahl kleiner Speisen. Die Abfolge unseres Essens, das Arrangement der Speisen auf unserem Teller kann unser Erleben einer Mahlzeit dramatisch beeinflussen, ganz besonders unser Gespür für die angemessene Größe von Portionen. Ein sorgsam angerichtetes Thunfisch-Carpaccio ist weit befriedigender als dieselbe Menge, die jemand achtlos auf den Teller geklatscht hat. Das ist Teil der *rites de la table*, über die ich im nächsten Kapitel sprechen werde.

Nach den ersten drei Wochen hatte Connie bereits zwei Kilo abgenommen und war voller Energie. Sie fühlte sich viel besser. Zwei Kilo sind für eine Frau ihrer Statur ein ziemliches Gewicht, und sie spürte, wie ihre Kleider zu weit wurden. Gleich wollte sie neue kaufen, aber ich überzeugte sie, damit noch zu warten, wollte sie sich nicht bald schon wieder neu einkleiden müssen.

Et alors? – Aller Anfang …

Unsere drei Beispiele liefern wohl noch keine Allerweltslösung. Aber genau das ist der Punkt: Diese Strategie für weniger Gewicht und Wellness *à la française* bietet kein Rezept, sondern verweist nur auf mögliche Zutaten. Wie beim guten Kochen hängt das Ergebnis von dem ab, was *Sie* dabei verwenden – und dem, was *Sie* mögen. Einige Elemente treffen für alle Fälle zu: etwas mehr Bewegung und etwas mehr Wasser zum Beispiel. Im Übrigen jedoch ist der Ansatz grundsätzlich individualistisch und hängt nicht zuletzt vom Ausprobieren ab. Der Schlüssel liegt darin, ein Gefühl für Ihre persönlichen »Übeltäter« zu entwickeln, für das, was Ihnen Genuss und Freude bereitet, und dann alles so aufeinander abzustimmen und einzurichten, wie es gut für Sie ist. (Stimmen Sie für das französische Ideal der *liberté* und nicht für das tyrannische Regime einer einseitigen Diät.) Sie brauchen die drei Monate, um Ihren eigenen Weg zu finden. Genießen Sie die Zeit des Herausfindens. Drei Monate entbehrungsreicher Diät genügen, jeder Frau die Freude am Leben zu verderben. Wenn Sie die drei Monate jedoch dazu nutzen, neue Dinge für sich zu entdecken und Ihren Körper besser kennen zu lernen, tut Ihnen das gut und wird sich über Jahre hinweg auszahlen.

Wir werden unseren Erfolg nicht durch obsessives Kalorienzählen beurteilen, durch das Starren auf Kohlehydrate, Proteine, Fette, Lipide, Glukose und andere chemische Strukturen und Einheiten. Die meisten französischen Frauen sind keine Madame Curie und wären zu Tode gelangweilt, müssten sie sich mit alldem beschäftigen, geschweige denn, es auf einen der geheiligtsten Bereiche ihres Lebens anwenden: ihr Essen. Steigen Sie nicht täglich auf die Badezimmerwaage, nur von Zeit zu Zeit. Beurteilen Sie Ihren Erfolg mit Augen und Händen, und lassen Sie sich von Ihren Kleidern und Ihrem Spiegel leiten. Und benutzen Sie Ihre Küchenwaage, um sich mit der Größe von 30- bis 150-Gramm-Portionen vertraut zu machen, ob es nun Zerealien, Fleisch oder Desserts sind; besonders was Kuchen und Torten angeht!

Sich einem ausgeglichenen (*bien dans sa peau*) Gewicht zu nähern, ist ein natürlicher und intuitiver Prozess, der ebenso viel mit der Lust zu tun hat, Neues zu entdecken, wie mit dem Willen zur Mäßigung.

Es freut mich, berichten zu können, dass Connie heute, Jahre später, blendend aussieht und reif für die Seiten der *Vogue* wäre. Caroline ist auch nicht wieder aus dem Gleichgewicht geraten, vielleicht hat sie noch ein oder zwei Pfund zu viel, aber sie ist glücklich. Und Camille? Ich habe sie aus den Augen verloren und muss doch oft an sie denken. Sie war von den dreien zu Anfang die Unglücklichste, kompensierte zu viel anderes über ihr Essen und benutzte ihre »Veranlagung« als Entschuldigung. Aber wenn sie sich ihren neu erlangten Optimismus hat bewahren können, geht es ihr heute sicher gut.

Wenn Sie bis hierher gekommen sind, sollten Sie genügend Strategien vor Augen haben, um mit Ihrer Umorientierung zu beginnen. Es gibt noch viel zu entdecken. *Allons-y!*

ENTR'ACTE
Manger bien et juste – gut und richtig essen

Molière: »Ausgeglichenheit und lebenslanges Genießen«

Die ersten drei Monate sollten Sie zumindest halbwegs bis an Ihr Ziel eines ausgeglichenen Gewichts bringen, womöglich sogar weiter, wenn Sie sich nicht zu viel vorgenommen haben. Noch einmal: Beobachten Sie sich, Ihre Augen, Ihren Teint, Ihre innere Verfassung und, vor allem, wie Sie in Ihre Kleider passen – das alles wird Ihnen zeigen, wo Sie stehen. Wenn Sie Ihr Zwischenziel erreicht haben – und nur Sie können das beurteilen –, bravo! Damit sind Sie reif für die Stabilisierung. Wenn Sie das Gefühl haben, noch nicht die Hälfte des Wegs hinter sich gebracht zu haben, verlängern Sie Ihre Phase der Umorientierung nach Bedarf. Ein guter Schneider bestellt Sie ebenfalls für mehrere Anproben, und mit jeder neuen werden die Änderungen feiner. Wenn Sie die Umorientierung fortsetzen, überlegen Sie, wo Sie eventuell noch einen »Abnäher« setzen können, um den Fortschritt zu befördern. Behalten Sie dabei aber immer unsere goldenen Regeln im Kopf: *Fais-toi plaisir* – tun Sie sich Gutes, und: Nehmen Sie ihre Kürzungen langsam vor, *peu à peu*. Auch wenn Sie mittlerweile bei Mengen angekommen sind, die Sie vor drei Monaten noch für unrealistisch gehalten hätten, zum Beispiel nur zwei Scheiben Brot pro Tag, sind Sie möglicherweise auch noch mit weniger zufrieden, also nur einer Scheibe – probieren Sie es! Nur so finden Sie heraus, womit Sie sich wohl fühlen.

Nehmen wir jetzt aber einmal an, Sie haben die Umorientierung erfolgreich hinter sich gebracht – damit sind

Sie so weit, den Anteil Dinge, die Ihnen Genuss und Freude bereiten, langsam etwas zu erhöhen. Sie sind reif für die Stabilisierung, die sich ebenfalls ganz am Verständnis Ihrer persönlichen »Kosten-Genuss«-Ertragsanalyse ausrichtet. Vielleicht fühlen Sie sich besonders tugendhaft, weil Sie während der letzten drei Monate fast nur kalorienarme Desserts gegessen haben, wie ich unter Dr. Wunders Anleitung. Aber jetzt würden Sie gern ein wenig regelmäßiger etwas Üppigeres genießen; nicht nur an den Wochenenden. Raten Sie mal: Sie haben es verdient! Drei Monate mit fortschreitendem Erfolg sind zweifellos ein Indikator dafür, dass Sie weit bewusster geworden sind, was Ernährung und Ihre Vorlieben angeht. Sie haben gelernt, was Sie mögen und warum. Deshalb ist es nur fair und steht im Einklang mit unserem Genussprinzip, dass Sie sich belohnen.

Heißt das notwendigerweise, dass Sie aufhören werden, Gewicht zu verlieren? *Pas du tout*. Keineswegs. Sollte es dazu kommen, schalten Sie schlicht noch einmal etwas zurück und kürzen hier oder da etwas mehr; legen Sie eventuell auch noch einmal ein Lauchsuppen-Wochenende ein, um einen neuen Anlauf zu nehmen. Wenn Sie jedoch ebenso vorsichtig mit Ihren erlaubten Genüssen umgehen wie mit ihren Einschränkungen, sollten Sie problemlos weiter abnehmen können, ohne auf das zu verzichten, was Sie am meisten lieben. »Der beste Weg, Versuchungen zu widerstehen, ist, ihnen nachzugeben«, sagte Oscar Wilde, der übrigens in Paris starb. Nun, bis zu einem gewissen Maß hatte er Recht. Essen ist ein sinnliches Vergnügen, und so ist es nach drei Monaten nur natürlich, dass wir uns ein bisschen mehr Prickeln wünschen, während wir uns langfristig auf unsere neuen Gewohnheiten einrichten. Wie? Das System ist sehr einfach: Nehmen Sie Peter weg, was Sie Paul geben wollen. Wenn Sie sich an einer Stelle mehr gönnen, nehmen Sie andernorts eine entsprechende Kürzung vor. Laufen Sie am nächsten Tag eine halbe Stunde länger. Lassen Sie einen Cocktail aus. Geben Sie den Brotkorb weiter. Genau wie Sie herausgefunden haben, woraus Sie den größten Genuss ziehen, werden Sie mittlerweile auch wissen, welche Kompensationen bei Ihnen am besten wirken. Halten Sie Woche für Woche die Balance. Französische Frauen scheinen dafür einen besonderen Instinkt zu haben, aber wie mit jedem »magischen« Trick ist alles nur eine Frage der Übung. Um auch weiter Gewicht zu verlieren, müssen Sie mit dem, wo Sie sich zurückhalten, immer einen kleinen Vorsprung vor den zusätzlichen Genüssen bewahren, die Sie sich gönnen. Dieses französische »Sich-selbst-Übertölpeln« erlaubt Ihnen, Ihren Genuss und Ihr Empfinden von Genuss zu maximieren. Und wenn Sie es richtig anstellen, *voilà*: Die Einschränkungen kommen Ihnen vergleichsweise klein vor. Das Ergebnis ist Zufriedenheit und niemals ein Gefühl von Entzug. Ihr Geist muss Ihr Partner sein, wenn es darum geht, Ihr Gewicht ausgeglichen zu halten, und die *philosophes* würden uns darin zustimmen, dass Sie bei diesem Spiel keinen mächtigeren Verbündeten haben können.

Aber ich will mich nicht im Abstrakten verlieren. Weiterer Fortschritt und lebenslanges gesundes Essen gründen in einem tieferen Verständnis dessen, was Französinnen wissen. Bis jetzt hatten Sie Französisch für Anfänger – es ist Zeit, das Buch für Fortgeschrittene aufzuschlagen.

KAPITEL 5
Il faut des rites

Antoine de Saint-Exupérys *Kleiner Prinz* ist ein Buch, das alle Franzosen gut kennen. Man kann es in einer Stunde lesen, und doch steckt es voller zeitloser Weisheit. Darin erklärt der Fuchs dem kleinen Prinzen: »*Il faut des rites* – wir brauchen Rituale.« Rituale verleihen den verschiedenen Aspekten unseres Lebens Bedeutung, darunter auch den elementarsten: Geburt, Ehe, Tod und – fortdauernd und bis ans Ende – das Essen. Dabei gibt es Feiertagsrituale, wie zum Beispiel die *galette des rois*, die man in Frankreich zwölf Nächte nach Weihnachten isst, um an die Heiligen Drei Könige zu erinnern. Aber es gibt auch *rites quotidiens*, alltägliche Rituale, durch die sich eine Zivilisation definiert, wie *le pain quotidien*, unser täglich Brot – oder auch nur das tägliche Zähneputzen. Ob wir uns dessen bewusst sind oder nicht, wir verbringen 90 Prozent unseres Wachseins mit der Ausführung alltäglicher Rituale.

In einer Welt, in der sich die Dinge immer schneller verändern, bilden unsere Rituale den Beziehungsrahmen, in dem wir uns bewegen, und dienen gleichzeitig der Beruhigung und Behaglichkeit. Sie sind der Schlüssel zu unserem Wohlbefinden, Teil unserer kulturellen Programmierung, was gut und richtig ist, und sie bilden die Normen, nach denen wir unseren Geschmack ausrichten.

Lassen Sie mich an dieser Stelle eine Anmerkung über meine Wahlheimat Amerika einfügen, die ein paar Dinge besonders augenfällig macht. Die Amerikaner verfügen über einige großartige kulinarische Rituale: Nichts in

Frankreich könnte mit dem Hamburger beim sonntäglichen Barbecue konkurrieren. (Tatsächlich lieben viele Franzosen Hamburger, genau wie ein Rindersteak; manche mögen sogar Maiskolben, obwohl die gewöhnlich eher als Viehfutter verwendet werden.) Dennoch ist das Land noch um einiges davon entfernt, gemeinsame Grundprinzipien der Ernährung und des Essens zu entwickeln, die allein eine 1000-jährige Geschichte hervorzubringen vermag. Selbst unter den ältesten Nationen Europas nimmt Frankreich einen Sonderplatz in der Evolution kulinarischer Rituale ein. Wo sonst kann man in erhitzte Debatten darüber geraten, ob die besten Makronen zum Kaffee nun in der Patisserie Ladurée, bei Fauchon oder Pierre Hermé zu bekommen sind? Derlei Gespräche lassen meinen amerikanischen Gatten Edward immer noch schelmisch grinsen. Qualität ist bei uns eine Leidenschaft, ja, ein Zwang.

Im späten 18. Jahrhundert, als das Bürgertum die Führungsrolle des Adels übernahm, wurden *les arts de la table* geboren, ein neues Regelwerk, das die gesamte Ausrichtung eines Essens betraf – von der korrekten Sitzordnung über die Präsentation der Speisen bis hin zu den Prinzipien der Geschmacksharmonie, also unserem Gefühl für das, was womit zusammenpasst. Der Tisch wurde zu einem Schauspiel. Standardspeisen erhielten ihre klassischen Namen, und schon bald setzte ein wahrer Rausch von Neuerungen, Nachahmungen, ja, Modebewegungen ein. Wenige vom Michelin geleitete Schlemmer-Touristen wissen das Ausmaß zu schätzen, in dem unsere Küche unserer *couture*, unserer Mode, gleicht. Denn so sehr wir auch auf der Zeitlosigkeit und Perfektion unserer Klassiker bestehen, so unerträglich langweilig würde unsere Küche werden, wenn wir nicht ständig darauf bedacht wären, sie zu erneuern und mit neuem Leben zu erfüllen. Französische Restaurants im Ausland verlieren diesen Aspekt oft aus den Augen, und so treiben sie dieselben alten Gäule der *cuisine bourgeoise* und des *bistro* ein ums andere Mal durch die Manege. Franzosen lieben es, wenn sie zum Essen ausgehen, besondere Dinge zu genießen, von denen sie wissen, dass sie *so* womöglich nie wieder auf der Speisekarte erscheinen werden. Jedes Essen, jede Mahlzeit ist etwas Besonderes, und genau das ist es, was auch Sie lernen müssen!

Nachdem sie über Jahrhunderte gewachsen und gereift ist, drohen der französischen Essenskultur heute zum ersten Mal ernsthaft Gefahren durch die Globalisierung. Internationale Fast-Food-Ketten eröffnen Restaurants überall in den Städten, und es wird immer schwieriger, unseren Kindern unsere voller Stolz entwickelten und gepflegten Werte zu vermitteln. Mitunter hat man den Eindruck, dass wir uns zurück in die Tage der Renaissance bewegen, in denen wir mit den Fingern aßen, uns ohne Umstände von voll beladenen Gemeinschaftstellern bedienten und den einen oder anderen Knochen, an dem wir bereits genagt hatten, an den Nachbarn weitergaben. Also gut, *j'exagère*, aber bei aller Übertreibung, sollte Frankreich je von jener Verfettungsepidemie heimgesucht werden, die ihre Kreise immer enger um uns herumzieht, ist der Verfall der überkommenen Werte sicher einer der Hauptschuldigen. Aus diesem Grund ist es wichtig, die Tradition zu ehren und zur Besserung aller zu pflegen.

Drei Mahlzeiten pro Tag, drei Gänge zum Abendessen

Das traditionelle französische Essen umfasst immer noch drei Gänge, ohne den zusätzlichen Käse-Gang vor dem Dessert. Und in einem großen, guten Restaurant ist es keine Seltenheit, dass ein Menü noch einige Gänge mehr hat. Warum also werden französische Frauen – und auch Männer – trotzdem nicht fett? Der Grund liegt darin, dass wir traditionelle Essgewohnheiten mit modernem Lebensstil verbinden, was typischerweise bedeutet, dass wir die traditionellen Mengen unterschreiten. Es kommt vor, dass wir ausgiebig tafeln, aber nicht regelmäßig. Wir haben mehr Gänge, aber die Portionen sind kleiner. Sehr wichtig ist, dass selbst unsere Alltagsmahlzeiten sich zu einem gewissen Maß an traditionelle Formen halten.

Im Zusammenhang mit der Neuorientierung habe ich betont, wie wichtig es ist, keine anderen Tätigkeiten mit dem Essen zu verbinden – kein Fernsehen beim Essen, kein Zeitunglesen, kein Essen am Steuer oder in der U-Bahn. Darüber hinaus habe ich ein paar Äußerlichkeiten vorgeschlagen, welche die Esserfahrung und das Weniger-Essen bedeutungsvoller erscheinen lassen. Gemeint sind Präsentation und Ablauf der Mahlzeit, die Benutzung eines angemessenen Geschirrs, entsprechender Gläser, Servietten und Tischtücher. Kerzenlicht kann das Ganze noch schöner gestalten – was nun wiederum keine eigentliche französische Tradition ist, die in Frankreich aber größten Erfolg hat. Wenn Ihnen der damit verbundene zusätzliche Aufwand überflüssig erscheint, sehen Sie nicht, worum es dabei geht: Den eigenen Tisch zu decken, kann fast so wichtig sein wie das Kochen selbst. Es lenkt unser Empfinden auf das, was vor uns liegt, regt den Appetit an und gibt der Erfahrung mehr Platz.

Das französische Wort *menu* bedeutet nicht einfach nur Speisekarte, wofür auch in Frankreich eher der Begriff *la carte* verwandt wird, sondern »wenig«, und durch seinen Gebrauch in Bezug auf Essen wollen wir unserem Sinn für kleinere Portionen Ausdruck verleihen. Das Wesen der französischen Küche besteht darin, von mehreren Dingen wenig anzubieten, statt große Mengen von nur ein oder zwei Speisen. Das steht im genauen Widerspruch zu den Gewohnheiten in vielen anderen Ländern. (Denken Sie nur an Camilles Riesenportion Pasta!) Sehen wir auf einen französischen Teller. Franzosen finden es komisch, ein ganzes Essen auf dem Teller zu haben, und noch komischer, einen Teller ganz zu füllen. Das Arrangement eines Ganges in der Mitte eines Tellers ist Teil des Genusses. Der Wechsel der Teller zwingt Sie nicht nur dazu, sich auf den jeweiligen Gang zu konzentrieren, er verlangsamt die Mahlzeit auch, hilft der Verdauung und erhöht die Zufriedenheit. Je schneller Sie essen, umso mehr brauchen Sie. Wenn der Abwasch eines zusätzlichen Tellers zu viel Umstände macht, was bedeutet er im Vergleich mit Ihren Gewichtsproblemen?

Die Portionsgröße unserer Menü-Gänge ist es, die es uns erlaubt, von Zeit zu Zeit die volle Schaffensbreite unserer *haute cuisine* zu genießen: das *amuse bouche* noch vor der Vorspeise, dann die eigentliche Vorspeise, den ersten Gang und den Hauptgang, den Käsegang und das Dessert, die *petits fours* – die ganze Palette! Aber dabei geht es nicht wie bei Ludwig XIV. zu. Wenn die einzelnen Gänge nicht *menu* wären, würden wir sie nicht überleben. Selbst nach dem ausgiebigsten Mahl fühlen sich die Franzosen zufrieden, nicht voll gestopft.

Immer noch nehmen viele Franzosen ihre Hauptmahlzeit mittags zu sich. Das mag Ihnen schlecht möglich sein, dennoch sind drei Mahlzeiten pro Tag notwendig, um Ihren Stoffwechsel zu stabilisieren. Das Essen zwischendurch, das hauptsächlich daraus resultiert, dass wir keine drei richtigen Mahlzeiten zu uns nehmen, ist normalerweise ein schlechter Ersatz, denn es verwirrt Körper und

Geist. Sollten Sie morgens nicht wirklich hungrig sein, lassen Sie sich nicht zu dem Fehlschluss verleiten, dass es Ihnen weiterhilft, wenn Sie das Frühstück auslassen. Sie essen dann später nur umso mehr. Ich habe bei vielen jungen Frauen beobachtet, dass sie morgens mit nur einem Kaffee den Tag beginnen, mittags durcharbeiten und dabei bereits an einen ausschweifenden Abend mit Freunden außer Haus denken. Es mag so aussehen, als begännen sie mit dem Ausgleich für den späteren Genuss (wobei sowieso eine Regel darin besteht, dass der Ausgleich immer *nach* dem Sich-etwas-Besonderes-Gönnen kommen soll), tatsächlich aber machen sich die Nur-eine-Mahlzeit-pro-Tag-Frauen etwas vor, und nicht in positiver Hinsicht. Bis zum Abend sind sie ausgehungert, und die Party fängt dann oft mit einem »bunten« Getränk an – alkoholisch, gezuckert. (»Leere« Kalorien, die die Sinne abstumpfen: Auf solchen Cocktails sollte eine Warnung des Bundesgesundheitsministers stehen!) Darauf folgt ein typisches Restaurantessen mit übergroßen Portionen, zubereitet mit den typischen Tricks eines schlechten Kochs: zu viel Salz und Fett und Zucker, der selbst in herzhaften Speisen versteckt wird. Wie viel? Wer weiß – schließlich können wir unser Restaurantessen schlecht zur Analyse ins Labor schicken. Von irgendwo etwas zum Essen mitzunehmen, die Takeaway-Lösung, birgt ähnliche Unwägbarkeiten. Sparen Sie sich das Ausgehen für besondere Gelegenheiten auf, und achten Sie dann auf Qualität. Nicht alle Restaurants sind wirklich gut. Essen Sie zu Hause. *Manger bien et juste.* Achten Sie darauf, was Sie essen – achten Sie auf sich!

KAPITEL 6
Jahreszeitlich gewürzt

Les fraises d'antan: Die Erdbeeren vom letzten Jahr

Zum Thanksgiving der Pilgerväter gab es keine Erdbeeren. Wilde Preiselbeeren aus New England vielleicht. Keine Erdbeeren. Die Einwanderer damals stützten sich natürlich noch auf die Produkte aus der näheren Umgebung und was es jahreszeitlich gerade gab. Genau wie unsere Großeltern und noch früheren Vorfahren es taten.

Tomaten im Dezember? Aus dem fernen Süden. Die modernen Methoden der Konservierung und globale Vertriebsmöglichkeiten wecken in uns die Erwartungshaltung, dass alles das ganze Jahr über verfügbar ist. Ich selbst habe mich schon von dem künstlich guten Aussehen von Gemüse und Früchten verführen lassen, die einer anderen Jahreszeit angehören, aber dann reicht ein Bissen, der nach nichts als Pappe schmeckt, und ich lange nach meiner Serviette, um den »Übeltäter« aus meinem Mund zu verbannen. Nichts ist geschmacksloser als eine Supermarkttomate im Winter, während eine an der Pflanze gereifte Frucht im Sommer schlicht göttlich schmeckt.

Es hat seinen Grund, dass man Kürbissuppe im Herbst zum Erntedankfest isst und nicht zur Sommersonnenwende. Sich nach den Jahreszeiten zu richten, heißt, Ihre Essgewohnheiten nach dem auszurichten, was jeweils nur einige Wochen lang auf dem Markt zu haben ist. Die Abfolge der Jahreszeiten hat vitale Bedeutung für das Einstimmen unseres Körpers auf sein Gleichgewicht und für sein Wohlergehen. Im Sommer zum Beispiel tut uns ein grüner Salat mit wohlriechenden Tomaten gut, frischer

Mais und saftige Trauben sind eine reine Freude – sie sind voller Nährstoffe, liefern uns aber auch kühlende Flüssigkeit, die wir bei warmem Wetter leicht verlieren. Im Herbst und Winter wenden wir uns dann ganz von selbst konzentrierteren Formen von Energie zu, um warm und in Bewegung zu bleiben. Dann wollen wir mehr Proteine und freuen uns über Austern, Meerestiere, herzhafte warme Suppen, getrocknete Bohnen und Linsen und mehr Fleisch.

Letztlich liegt im Wechsel der Jahreszeiten der Schlüssel für den Genuss an gutem Essen – in der Vorfreude, der Freude an Abwechslung und dem schmerzlichen Glück über etwas, von dem wir wissen, dass wir es bald verlieren werden, und das wir nicht als selbstverständlich betrachten können. Solch erhöhtes Bewusstsein in Bezug auf die Dinge, die wir uns in den Mund stecken, bedeutet das Gegenteil von ewig gleichem, gedankenlosem Essen, das zu Langeweile und Gewichtszunahme führt. Die ersten zarten Krabben der Saison sind ein einzigartiges Vergnügen. Die ersten Erdbeeren können kostbare Erinnerungen an frühere Jahre heraufbeschwören. Und das gilt auch für die Dinge, die wir selbst oder andere zu einem besonderen Anlass machen. Ich schreibe dies am Morgen des Heiligen Abends. Aus dem Fenster unserer Pariser Wohnung können wir die berühmte Konditorei Mulot sehen, vor der etwa 60 Menschen unter Schirmen geduldig Schlange stehen, um ihren *bûche de Noël* abzuholen, ihren Weihnachtskuchen. Glauben Sie mir, die Leute ärgert es nicht, dort anstehen zu müssen – *au contraire!* Der Kuchen ist schwer, macht dick und ist köstlich – und keine Französin würde nicht mindestens ein oder zwei Stück davon essen. Er wird gebacken, um an nur ein paar Tagen im Jahr gegessen zu werden, und wurde so zu einer Tradition, die niemand auslässt. Wer einen Sinn für Balance hat, muss das auch nicht.

Ob in kleinen Provinzorten oder Paris selbst – an manchen Tagen der Woche kann man lange Reihen von Lastwagen und Transportern sehen, die Plätze und Straßen säumen. Diese Karawane bringt frische Erzeugnisse, die besten der Jahreszeit: Fleisch und Wild, Obst und Gemüse, Kräuter und Gewürze. Haben Sie je 27 verschiedene Sorten Oliven in ebenso vielen Fässern gesehen? Die Markttage hier datieren aus Zeiten, noch bevor Frankreich gallisch wurde. Warum gibt es sie nach wie vor auch im 21. Jahrhundert, wo sich doch auch in Frankreich überall *hypermarchés*, riesige Supermärkte, finden? Warum trotzen Menschen aller Altersklassen Kälte und Hitze, Regen und Sonne, um zwischen drei verschiedenen Sorten von grünen Bohnen wählen zu können, zwischen sieben Sorten Tomaten, verschiedenförmigem Brot, Wachteleiern, organischem Geflügel, Wildschwein, 43 Käsesorten, ungezählten Kräutern, Fisch und, natürlich, frischen Schnittblumen?

Handgemachte Qualität war schon immer ein Herzstück französischen Feinschmeckertums. Für französische Frauen ist sie Teil ihres Lebens. Dabei geht es um die Produktion wie auch um den Umgang mit den Dingen: Eier, die Stunden, und nicht Monate, alt sind; Dotter, die nicht blassgelb, sondern orange sind und noch richtig nach Ei schmecken. Weiße Pfirsiche, die erst morgens gepflückt worden sind, vor Saft strotzen und gerade mal einen Tag ihre größte Intensität bewahren, bevor sie langsam welk werden.

Faire son marché – fürs Essen einkaufen – bleibt eine zentrale französische Einrichtung und wird es trotz der sich weiter ausbreitenden *hypermarchés* auch bleiben (die gnädigerweise gesetzlichen Beschränkungen unterworfen wurden). Und es hat eine wichtige soziale Komponente:

Wir sehen unsere Nachbarn, tauschen Neuigkeiten aus und lernen Produzenten und Bauern kennen, die auch uns mit der Zeit kennen und denen wir zu trauen beginnen. Das ist äußerst wichtig, denn in Frankreich käme niemand auf die Idee, die Ware zu befühlen; stattdessen sucht der Lieferant, dem man traut, unter der Ware aus, was man braucht – je nachdem, wann man es essen möchte, wie zubereitet und womit. Das kann eine längere Diskussion nach sich ziehen, doch der nachfolgende Kunde wartet geduldig, voller Respekt für die Ernsthaftigkeit des Erörterten.

An einem Obststand auf dem Marché Saint-Germain dachte ich eines Tages darüber nach, was wir essen sollten, wenn Edward am Samstag aus New York käme. Wie eine ausgebildete Psychologin befragte mich die wundervolle Verkäuferin: »*C'est pour ce soir* – sind die für heute Abend?« – »Die weißen Pfirsiche ja, aber die gelben sind für morgen.« Sorgfältig wählte sie die Früchte aus. Normalerweise kaufe ich nur für denselben Abend, aber ich wusste, dass ich am nächsten Tag bis nach Marktschluss im Büro sein würde. Außerdem wollte ich Edward zu seinem ersten Pariser Mittagessen mit einer Melone (de Cavaillon) erfreuen, einer seiner Lieblingsfrüchte in Frankreich. Als ich mich dem Melonenstapel zuwandte, fragte die Verkäuferin: »*C'est pour quand?*«, ich sagte es ihr, und sie machte sich an die Arbeit, wog ein paar Früchte, prüfte Geruch und Stängel, hatte schließlich noch zwei zur Auswahl und sagte dann mit sicherem Lächeln: »*Dans ce cas, c'est celui ci* – dann ist es die hier.« Die auserwählte Melone präsentierte sie mir in ihrer rechten Hand, nachdem sie sich ausgerechnet hatte, dass die in ihrer linken noch bis Sonntag brauchte, um perfekt zu sein. Natürlich bewahren wir Obst nicht im Kühlschrank auf, und so legte ich die Früchte in den Korb auf dem Küchenbüfett und dachte nicht weiter darüber nach. Am Samstagmorgen, als ich aufwachte und mich auf Edwards Ankunft freute, lag ein ungeheuer berauschender Duft in der ganzen Wohnung. Die Melone rief förmlich: »Iss mich!«, und als Edward schließlich vom Flughafen kam und durch die Tür trat, war es unmöglich, eine Überraschung daraus zu machen. Er sagte einfach nur »Wow!«, als er an der Küche vorbeikam.

Auch wenn meine Marktbesuche in New York nicht ganz so intensiv ausfallen wie in der Provence oder Paris, so bleiben es doch reiche Erfahrungen, was die Waren und ihre Produzenten betrifft. Der berühmte Markt am Union Square ist vier Tage in der Woche geöffnet, man kann sehen und schmecken, was die jeweilige Jahreszeit zu bieten hat, und einiges darüber lernen, wie man es am besten – und mit der nötigen Achtung – zubereitet. Farmer tauschen gern Rezepte aus, und die ebenso neugierigen wie freundlichen Amerikaner scheuen sich nicht zu fragen, was man mit dem einen oder anderen machen soll, ob es nun Rochen ist oder Sauerampfer, ob es um Zucchiniblüten oder Schalotten geht. (Da haben sie einen Vorteil: Aus Stolz und Angst, ignorant zu erscheinen, sehen Franzosen mitunter davon ab, nachzufragen, dabei ist Zurückhaltung, wenn es um Informationen zu Speisen geht, völlig fehl am Platz.)

Wenn Sie Obst und Gemüse erst einmal auf dem Markt gekauft haben, von Brot, Eiern, Geflügel und Fisch gar nicht zu reden, fällt es schwer, noch irgendetwas »Frisches« im Supermarkt zu kaufen. Natürlich muss man sich an den Marktrhythmus gewöhnen. In Frankreich sind wir verwöhnt mit täglichen Märkten, aber es gibt auch wöchentliche. In der Provence zum Beispiel sind die bekannten täglichen Märkte in Nizza, Aix und Avignon, während in den kleineren Städten ein wöchentlicher rotiert. Immer zu wissen, wann man wohin muss, ist kein Umstand, sondern eine Art Sport für uns, und der Aufwand zahlt sich in der Küche zehnfach aus. Auch der beste Koch der Welt kann kein gutes Menü mit schlechten Zutaten bereiten, und man muss schon eine ziemlich verdrehte Genialität besitzen, aus wirklich wunderbaren Zutaten ein schlechtes Essen zu machen. Gute jahreszeitliche Produkte werden am besten möglichst einfach zubereitet; wer auf Qualität achtet, kann nicht wirklich irren.

In Frankreich gehört die Liebe zu gutem, natürlichem Essen zum allgemeinen Erbe. Nicht dass die Franzosen nicht auch mehr dafür zahlen würden: Im Durchschnitt geben sie einen weit größeren Anteil ihres Einkommens für Essen aus als andere Leute. Aber was dem einen oder anderen als Luxus erscheinen mag, ist für Franzosen eine Notwendigkeit. Natürlich kann sich nicht jeder alles leisten (Beluga Kaviar gehört nicht zu unseren allgemein verbrieften Rechten), dennoch leben die Franzosen nach einer Devise, die man in meiner Wahlheimat Amerika ausgezeichnet auf den Punkt gebracht hat: *garbage in, garbage out* – einfach übersetzt: Wo Müll reinkommt, kommt auch Müll raus. Gut zu kochen und damit auch gut zu leben, hat wesentlich mit den richtigen Zutaten zu tun.

Wie eine Französin zu leben, bedeutet also, nach Qualität zu suchen und auch etwas mehr dafür zu bezahlen, ob nun auf einem Markt oder in einem guten Lebensmittelgeschäft, das entsprechend beliefert wird. Auch französische Frauen müssen mit ihrem Geld auskommen, aber sie begreifen auch den Wert von Qualität vor Quantität.

Auf jedem französischen Markt finden Sie reichlich getrocknete und frische Kräuter und eine große Auswahl von Gewürzen. In jeder *épicerie*, jedem Lebensmittelladen, treffen Sie ebenfalls auf eine gute Auswahl. Auch wenn französisches Essen nicht unbedingt dafür bekannt ist, besonders scharf zu sein, sind Gewürze doch sehr wichtig für eine französische Köchin. Kunstfertig eingesetzt, helfen sie uns zu wonnevoller Selbsttäuschung, indem sie eine ganze Welt der Verfeinerung für Speisen bieten, die sonst auf Fett angewiesen wären, um schmackhaft zu werden. Kräuter schmecken weniger stark als Gewürze – seien Sie kühn, probieren Sie Neues, aber gehen Sie auch hier wieder *peu à peu* vor. Ein wenig Gelbwurz (Kurkuma) bewirkt viel, und Sie können immer noch etwas mehr hinzugeben – aber wenn Sie einmal gewürzt haben, können Sie es in der Regel nicht wieder rückgängig machen.

Die verbreitetsten Kräuter in der französischen Küche sind Petersilie, Basilikum, Estragon, Thymian, Zitronenthymian, Kerbel, Majoran, Oregano, Rosmarin – für Suppen, Fleisch, Geflügel, Fisch, Gemüse und Salate – und Salbei, der sich normalerweise nicht für Fisch und Salate, aber sehr gut für Fleisch und Pilze eignet. Wir zerkleinern sie erst im letzten Moment, um möglichst viel des Geschmacks zu erhalten. Was Gewürze angeht, mögen wir Paprika, Cayennepfeffer und zunehmend auch Curry und Ingwer, besonders für Geflügel, Fleisch und Gemüse. Zimt und Muskat benutzen wir hauptsächlich für Desserts, versuchen Sie zum Beispiel aber auch etwas Zimt für Lamm, ob nun geschmort oder gegrillt, oder geben Sie eine Prise Muskat an ein Hähnchengericht mit Sahne oder an Karotten, grüne Bohnen, Kürbis oder Spinat. (Mitunter bereitet das Unerwartete den größten Genuss: Der aus dem Elsass stammende Jean-Georges Vongerichten verursachte in New York einige Aufregung, als er Eiskrem mit Pfeffer würzte.)

Auch Senf ist eine äußerst vielseitige Zutat – und investieren Sie auch hier wieder in die richtige Qualität: In Frankreich lieben wir Dijon-Senf, Pommery, Meaux, für die es jeweils mehrere Produzenten mit verschiedenen Qualitäten gibt. Geben Sie etwas in Ihre Gemüsecremesuppe, auf Ihren Hamburger (als interessante Alternative zu Ketchup), nehmen Sie ihn zu Käse und Eierspeisen, statt Mayonnaise für Ihr Sandwich, verfeinern Sie Ihre Salat- oder Fischsoße damit, Ihren Eintopf – und verleihen Sie den Dingen so eine besondere Note und Vielschichtigkeit. Frische Kräuter wie Basilikum, Minze und Rosmarin sind ideal für Sommergerichte, während im Herbst und Winter getrocknete Kräuter zusammen mit den richtigen Gewürzen passende Akzente verleihen, ob es sich um Lamm oder Fruchtkompott handelt. Gewürze erleichtern die Verdauung schwererer Speisen und stärken Ihr Immunsystem, das im Winter größeren Anfechtungen unterworfen ist. So verwenden wir sie in den kalten Monaten auch großzügiger. Sowohl Kräuter wie Gewürze können helfen, den Salzverbrauch herunterzuschrauben, der den Wassergehalt des Körpers beeinflusst und eine kurzfristige Gewichtszunahme hervorrufen kann. (Schon der flüchtige Eindruck neu gewonnener Pfunde kann uns den Mut nehmen, wenn wir abnehmen wollen!)

Wie Sie bereits vermuten werden, ist auch die Qualität des Würzens *très important*. Benutzen Sie deshalb Mühlen für Pfeffer und Salz, denn das Zerkleinern erst im letzten Moment setzt frische Aromen genau dann frei, wenn sie gebraucht werden. Meersalz, das weit intensiver ist als normales, möglicherweise noch mit Jod versetztes Tafelsalz, eröffnet eine ganz neue Geschmackswelt. Und wussten Sie, dass es mindestens ein Dutzend verschiedener Pfefferkörner zu kaufen gibt?

Heutzutage können Sie problemlos Ihren eigenen Kräutergarten anlegen; findige Unternehmer bieten bereits vorbereitete »Gärten« an – fügen Sie einfach etwas Wasser hinzu, und ein paar Wochen später haben Sie alles in den eigenen vier Wänden. Probieren Sie, lernen Sie. Vom späten Frühling bis in den Herbst hinein ziehe ich Petersilie, Thymian, Rosmarin, Minze, Schnittlauch und Basilikum im Blumenkasten draußen vor dem Fenster, dann hole ich sie herein und stelle sie an einen sonnigen Platz. Basilikum wächst nicht so gut in der Wohnung, deshalb friere ich die Blätter zum Ende des Sommers ein und versorge mich mit einem ausreichenden Vorrat an Pesto, das ich in einem Eiswürfelbehälter einfriere. Die gefrorenen Pesto-Würfel versiegele ich anschließend einzeln luftdicht. An einem kalten Dezemberabend genügt solch ein praktischer Würfel völlig als Soße für eine Portion Pasta.

Persönlich habe ich eine große Vorliebe für Rosmarin mit seinem etwas scharfen Aroma und seinem sehr ausgefallenen Geschmack. Frisch und getrocknet ist es mein Lieblingskraut für Hähnchen und jede andere Art von Geflügel. Zum ersten Mal bewusst begegnet bin ich Rosmarin als Teenager in den Ferien in der Provence. Eine meiner Verwandten hatte eine Rosmarinpflanze in ihrem Schlafzimmer, weil sie ihr Aroma für stimulierend, reinigend und beruhigend hielt. Viele Leute glauben an seine beruhigende Wirkung auf unser Nervensystem. Wenn Sie sich einen Zweig unter die Nase halten, spüren Sie, wovon die *Provençales* reden.

Probieren Sie die verschiedenen Aromen und Geschmacksrichtungen aus, und schon bald wissen Sie, welche Kräuter und Gewürze Ihnen am besten gefallen. Legen Sie sich davon ausreichende Vorräte an, und bleiben Sie immer für neue Kombinationen und noch Unbekanntes aufgeschlossen. Schon ein paar einfache Speisen lassen sich mitunter dramatisch verändern, indem man sie unterschiedlich würzt (Beispiele dafür folgen im nächsten Kapitel). Erinnern Sie sich nur immer daran, dass auch in diesem Fall »weniger mehr ist«. Wenn Sie Ihre Speisen sorgfältig abschmecken, wird Ihnen bewusst, wie fein die einzelnen Zutaten zusammenwirken. Und je vielfältiger Sie sich orientieren, umso besser werden Sie die unterschiedlichen Geschmacksrichtungen zu würdigen wissen. Ein gut geübter Gaumen ist weit schneller zufrieden zu stellen. Sich das Interesse an dem zu bewahren, was Sie essen, ist ein wesentlicher Schritt auf dem Weg, weniger zu essen und Gewicht abzubauen.

Nüsse

Ständig streuen wir Nüsse in Salate, über Fisch und sogar Fleisch. Wir essen sie mit Pasta, krümeln sie in unseren Joghurt, mögen sie in Kuchen und Eiskrem. Wir entziehen ihnen duftende Öle, die eine reizvolle Alternative zu unserem geheiligten *huile d'olive* sind.

Äußerst nahrhaft, verleihen sie manchem Essen und mancher Präsentation einen ebenso köstlichen wie gesunden Akzent. Die in ihnen konzentrierten Fette tragen erheblich zur Substanz einer Speise bei. Und wussten Sie, dass auch Nüsse ihre Saison haben?

Wenn Sie je frische Haselnüsse und Mandeln gegessen haben, wissen Sie, was ich meine. Schließlich wachsen

Nüsse wie andere Früchte an Bäumen und Büschen. Ich bin völlig verrückt nach Nüssen und mag am liebsten Haselnüsse (*noisettes*), Walnüsse (*noix*) und Mandeln. Einiges von meiner Vorliebe hat, wie ich zugeben muss, sicher damit zu tun, dass ich als Kind mit Nüssen verwöhnt worden bin. In unserem Garten hatten wir einige Haselnusssträucher, die großen Büschen ähneln, und einen riesigen Walnussbaum, und auch hinter dem Haus meiner Großmutter im Elsass gab es eine Reihe Haselnusssträucher. Nichts lässt sich mit dem Knacken einer frisch heruntergefallenen Nuss vergleichen; die dünne braune Schale ist so gefügig, dass sie das süße weiße Fleisch kampflos preisgibt. Geruch und Geschmack sind unbeschreiblich – und unglaublich weit entfernt von der Tüte Nüsse, die man Ihnen im Flugzeug reicht.

Jahre später, als ich mit Freunden nach Griechenland reiste, aß ich zum ersten Mal frische Mandeln (noch zarter, als ich sie kannte, und mit einem ungeheuer sinnlichen Hauch Süße). Als ich wieder in Frankreich war, pinnte ich mir ein Plakat von Bonnards *L'Amandier en Fleurs* an die Wand, um mich an den Geschmack zu erinnern. Zu Hause hatten wir im Herbst immer eine Schüssel mit frischen Nüssen, die wir nach dem Sonntagsessen vor dem Kaffee herumreichten. Als Kinder liebten wir es, sie zu knacken. (Wenn man sie in ihrer Schale aufbewahrt, erhält das den Geschmack, und es hilft Ihnen, sich mit weniger zu begnügen – Sie müssen dann für Ihre Kalorien arbeiten.) *Mamie* füllte mir eine Hand voll in eine kleine Tüte, die ich in der Zehn-Uhr-Pause morgens auf dem Schulhof aß. Unsere *nounou*, Yvette, ein süßes junges Kindermädchen, das von unserer Familie so gut wie adoptiert worden war, schwor, dass diese Nüsse und das übrige gute Essen das Geheimnis unserer guten Noten waren.

Eine kleine Hand voll ungesalzener Nüsse ist immer noch einer meiner liebsten Snacks, manchmal auch Teil meines Mittagessens oder eine Notfallration auf Reisen (als *en cas*, zusammen mit ein paar getrockneten Früchten, besonders Aprikosen, die ich mit in die Abflughalle nehme). Nüsse sind reich an ungesättigten Fettsäuren, eine gute Quelle für Vitamin E, Folsäure, Kalium, Magnesium, Zink und andere Mineralien, die für Ihre Gesundheit vonnöten sind. Viele Leute halten Nüsse für kalorien- und fettreich – und das stimmt. Mäßigen Sie sich also: Die sechs bis acht Nüsse, die ungefähr 30 g wiegen, entsprechen etwa 60 g Hähnchenfleisch, enthalten aber weit mehr wichtige Nährstoffe. Mit einer *kleinen* Hand voll tun Sie etwas für Ihre Gesundheit. Genießen Sie die Nüsse eine nach der anderen.

Oft sind die Nüsse, die wir in Geschäften finden, Monate alt und manchmal ranzig. Im Flugzeug ist es kaum besser, allzu viel Salz soll die Schalheit überspielen. Wenn Sie sich wirklich frische Nüsse verschaffen können, werden Sie mit ausgezeichneter Qualität belohnt. Nachdem ich nach New York gezogen war, besuchte ich immer noch regelmäßig meine Eltern in Frankreich, und meine Mutter blieb mein Hauptlieferant. Ich habe stets eine große Tüte Haselnüsse im Gepäck, wenn ich zurück nach New York komme. In einem Jahr war ich gerade bei der Zubereitung unseres Thanksgiving-Essens – ich hatte ein wunderbares Rezept für einen Kürbiskuchen, dessen unterste Lage aus Pekan-Nüssen bestehen sollte. Da ich aber nicht eine Pekan-Nuss im Haus hatte, beschloss ich, meine Haselnüsse zu nehmen. Bis auf den heutigen Tag behauptet Edward, der verrückt ist nach Kürbiskuchen, dass der damals der beste war, den er je gegessen hat. (Was eine weitere Lehrstunde über die Freuden neuer Entdeckungen ist.) Mittlerweile bestelle ich meine Haselnüsse direkt beim Erzeuger, gleich nach der Ernte; sie kommen meiner Erinnerung aus Kindertagen am nächsten. Wenn Sie keine frisch gepflückten bekommen können, versichern Sie sich zumindest, dass die Ware, die Sie kaufen, nicht verdorben und schal ist. Mitunter sind Reformhäuser die besten Quellen. Bewahren Sie die Nüsse in einem luftdichten Gefäß auf, und schützen Sie sie vor direktem Licht (bitte nicht in den Kühlschrank stellen).

Kürbiskuchen mit Haselnüssen

Reicht für 10 Personen

Springform 18 cm Ø, 5 cm tief

Zutaten für den Boden:

80 g ungesiebtes Mehl

1 Prise Salz

1 Esslöffel Zucker

90 g gekühlte Butter

1 1/2 Esslöffel kaltes Wasser

Zutaten für die Füllung:

Gut 30 g gemahlene Haselnüsse

180 g brauner Zucker

30 g weiche Butter

2 Eier und 1 Eidotter

250 ml ungesüßtes Kürbismus aus der Dose (vorzugsweise ein Bio-Produkt)

1 Esslöffel Mehl

1/4 Teelöffel Zimt

1/4 Teelöffel gemahlene Gewürznelken

1/2 Teelöffel Salz

250 ml Schlagsahne

1. Das Mehl, die Prise Salz und den Zucker in einer Schüssel vermischen.
2. Die gekühlte Butter in kleine Stücke schneiden und zu der Mischung in die Schüssel geben. Wasser hinzufügen und das Ganze verkneten. Wenn der Teig zu trocken ist, tropfenweise mehr Wasser hinzugeben. Der Teig sollte eine Masse bilden. Nicht zu lange kneten.
3. Den Teig in Wachspapier oder Folie einwickeln und mindestens für 4 Stunden oder über Nacht in den Kühlschrank legen.
4. Den Teig ausrollen und in die Backform legen. Mehrmals mit einer Gabel in den Teig stechen und mit Alufolie abdecken. Getrocknete Bohnen gleichmäßig und dicht auf der Folie verteilen, damit der Teig flach bleibt, und 10 Minuten in dem auf 200 °C vorgeheizten Backofen »blind backen«. Anschließend Folie und Bohnen entfernen.
5. Für die Füllung Haselnüsse, 50 g Zucker und die Butter zu einer Paste vermischen und diese mit einem Gummispachtel auf dem vorgebackenen Boden verteilen. Das Ganze 10 Minuten bei 230 °C backen.
6. Eier, Eidotter, Kürbismus, Mehl, 130 g Zucker, die Gewürze, Salz und Sahne vermischen. Die Masse auf den gebackenen Boden geben und bei 170 °C 45 Minuten lang backen.
7. Den Kürbiskuchen bei Zimmertemperatur oder kalt servieren, eventuell mit etwas ungesüßter Schlagsahne.

Der Kuchen hält sich ein paar Tage im Kühlschrank. Nehmen Sie ihn jeweils 15 Minuten vor dem Servieren heraus.

In Frankreich aufzuwachsen, heißt, sehr viel Obst zu essen – in der entsprechenden Jahreszeit. In unserer Familie war es ganz sicher so. In unserem Garten gab es reichlich Erdbeeren, einen riesigen Kirschbaum mit großen saftigen Süßkirschen und einen kleinen mit sauren. Himbeer- und Brombeerbüsche wuchsen wie Unkraut entlang der Mauer und bei den Walnussbäumen und Haselnusssträuchern. Und dann gab es verschiedene Beete mit Rhabarber, Zwiebeln, Lauch, Tomaten, Karotten und weiteren Büschen *groseilles* – roten Johannisbeeren – und größeren Sorten (u.a. *maquereau*), aus denen hauptsächlich Gelees und Marmeladen gemacht wurden.

Jedes Jahr kurz vor Ende des Schuljahrs durfte ich eine Party unter dem großen Kirschbaum veranstalten. Mit unserem Gärtner als Aufpasser kletterten meine Freundinnen und ich in den Baum, wobei ich klar im Vorteil war. Dennoch folgten mir ein paar Mutige bis hoch auf die oberen Äste, von wo aus wir die Kirschen zu den weniger Kletterfreudigen hinunterwarfen. Am Ende waren unsere Münder immer dunkelrot umrandet. Was ich manchmal dabei verdränge, ist, dass Jahr für Jahr eine von uns zu viel von den wunderbaren Früchten aß und hinterher heftig dafür zahlen musste, mit einem *petit mal d'estomac*. Mäßigung lernt man am besten früh schon.

Die Erdbeerzeit war für mich eine Erdbeer-»Kur«. Auch heute noch sind sie meine Lieblingsfrüchte, und ungefähr sechs Wochen lang gab es sie fast jeden Tag zum Nachtisch, nachdem wir sie buchstäblich Minuten zuvor erst gepflückt hatten. Mein Vater war ein besessener Gärtner, und im Frühling legten wir den Boden zwischen den Erdbeerpflanzen mit Stroh aus, so dass die Beeren, wenn sie lange genug Zeit gehabt hatten, sich mit Sonne vollzupumpen und zu reifen, nicht auf der Erde, sondern auf dem Stroh lagen und wir sie ungewaschen essen konnten. (Es war ein ausgesprochenes Vergnügen, meinen amerikanischen Mann mit seinem erhöhten Sinn für Hygiene damit zu schocken, aber er hat sich daran gewöhnt und sich nie den Magen deswegen verdorben.)

Sechs Wochen, auch mit Lieblingsfrüchten, hätten eintönig werden können, aber es gab eine solche Bandbreite an Variationen: Montag war der Tag, an dem Mutter am wenigsten Zeit für ausgefallene Ideen hatte, also gab es die Erdbeeren nach dem Essen so, wie sie waren, aus der großen Schüssel, die mitten auf dem Tisch stand. An den meisten anderen Tagen hatten wir *fraises à la crème*, etwas, das Sie in keinem Restaurant bekommen. Meine Mutter zerdrückte die reifen Erdbeeren sanft mit einer Gabel und brachte den scharlachroten Saft zum Fließen. Sie fügte etwas Zucker hinzu und ließ die Erdbeeren bis zum Mittagessen bei Zimmertemperatur ziehen. Da zog uns der Duft längst schon unwiderstehlich an, und es genügte, dem Ganzen einen Tupfer *crème fraîche* hinzuzufügen, und schon hatten wir eine köstliche leichte rosa Suppe (der Gedanke daran lässt mir das Wasser im Mund zusammenlaufen). Serviert wurde sie auf kleinen weißen Desserttellern mit Goldrand (ein Trick, um die kleinen Portionen größer aussehen zu lassen), und man durfte sich noch einmal nehmen. Es war ein Genuss.

Sonntag war Kuchentag, und meine Mutter backte eine *tarte aux fraises*. Dazu pflückte sie einen Korb voll perfekter Früchte, alle in ähnlicher Größe, buk eine herrliche *pâte brisée* oder *sablée*, einen Sand- oder Mürbeteigboden, ließ ihn abkühlen und belegte ihn mit den frischen Erdbeeren, die ihre Spitze nach oben streckten. Mit Erdbeer-*coulis* glasiert und dazu etwas Schlagsahne – *crème chantilly* – sah der Kuchen schöner aus als alles, was man in der schicksten Konditorei findet. Dazu schmeckte er himmlisch und hatte weit weniger Kalorien.

Im Winter verwendete sie das gleiche Rezept mit unseren Sauerkirschen, und wir liebten den säuerlichen Geschmack des Kuchens. Was wir nicht so mochten, war das Pflücken, Entkernen und Einmachen in sterilisierten Gläsern, wobei wir sonntagabends im Sommer mithelfen mussten. Mutter erinnerte uns daran, wie sehr wir den Kuchen im Winter mögen würden, wenn es nicht viel frisches Obst gab. (Obst außerhalb der Saison zu genießen, ist eine Kunst für sich, und französische Frauen wissen besser als die meisten anderen, wie man es konserviert.) *Mamie* hatte verschiedene Verwendungsmöglichkeiten für unsere Sauerkirschen: frisch gepflückt (so mochten sie nur die Frauen in der Familie), auf einem Kuchen oder – und das war das Beste – wenn sie Vater sonntags zum Mittagessen sein Lieblingsdessert servierte: *baba au rhum*. Statt den Kuchen mit viel Rum zu tränken, nahm sie den Saft der eingemachten Kirschen – dem sie nur einen Spritzer Rum hinzufügte –, um die *baba* zu befeuchten. Bevor sie das Dessert auf den Tisch brachte, schüttete sie die Kirschen aus den Einmachgläsern in das Loch der großen, gebackenen *baba* und gab etwas Schlagsahne darauf. Das war ein seltenes Vergnügen, das es für die Familie nicht zu oft gab, aber beliebt war bei unseren Gästen, die als Einzige einen Nachschlag haben durften.

Himbeeren und Maulbeeren wurden meist gleich frisch gegessen, aber wir hatten so viel davon, dass Mutter immer auch welche einfror (was mit Erdbeeren nicht möglich ist und schrecklich danebengeht – und sie umso besonderer macht –, sonst aber eigentlich mit allen Beeren). Eines unserer beliebtesten Winterdesserts, das Mutter normalerweise sonntags machte, war ein Vanillepudding, auf den Beeren kamen; der Saft lief die schimmernden Seiten hinunter. Nicht nur schön anzusehen, sondern auch einzigartig köstlich: der feste, aber feine Geschmack des nur leicht gesüßten Puddings im Kontrast mit der weichen Cremigkeit der aufgetauten Beeren und dem duftenden Fruchtmark.

Was andere Beeren angeht: die fanden sich im Elsass jenseits der Gartenmauer geradezu im Überfluss. Einen großen hölzernen Stecken in der Hand, den sie als Gehstock für Waldspaziergänge benutzte, führte unsere Großmutter die Familie, jeder von uns mit einem Behälter ausgerüstet, auf Expeditionen. In den Wäldern hinter ihrem Haus gab es ein schier unglaubliches Heidelbeerfeld – die *myrtilles* waren ihr geheimer Garten. Auch ich wollte unbedingt meine kleine Schachtel füllen, geriet aber immer ins Hintertreffen, da ich mir gleichzeitig so viele Beeren in den Mund stopfte. Großmutter brauchte sehr viele *myrtilles*, um einen Kuchen damit zu backen, da die Früchte so klein waren. Was ihrem Geschmack jedoch keinen Abbruch tat, sie waren gleichzeitig süß und auf ihre Art würzig. Manchmal half mir mein Vater am Ende mit meinem Sammelanteil, indem er etwas von seiner Ausbeute mit mir teilte. Ich erinnere mich, wie ich versuchte, Edward die *myrtilles* zu beschreiben, die es so in Amerika nicht gibt. Er wusste nicht recht, worauf ich hinauswollte, bis er Jahre später in der L'Auberge de l'Ill, einem kulinarischen Schrein des Elsass, eine Offenbarung hatte. Dort gab es die erste *tarte aux myrtilles* der Saison. Hätte ich doch nur in dem Moment ein Foto von seinem Gesicht gemacht.

Für viele steht der Sommer für Pfirsiche und Melonen, auf die Birnen folgen und dann, in den Herbst hinein, Äpfel. In Frankreich scheinen wir dazu eine Obsession für die verschiedenen Arten von Pflaumen zu haben, die es vom Spätsommer bis in den Herbst gibt. Tatsächlich werden davon pro Jahr fast 40 Millionen Pfund konsumiert. Bei uns zu Hause fing die Saison zum Sommerende mit *la mirabelle* an, die es nur in Ostfrankreich gibt. Die kleinen, saftigen, süßen gelben Früchte haben einen feinen Duft, der an Vanille und Honig erinnert. Wir nahmen sie für Kuchen, machten Fruchtsoße daraus, Marmelade, Sorbet und Schnaps, *alcool blanc*, den sich mein Großvater nach einem festlichen Essen genehmigte, um der Verdauung zu helfen. Diese Früchte waren so wichtig, dass es sogar ein *fête de la Mirabelle* gab: Da wird eine Königin gewählt, die auf einem Festzug durch die Stadt zieht, gefolgt von Wagen voller Mirabellen. Es gibt organisierte Degustationen, bei denen es um alle möglichen Arten der Zubereitung geht. Und Wettbewerbe. Meine Mutter machte wunderbare Dinge mit den Mirabellen, aber ich muss zugeben, dass Tante Berthe sie noch schlug – wobei sie keines ihrer Rezepte preisgab. Als Teenager habe ich sie dann einmal »auf frischer Tat« ertappt, aber sie rang mir das Versprechen ab, *en famille* zu halten, was ich da gesehen hatte, also verrate ich hier nichts.

Eine verbreitetere Pflaumenart ist *la quetsche*, die Zwetschge, mit ihrer violetten Farbe und dem festen, saftigen Fleisch. Im Herbst backe ich *clafoutis* und *tartes* damit. Zwetschgen lassen sich gut einfrieren, und ich benutze die, die ich wie ein Eichhörnchen dazu auf die Seite gelegt habe, oft als Ergänzung zu *panna cotta*, wenn ein schnelles Dessert benötigt wird. Für die *panna cotta* selbst braucht man fünf Minuten, und dann noch mal fünf, um die aufgetauten Zwetschgen in ein bisschen Butter anzuwärmen. Anschließend bestreue ich sie mit einem Hauch Zucker und Zimt, um den Geschmack der *panna cotta* und ihre Textur zu vervollständigen.

Zu guter Letzt will ich hier noch von einer Obstart sprechen, die ich das ganze Jahr über als Teil meines Wellness-Programms esse. Sie heißt *la prune d'Ente*, ist violett, und aus ihr werden im Südwesten Frankreichs die berühmten *pruneaux d'Agen* bereitet. Edward hat sich lange über mich lustig gemacht, weil ich immer noch mehrmals in der Woche zwei Backpflaumen zum Frühstück esse – das scheint ihm für eine Französin nicht glamourös genug. Aber Backpflaumen sind voller Vitamine und natürlich voller Ballaststoffe, wie man es aus alten Witzen weiß – ein leichtes Abführmittel mit reichlich Kalium, Calcium und Magnesium als Inhaltsstoffen. Französinnen halten Backpflaumen für das perfekte Entgiftungsmittel; sie reinigen den Körper und helfen, eine gute Balance in Oligo-Spurenelementen zu halten. Schon Kindern sollte beigebracht werden, sie zu mögen. Sie sind gut für jeden, nicht nur für alte Menschen.

In einer Erörterung über die Lieblingsfrüchte der Franzosen darf die Zitrone nicht fehlen. Wenn Sie schon öfter zusammen mit einer Französin auf einer sonnigen Café-Terrasse etwas getrunken haben, wissen Sie, dass sie gern *citron pressé* bestellt, vor oder statt eines Espressos oder Mineralwassers. Das ist der Saft einer Zitrone, dem man warmes oder kaltes Wasser hinzufügt (bitte keinen Zucker). Sie können sie schon zum Frühstück trinken (eine halbe Zitrone reicht auch). Darüber hinaus mögen wir eine Idee, die aus Italien stammt, den *canarino*: die Schale einer frischen Zitrone, mit heißem Wasser aufgeschüttet wie Tee. Geschmack für Zitronen zu entwickeln, ist eine ausgezeichnete Hilfe während unserer Stabilisierungsphase.

Früchte sind in Frankreich ein Hauptbestandteil der Ernährung, und auch Sie müssen sie dazu machen. Es gibt keine Entschuldigung, was den Konsum von Früchten angeht, denn schließlich sind sie das Einzige, was man ohne besondere Zubereitung zu sich nehmen kann. Sie müssen nur wissen, wann was erhältlich ist und was sich wie für später konservieren lässt. Einmal in der Woche dorthin zu gehen, wo die wirklich guten Dinge verkauft werden, ist mit das Einfachste, um die Qualität Ihrer Ernährung zu verbessern. Wenn Sie auf einen Markt gehen, haben Sie die größten Genüsse auf Armeslänge vor sich.

Pflaumen-clafoutis ohne Teig

Der klassische *clafoutis* – Obstkuchen – ist durch den Teig natürlich schwerer. Aber wie ich von Dr. Wunder gelernt habe, kann Ihnen die richtig zubereitete teiglose Version durchaus den Eindruck vermitteln, einen köstlichen Kuchen zu essen, ohne dass Sie allzu viele Kalorien zu sich nehmen. Eine kleine Kugel Eiskrem ist ebenfalls eine gute Gegenmaßnahme. Oft mache ich mir diesen Nachtisch zu Hause, weil ich einen Ausgleich für einen früheren Gang schaffen und dem Essen gleichzeitig einige Ballast- und Fruchtnährstoffe hinzufügen möchte. Und wenn die Pflaumen noch nicht ganz reif sind, ist es nicht weiter schlimm – ein bisschen Kochen und eine Winzigkeit Zucker bringen den Ausgleich.

Das Rezept funktioniert auch mit Kirschen, Äpfeln, Birnen und Feigen.

Reicht für 4 Personen

Zutaten:
12 Pflaumen
1 Teelöffel Butter
1 Esslöffel Zitronensaft
1 Esslöffel Zucker
1/4 Teelöffel Zimt

1. Die Pflaumen waschen und vierteln. Den Zitronensaft darüber geben und 10 Minuten stehen lassen.
2. Zucker und Zimt mischen. Die Butter in einer beschichteten Pfanne erwärmen und die Pflaumen hinzufügen. Die Zucker-Zimt-Mischung darüber streuen.
3. Das Ganze auf kleiner Flamme kochen, bis es weich wird (noch etwas *al dente* ist es am besten). Bei Zimmertemperatur mit oder ohne Eiskrem servieren.

Kleiner Blaubeer-smoothie

Dies ist ein vielseitiger, sehr gesunder Drink, besonders reich an Antioxidantien, mit dem sich ein ganzes Mittagessen bestreiten lässt, ein kleiner Snack oder auch ein Frühstück (obwohl ich persönlich einen etwas robusteren Auftakt für den Tag bevorzuge). Er kann auch Teil eines Nachtischs sein, begleitet von einem Keks oder einem warmen Dessert-Muffin. Ich habe ihn zum ersten Mal als Kind getrunken, wieder bei meiner Großmutter im Elsass, nachdem wir so viel Blaubeeren gepflückt hatten, dass wir sie unmöglich alle essen konnten. Blaubeeren lassen sich äußerst gut einfrieren. Heute kaufe ich während der Saison Schachteln über Schachteln Blaubeeren von den Bauern auf dem Markt und friere sie sofort ein. Blaubeeren für ein ganzes Jahr. Der folgende Trunk, eine altmodische Version des modernen *smoothie* (*rien de nouveau sous le soleil* – nichts Neues unter der Sonne!), hat einen kleinen, besonderen Kick.

Reicht für 4 Personen

Zutaten:
Ca. 350 g gefrorene Blaubeeren
2 Esslöffel Zitronensaft
2 Esslöffel Honig
Ca. 650 ml fettarme Milch
1 Prise gemahlener Kardamom

1. Die Blaubeeren eine halbe Stunde vor Gebrauch aus dem Gefrierschrank nehmen.
2. Die Beeren in einem Mixer mit dem Zitronensaft, Honig und Milch vermischen. Vor dem Servieren etwas Kardamom zugeben.

Tomaten

Eine der wichtigsten Zutaten überhaupt in der provençalischen Küche ist die Tomate, die dort auch als Liebesapfel – *la pomme d'amour* – bekannt ist. Tomaten sollten wie alle anderen Früchte, wenn man sie nicht kocht, während der Saison gegessen werden. Im Winter, wenn es keine gibt, sehne ich mich nach kaum etwas so sehr wie nach einer wirklichen Tomate. Aber das macht sie im Sommer nur umso wertvoller. Lassen Sie sich nicht allein vom guten Aussehen verführen. Warten Sie auf die Saison.

Ich überstehe die Zeit vorher und nachher mit Cocktailtomaten (von denen es das ganze Jahr über gute gibt) und beschränke mich mit meinem Tomatenessen im Übrigen auf die Sommermonate, wenn es auf dem Union Square Market in New York saftige Fleischtomaten aus New Jersey und andere exzellente Sorten gibt. Gute Tomaten finden sich überall den ganzen Sommer über.

Denken Sie daran, dass, abgesehen von der ungewöhnlichen gelben Sorte (eine nette farbliche Variante für verschiedene Rezepte mit Tomaten!), reife Tomaten tiefrot sind. Aber eine gute Farbe reicht allein nicht – wenn sie nicht reif riechen (evtl. gar nicht riechen), sind sie es auch nicht. Bewahren Sie Tomaten nie im Kühlschrank auf, wenn Sie ihren vollen, natürlichen Geschmack genießen wollen. Legen Sie Ihre Tomaten in einen Korb aufs Küchenbüfett, und waschen Sie sie erst, bevor Sie etwas damit tun wollen. Im Winter verleiht Tomatenmark mancher Soße ein süße Festigkeit.

Tomatensalat mit Ziegenkäse

Auch wenn Sie das ganze Jahr über Tomaten kaufen können, in Frankreich oder anderswo – sie sind nicht so gut wie die während der Tomatensaison, die von Juni bis September dauert. Im Sommer aßen wir zu Hause mindestens zweimal in der Woche Tomaten, oft auch drei- oder viermal, verschieden zubereitet, um den vollen Geschmack genießen zu können. Dieses Rezept wird durch den Käse besonders herzhaft, was bedeutet, dass die Fleisch- oder Fischportion in einem späteren Gang verkleinert oder ganz gestrichen werden kann. Wir hatten eigentlich fast immer frischen Ziegenkäse von einem örtlichen Bauern im Kühlschrank. Sie können auch Mozzarella nehmen oder Feta wie in Griechenland.

Reicht für 4 Personen

Zutaten:

Verschiedene grüne Blattsalate, ca. eine Tasse pro Person

4 große Tomaten, gewaschen und in Scheiben
Salatdressing (2 Esslöffel gehackte Schalotten mit 1 Teelöffel Senf, 2 Esslöffeln Essig und 6 Esslöffeln Olivenöl)
Ca. 250 g frischer Ziegenkäse
Salz und Pfeffer zum Abschmecken
4 Esslöffel gehackte Petersilie (oder Basilikum!) – erst in letzter Minute gehackt!

1. Die einzelnen Teller mit den Salatblättern bedecken und die Tomaten obenauf legen. Gut salzen.
2. Die Zutaten für das Dressing vermischen.
3. Den Ziegenkäse über die Tomaten krümeln.
4. Etwas Salz und Pfeffer hinzugeben und das Dressing darüber gießen. Mit Petersilie bestreuen. Den Salat mit einer Scheibe Landbrot servieren.

Pilze

Keine Frage, in Frankreich isst man viel mehr Pilze – was die Menge, aber auch die verschiedenen Arten angeht – als in den meisten anderen Ländern. Jedes Jahr aufs Neue freuen sich die Menschen, wenn es mehr und mehr frische Pilze auf den Märkten gibt. Gute Restaurants nehmen eigene Pilzgerichte auf die Karte, und oft gibt es als besonderes Angebot ein köstliches Pilz-Degustations-Menü.

Im ländlichen, dicht bewaldeten Frankreich war das Pilzesammeln lange eine normale Saisonarbeit. Heute ist es eine Art Abenteuersport und ein beliebtes Hobby. Einer der unbezahlbaren Reize des Pilzesammelns liegt in den Düften der Felder und des *sous-bois*, des Waldbodens. In meiner Kindheit brachen wir gleich nach dem Frühstück auf, wenn der Tau noch auf den Blättern lag. Der Geruch nasser, toter Blätter war so geheimnisvoll wie verzaubernd. (Bis heute kann ich ihn nicht wirklich beschreiben, nur dass mich bestimmte Rotweine, alte Champagner und manchmal auch Tabak daran erinnern.) Wenn wir Pilze entdeckten, von denen wir nicht sicher waren, ob man sie essen konnte, brachten wir sie zur Großmutter, die eine Expertin war; manch einer ging auch zum örtlichen Apotheker. (Zugegebenermaßen scheinen sich nur die unerfahrensten und die erfahrensten Sammler je zu vergiften; der Rest von uns ist einfach nicht so wagemutig.)

Man kann das ganze Jahr über kommerziell kultivierte Pilze kaufen. Sie kennen Sie: weiß, makellos, mit runden, halbmondförmigen Köpfen. Es gibt Schlimmeres, das Sie essen könnten als diese Klone, aber hässliche Pilze schmecken weit besser, und frisch gesammelte sind unbeschreiblich gut. Erlesene Pilze finden Sie auch in Delikatessgeschäften (zu Apothekenpreisen) oder auch auf Märkten, wo sie auch nicht viel billiger sind. Aber bei Pilzen sollten Sie den Preis akzeptieren. Vermeiden Sie Supermärkte, und geben Sie ruhig ein wenig damit an, wenn sich die Gelegenheit bietet.

Großmutter war auch Expertin darin, was mit den Pilzen weiter passierte, und sie lehrte meine Mutter, wie man sie trocknet und mittels Sterilisation konserviert. Ein guter getrockneter Pilz ist besser als ein schlechter frischer. Ein *guter* frischer Pilz ist jedoch nicht zu übertreffen, und am besten sind Wildpilze. *Chanterelles* – Pfifferlinge –, auch *girolles* (gelb/orange) und *trompettes de la mort* (schwarz) genannt, waren Beilagen zu vielen Speisen im Frühling, besonders zu Kalb, Hase oder Wild. Unser liebstes Gericht war das einfachste: *fricassée de champignons sauvages.* Die Pilze werden ohne Wasser gereinigt, nur mit einem sauberen, trockenen Tuch und einem Schälmesser. Geben Sie ein bisschen Öl und Butter in eine Pfanne. Wenn es brutzelnd heiß ist, werden die Pilze mit sehr fein gehackten Schalotten, Zitronensaft, Petersilie, Salz und Pfeffer angeschwitzt. Als *appetizer*, zusammen mit einem Glas Champagner, ist das für Geist und Gaumen eine der wunderbarsten Verbindungen von Wein und Essen. Viele Jahre später habe ich genau diese Kombination im Les Crayères, dem besten Restaurant in Reims, wieder entdeckt und den untrüglichen Sinn meiner Großmutter für alles, was Wein und Essen anging, bestätigt gesehen. Eine italienische Freundin gab mir später ein Rezept für eine Pilztorte mit Mascarpone und Parmesan, die genauso exzellent zu Champagner passt.

Pilze werden seit Tausenden von Jahren genossen; die alten Chinesen liebten sie und wussten um ihre probiotischen Vorzüge. Obwohl wir mittlerweile etliche Sorten zu züchten verstehen, begreifen wir immer noch nicht ganz das Geheimnis vollkommenen Pilzwachstums. Wenn Sie also neben einer Wiese oder einem Wald wohnen, wo Sie welche finden können (und für Ihre eigene Sicherheit einen verlässlichen Ratgeber kennen!), fühlen Sie sich glücklich. Trotz ihres so befriedigenden Geschmacks und ihrer Beschaffenheit enthalten Pilze so gut wie kein Fett, Zucker oder Salz, sind aber eine gute Quelle diätischer Ballaststoffe und enthalten mehr Protein als die meisten anderen Gemüse. Sie stecken voller Vitamine und Mineralien, besonders Vitamin B, die allerdings verloren gehen, wenn man Pilze in Wasser kocht – weshalb man sie mitunter roh essen sollte (nur mit einem leichten Öldressing), was mit Supermarktpilzen schwer denkbar ist. Wir alle sollten regelmäßig Pilze essen: roh oder gekocht, von gefüllten gar nicht zu reden.

Vom Lachs und anderen Dingen, die schwimmen

Wenn Sie vor nicht allzu langer Zeit geboren wurden und in einer Stadt leben, glauben Sie womöglich, dass es praktisch alle Fischsorten das ganze Jahr über gibt, besonders Lachs. Sie sehen ihn überall, und im Grunde soll er für alles gut sein, gegen Herzkrankheiten genauso helfen wie gegen Falten. Wegen seiner außergewöhnlichen Konzentration guter Fette soll er den Blutdruck senken, das Blut verdünnen, die Gefäße erweitern, den Herzschlag regulieren und nicht zuletzt Krebs entgegenwirken – um nur einige Vorzüge zu nennen. Aber erinnern Sie sich auch an die heldenhaften Reisen flussaufwärts, welche die Lachse im Frühling unternehmen, um ihre Laichgründe zu erreichen? Die meisten sterben dabei. Auch der Lachs hat folglich seine Saison.

Um die stetige Nachfrage das ganze Jahr über befriedigen zu können, kommt der Großteil der Lachsproduktion heute von riesigen Lachsfarmen, die große Umweltbelastungen verursachen und darüber hinaus Lachs erzeugen, der vergleichsweise wenig von den Nährstoffen enthält, die ihn ursprünglich zum »Wunder-Nahrungsmittel« gemacht haben. Ich war zum Lachsfischen in Alaska und habe meinen Fang zum Mittagessen verspeist. Was heute oft als Lachs firmiert, hat in Farbe und Geschmack nicht im Entferntesten mit wildem, vor Ort gefangenem Lachs zu tun, der deswegen auch oft gut doppelt so teuer ist. Angebot und Nachfrage bestimmen den Preis. Es gibt nicht genug guten Lachs, aber gerade in diesem Fall ist weniger wieder einmal mehr. Obwohl er etwas an Geschmack verliert und die Festigkeit leidet, fahren Sie auf jeden Fall mit tiefgefrorenem echtem Lachs besser als mit dem Massenprodukt von Lachsfarmen.

Es gibt kaum ein Restaurant in Frankreich, in dem nicht Lachs in der einen oder anderen Form auf der Karte steht; bevor es die Farmen gab, kam er aus Norwegen oder Schottland (immer noch bevorzugt vom europäischen Gourmet). Am weitesten verbreitet ist der *saumon fumé*, Räucherlachs, der perfekte Appetithappen bei Dinnerpartys oder Empfängen, weil es nichts vorzubereiten gibt. Räucherlachs auf Toast mit einem Glas Champagner ist ein Klassiker. (Das Ölig-Salzige des Lachses wirkt Wunder mit der Säure des Champagners.) Die Vielseitigkeit des Lachses scheint unbegrenzt: Kombinieren Sie etwas guten Lachs, geräuchert, roh oder gekocht (warm oder kalt serviert), mit Kartoffeln, Reis, Lauch oder Fenchel – was immer Ihr Lieblingsgemüse ist. Verfeinern Sie Lachs mit Dill, Basilikum, Kreuzkümmel, Kapern, Zitrone oder in vielen anderen Varianten. Probieren Sie Lachs mit Sauerampfersoße, ein einfaches, aber elegantes Gericht für zu Hause. Was Einfachheit betrifft, geht jedoch nichts über *saumon à l'unilatéral*, den ich immer mache, wenn es drängt, weil die Zubereitung exakt sechs Minuten dauert.

Meinem Onkel Charles gehörte ein Kurhotel, und in den frühen Tagen der *nouvelle cuisine* hat er mir eine Reihe von einfachen, narrensicheren Rezepten beigebracht, mit denen man leicht und doch schmackhaft kochen kann. Dieses Gericht war für seine etwas zwiespältigen Gäste: Sie bezahlten zwar für eine »Kur«, waren aber dennoch geneigt, sich in ihrer Ferienstimmung etwas zu gönnen: Niemand möchte im Grunde nämlich dafür zahlen, dass ihm etwas vorenthalten wird. Dieses so einfache und gesunde Gericht bot da eine gute Lösung, wie er meinte – vor allem für diejenigen, die ihr Mahl gerne mit einer *omelette norvégienne* beschließen wollten, dem wohl reichhaltigsten Eiskrem-Dessert, das man in Frankreich bekommen kann.

Saumon à l'unilatéral (nur auf einer Seite gegrillt)
Reicht für 4 Personen

Zutaten:
4 Scheiben Wildlachs
1 Esslöffel Zitronensaft
1/2 Teelöffel grobes Salz

1. Eine beschichtete Pfanne erhitzen. Den Lachs mit der Haut nach unten hineingeben, den Zitronensaft darüber träufeln, das Ganze salzen und bei mittlerer Hitze etwa sechs Minuten garen, bis die Haut knusprig wird. (Schneiden Sie eine Scheibe auf, um zu sehen, wie Sie den Lachs mögen: *Medium* – innen noch rosa – behält er sein natürliches Aroma am besten.)
2. Sofort servieren. Je nach Geschmack mit einem Spritzer Olivenöl beträufeln und ein Zweiglein frischen Thymian darauf legen.

Wenn es keinen Lachs gibt, findet sich auch anderer Fisch. Jedes Wochenende gehe ich zum Fischstand auf dem Union Square Market und kaufe Rochen oder Thunfisch, der erst vor ein paar Stunden gefangen wurde. Die besten Köche New Yorks kommen hierher oder fahren direkt zum Fulton Street Fish Market. Sicher geht es auf dem Fischmarkt (es gibt solche Märkte in jeder Hafenstadt) nicht so zu wie beim Spaziergang durch den botanischen Garten, und wer nicht beruflich kocht, hat auch oft nicht die Zeit und die Lust, dort einzukaufen. Aber probieren Sie es einmal, allein schon um der Erfahrung willen. Frischer Fisch riecht nicht *fishy*, sein Fleisch sieht nicht aus wie industriell bearbeitet. Wenn Sie Qualität erkennen können, wissen Sie sie auch in einem guten Geschäft zu unterscheiden. Und Sie sparen Zeit: Guten Fisch zuzubereiten, ist das Einfachste der Welt.

Coquillage – Muscheln: Austern und mehr

Ich liebe Jakobsmuscheln, die süßen, nussig fleischigen Medaillons, die etwa von Ende Oktober/Anfang November bis in den März hinein Saison haben. Nur zu dieser Zeit werden sie in den meisten Restaurants der Bretagne, Frankreichs Mekka für Meeresfrüchte, angeboten. Besonders beliebt sind Muscheln zum Jahresende; erst letzten November wurde ich im Benoît, meinem Pariser Lieblingsbistro, wieder daran erinnert. Das ist eines der Lokale, wo alles immer *comme il faut* ist, dennoch fragte ich den erfahrenen Kellner: »Was gibt es heute Gutes?« – »Madame«, antwortete er, als schmerzte ihn meine Frage, »natürlich die Jakobsmuscheln!« Er hatte Recht.

Auch Austern zu essen, ist ein einzigartiges Erlebnis. Sie sind nicht annähernd so teuer wie etwa Kaviar, dennoch gehören sie zu den edelsten Spezialitäten unserer Zeit. Im 19. Jahrhundert waren sie billig und galten als gewöhnlich, eher für das einfache Volk. Was ließe sich leichter servieren? Es war Auguste Escoffier, der legendäre Pariser Koch, der um die Wende zum letzten Jahrhundert begann, Austern auf einem Bett aus zerkleinertem Eis zu servieren und ihre eigene Schale als kleines Auffangbecken für die köstlich salzigen Säfte zu nutzen. Ein schneller Spritzer Zitrone und etwas frisch gemahlener Pfeffer ergänzen den natürlichen Austerngeschmack aufs Wunderbarste. Und auch wenn es ein Geschmack ist, der etwas Gewöhnungsbedürftig ist: Genießen Sie einfach das Gefühl, wie das zarte gräuliche Klümpchen Meeres-Leckerei Ihre Kehle hinunterrutscht, und Sie werden bald süchtig danach sein. Nicht umsonst haben wahre Lebenskünstler schon immer eine Verbindung zwischen dem Genuss von Austern und dem Liebesspiel hergestellt. Und einige werden Ihnen sagen, dass das wahre sinnliche Vergnügen darin besteht, jemandem dabei zuzusehen, wie er sie mit Ihnen genießt.

Mein Mann erzählt gern eine Geschichte, die sich auf unserer ersten Reise in die Bretagne zugetragen hat, als wir noch nicht lange verheiratet waren. Ihn interessierten die Landschaft, die ihn an England erinnerte, das Meer, Architektur und Geschichte; mich auch – aber offen gesagt freute ich mich noch mehr auf Muscheln, Austern, *crêpes* und die wundersame Vielfalt bretonischen Gebäcks. Als Erstes steuerten wir eine hübsche kleine *auberge* in Meeresnähe an, um die Austernbänke dort zu besichtigen. In einem kleinen Schuppen in der Nähe wurden sie im Dutzend serviert, und auch wenn es für das Mittagessen noch etwas früh war, mussten wir einfach ein paar probieren. Wir saßen da, bestellten – und dann erinnere ich mich, wie Edward laut herauslachte. Ich starrte auf den Teller vor uns und hatte völlig vergessen, dass ich nicht allein war; der Geruch der herrlichen Meeresfrüchte hatte mich in eine Art Trance versetzt. All meine Konzentration galt dem Genuss dieser festen kleinen Bissen, und Edward sagte, er habe noch nie jemanden Austern so »erfahren« sehen. Dabei waren wir erst beim zweiten Dutzend.

Am nächsten Tag zeigte ich ihm, wie man Miesmuscheln isst: Eine Gabel ist nicht nötig – kratzen Sie einfach mit einer leeren Schalenhälfte das Fleisch aus den anderen. Zusammen mit ein oder zwei Gläsern Muscadet wurde daraus ein großartiges Mittagessen, kalorienarm, reich an Mineralien und Vitaminen. Auch Austern können der Hauptbestandteil eines überraschend ausgewogenen Essens sein, denn sie enthalten Proteine, Kohlehydrate und wenig Fett (ganz zu schweigen von ihrem Reichtum an Mineralien und Vitaminen). Es erstaunt mich jedes Mal neu, dass ein halbes Dutzend Austern gerade einmal 60 bis 70 Kalorien enthält, und doch geben sie Ihnen – wie eine große Liebe – sehr viel, sind immer neu und nie langweilig. In Paris sind Lokale wie Le Dôme, wo man sie ganz vorzüglich zu servieren weiß, zu unseren Stammkneipen geworden. Dank guter Zuchtmethoden, die eine beständige, aber nicht ausufernde Nachfrage befriedigen, ist die Saison ziemlich lang: Im Grunde währt sie das ganze Jahr, hat jedoch im Herbst und Winter ihren Höhepunkt. (Die Regel, dass man Meeresfrüchte nur in den Monaten, die auf »r« enden, essen sollte, stammt aus den Tagen ohne moderne Kühltechnik. Seien Sie während der Sommermonate dennoch vorsichtig.) Für uns Franzosen ist das Austernessen eines der Rituale, die mit dem Jahresende verbunden werden. Besuchen Sie zu Weihnachten und ganz besonders zu Silvester einen französischen Markt, und Sie sehen Kiste um Kiste, die auf die Leckermäuler im ganzen Land warten.

Stellen wir alles zusammen

Die jahreszeitliche Menüplanung wird einfacher, wenn Sie wissen, was wann am besten ist und sich mit Ihren geschmacklichen Vorlieben kombinieren lässt. Im Folgenden mache ich ein paar Menüvorschläge, die sich besonders gut für die Phase Ihrer Stabilisierung eignen. Wenn Sie weiter sind, können Sie das eine oder andere durch reichhaltigere Speisen ersetzen und zum Beispiel Ihren *clafoutis* mit Teig genießen.

Ein Menu du Jour für den Frühling

Morgens:
Joghurt
Zerealien mit Erdbeeren
Eine Scheibe Vollkorn- oder Mehrkornbrot
Kaffee oder Tee

Mittags:
Spargelkuchen (siehe unten)
Grüner Salat
Kirsch-*clafoutis* mit Teig (siehe »Pflaumen-*clafoutis*« auf Seite 104)
Ein kalorienfreies Getränk (Wasser)

Abends:
Erbsensuppe
Gegrillte Frühlingslamm-Koteletts (siehe Seite 118)
Blumenkohlgratin (siehe Seite 119)
Rhabarberkompott
Ein Glas Rotwein

Spargelkuchen
Reicht für 4 Personen
Auflaufform ca. 18 cm Ø, 5 cm tief

Zutaten:
16 Stangen Spargel
Ca. 120 g Schinkenspeck, grob gehackt
8 Eier
500 ml Milch
250 ml Schlagsahne
8 Zweiglein Kerbel, fein gehackt,

alternativ Petersilie oder Schnittlauch
Salz und Pfeffer nach Geschmack

1. Den Spargel schälen und den unteren Teil (etwa 5 cm) abschneiden. 5 Minuten lang in gesalzenem Wasser kochen. Abtropfen und abkühlen lassen. Jede Stange in gut 5 cm lange Stücke zerteilen.
2. Den Schinkenspeck in einer beschichteten Pfanne anschwitzen, bis er knusprig ist. Mit einem Küchenkrepp abtupfen.
3. Eier, Milch, Sahne und die Hälfte des Kerbels verrühren. Nach Geschmack würzen. Den Ofen auf 180 °C vorheizen. Die Eiermischung in eine Backform geben. Spargel und Schinkenspeck darüber verteilen. Das Ganze 15 bis 20 Minuten backen, bis die Eiermischung stockt, aber noch feucht ist. Mit dem Rest des Kerbels dekorieren und sofort servieren.

Anmerkung: Wenn Sie keinen Schinkenspeck verwenden wollen, nehmen Sie stattdessen Krabbenfleisch, frisch oder aus der Dose.

Gegrillte Frühlingslamm-Koteletts
Reicht für 4 Personen

Zutaten:
8 Frühlingslamm-Koteletts
4 Esslöffel Olivenöl
1 Esslöffel Dijon-Senf
4 mittelgroße Schalotten
1 Tasse frische Minze
Salz und Pfeffer nach Geschmack

1. Die Koteletts in eine feuerfeste Form legen.

2. Öl, Senf, Schalotten und Minze in einen Mixer geben und langsam zu einer mittelgroben Paste vermengen. Die Koteletts beidseitig mit der Minz-Paste bestreichen. Zusätzlich nach Geschmack würzen und die Paste bei Zimmertemperatur etwa 30 Minuten einziehen lassen.

3. Die Koteletts auf jeder Seite 3 Minuten grillen, dann sind sie *medium*. Sofort servieren.

Blumenkohlgratin

Reicht für 4 Personen

Zutaten:

1 mittelgroßer Blumenkohl

500 ml Milch

1/2 Teelöffel Salz

15 g Butterflocken

1 Ei

50 g geriebener Käse (Gruyère, Emmentaler, Jarlsberg, Comté, Parmesan oder Pecorino oder eine Mischung von 2 Sorten)

Salz und Pfeffer nach Geschmack

1. Den Blumenkohl putzen und in Röschen zerteilen. In Milch und Salz kochen, bis er weich ist (10 bis 15 Minuten). Ca. 80 ml Milch abschöpfen und beiseite stellen.

2. Die gekochten Blumenkohlröschen in eine gebutterte feuerfeste Form geben. Das Ei mit dem Rest der Milch verquirlen und unter den Käse heben. Die Röschen damit bedecken. Die Butterflocken darüber geben.

3. Das Gratin im Ofen backen, bis es gebräunt ist. Heiß servieren.

Ein Menu du Jour für den Sommer

Morgens:
Eine dünne Scheibe Käse
Eine kleine Schale mit Blaubeeren
Kaffee oder Tee

Mittags:
Sandwich mit Speck, Salat und Tomate
Eine kleine Schale Himbeeren
Ein kalorienfreies Getränk

Abends:
Grillhähnchen mit Rosmarin (siehe unten)
Fenchelgratin
Rucola-Salat
Gegrillte Pfirsiche mit Zitronenthymian (siehe unten)
Ein Glas Rot- oder Weißwein

Grillhähnchen mit Rosmarin
Reicht für 4 Personen

Zutaten:
4 Hähnchenbrüste mit Haut und Knochen
Saft einer Zitrone
4 Esslöffel Olivenöl
4 sehr fein gehackte Knoblauchzehen
Frische Rosmarinzweige
Salz und Pfeffer

1. Die Hähnchenbrüste mit der Haut nach oben in eine feuerfeste Form geben. Zitronensaft, Öl, Knoblauch und Rosmarin vermischen und die Marinade über die Brüste gießen. Salzen und pfeffern. Alles mit Folie bedecken und mindestens 2 Stunden im Kühlschrank ziehen lassen. (Das lässt sich auch bereits morgens gut vorbereiten.)
2. Vor dem Grillen das Hähnchen eine Weile aus dem Kühlschrank nehmen, damit es Zimmertemperatur hat. Zunächst 15 Minuten mit der Haut nach oben und dann weitere 20 Minuten mit der Haut nach unten bei starker Oberhitze garen.

Gegrillte Pfirsiche mit Zitronenthymian

Pfirsiche sind so empfindlich, dass es selbst in der Saison schwer ist, Früchte zu finden, die die perfekte Reife für den Verzehr haben. Für dieses Dessert ist das nicht so wichtig, denn auch harte Pfirsiche werden durch das Kochen weich und geben Saft und Geschmack frei.

Reicht für 4 Personen

Zutaten:
4 Pfirsiche
2 Esslöffel Olivenöl
1 Teelöffel Honig
1/4 Teelöffel Vanillearoma
4 Zweiglein Zitronenthymian, grob gehackt

1. Die Pfirsiche vorsichtig waschen und trocken tupfen. Halbieren und den Stein entfernen. Die Hälften in eine feuerfeste Form legen. Öl, Honig und Vanillearoma vermischen und über die Pfirsiche geben. Den Zitronenthymian

darüber streuen. 20 Minuten ziehen lassen, dabei die Pfirsiche immer wieder wenden und mit dem Sud begießen.

2. Die Pfirsiche bei starker Oberhitze auf jeder Seite 2 bis 3 Minuten grillen, bis sie weich, aber nicht zu weich sind. Sofort servieren, allein oder mit einer Kugel Vanilleeiskrem.

Ein Menu du Jour für den Herbst

Morgens:

Eine halbe Grapefruit
Ein Eieromelett mit gemischten Kräutern und Ricotta-Käse (siehe unten)
Eine Scheibe Brot
Kaffee oder Tee

Mittags:

Linsensuppe (siehe Seite 138)
Caesar's salad
Pflaumen
Ein kalorienfreies Getränk

Abends:

Heilbutt *en Papillotte* (siehe Seite 124)
Pilz-*timbale*
Gekochte Birnen mit Zimt (siehe Seite 125)
Ein Glas Champagner oder Weißwein

Eieromelett mit Kräutern

Für mich ist das ein wundervolles Wochenendfrühstück, besonders wenn man Gäste hat. Mit etwas Obst vorneweg ist es eine sättigende Hauptspeise; es lässt sich zubereiten, kurz bevor man sich zu Tisch setzt, und kann mit verschiedenen Sorten Brot serviert werden. (Vollkorn, Mehrkorn und Sauerteig passen gut dazu und ergänzen sich mit den Kräutern und den säuerlich-süßen Geschmackskomponenten der Eier-Käse-Masse.)

Reicht für 4 Personen

Zutaten:
10 Eier
2 Esslöffel Wasser
1 Schalotte, fein gehackt
Jeweils 2 Esslöffel Petersilie, Schnittlauch, Kerbel und Koriander
1 Teelöffel Piment
Eine kleine Prise Cayennepfeffer
1 Esslöffel Olivenöl
1 Esslöffel Butter
60 g Ricotta-Käse oder Mascarpone
Salz und Pfeffer

1. Die Kräuter waschen, hacken und die Schalotte mit dem Piment und dem Cayennepfeffer vermischen. Das Olivenöl in einer beschichteten Pfanne erhitzen und die Mischung darin 1 Minute unter ständigem Umrühren dünsten.
2. Eier und Wasser zusammenschlagen und die Würzmischung hinzugeben. Salzen und pfeffern. Die Butter in der Pfanne zergehen lassen und die Eier-Kräuter-Mischung zugießen. Rühren, bis sich das Omelett zu setzen beginnt,

dann den Käse hinzufügen. Das Omelett noch weitere 3 bis 4 Minuten in der Pfanne ruhen lassen und entweder sofort oder leicht abgekühlt servieren.

Heilbutt en Papillotte

Dies ist ein weiteres einfaches Gericht, das sich gut vorbereiten lässt, um dann in die Röhre geschoben zu werden, wenn Ihre Gäste bei der Vorspeise sind. Einmal oder zweimal in der Woche sollte meiner Ansicht nach Fisch auf dem Speiseplan stehen. Aber ich weiß auch, dass viele unerfahrene Köche vor Fischgerichten zurückschrecken, besonders solchen mit ganzen Fischen. Deshalb suche ich immer nach schnellen und einfachen Rezepten. Anstelle des Heilbutts können Sie in diesem Rezept auch Flunder, Seezunge, Seeteufel, Lachs, Kabeljau, Barsch oder Schwertfisch nehmen. Die Kochzeit verringert sich, wenn der Fisch leichter ist, wie zum Beispiel Seeteufel, oder wird länger, wenn er fester ist, wie zum Beispiel Schwertfisch.

Reicht für 4 Personen

Zutaten:

4 Heilbuttfilets à circa 120 g
125 ml Champagner,
alternativ trockener Weißwein oder Wermut
2 Teelöffel Fenchelsamen
8 Zweiglein frischer Thymian
8 Stängel Petersilie
8 dünne Scheiben Zitrone
2 Teelöffel Olivenöl
Salz und Pfeffer

1. 8 rechteckige Bögen Backpapier (oder Alufolie) schneiden, die groß genug sind, um die Fischfilets zu bedecken, wobei an jeder Seite 5 cm überstehen sollten. Vier der Stücke mit etwas Olivenöl bestreichen. Den Backofen auf 180 °C vorheizen.
2. Je ein Heilbuttfilet auf die mit Olivenöl bestrichenen Backpapierstücke legen und Champagner darüber träufeln. Auf jedes Filet 2 Zweiglein Thymian, 2 Zitronenscheiben, 2 Zweige Petersilie und 1/2 Teelöffel Fenchelsamen geben. Salzen und pfeffern.
3. Die verbliebenen Backpapierbögen zum Abdecken benutzen und die Seiten so umknicken, dass kleine Päckchen entstehen. Es genügt, alle Seiten doppelt zu falten, um die Filets zu versiegeln. Die so verpackten Filets auf ein Backblech legen und 10 bis 15 Minuten im vorgeheizten Ofen garen.
4. Zum Servieren die Fischpäckchen auf die Teller legen. Ihre Gäste sollen den Fisch selbst auspacken und den Saft über die Filets gießen. *Voilà* – Drama und Genuss.

Gekochte Birnen mit Zimt
Reicht für 4 Personen

Zutaten:
4 Tafelbirnen
Saft einer Zitrone
1 Esslöffel Zucker, vermischt mit einem 1/4 Teelöffel Zimt
2 Esslöffel Wasser (wahlweise 2 Esslöffel Birnenschnaps oder *Muscat Beaumes de Venise*)

1. Die Birnen schälen, vierteln und die Stücke dann in dünne Scheiben schneiden. Die Birnenspalten auf dem Boden einer kleinen Pfanne oder eines Topfes verteilen und, Birne um Birne, darüber schichten. Jede Schicht mit Zitronensaft beträufeln und mit der Zucker-Zimt-Mischung bestreuen. Bei der vierten Birnenschicht das Wasser hinzugeben und mit dem verbliebenen Zitronensaft sowie Zucker und Zimt bedecken.

2. Die Birnen bei mittlerer Temperatur erhitzen, bis das Wasser zu sprudeln beginnt, und das Ganze, jetzt mit einem Deckel bei niedrigerer Hitze, weiterköcheln lassen, bis die Birnen weich, aber nicht zu weich sind. Lauwarm servieren. (Oft mache ich die gleiche Menge auch, wenn wir allein sind, und bewahre die übrig gebliebenen Portionen für ein bis zwei Tage im Kühlschrank auf. Die Birnen schmecken dann bei Zimmertemperatur mit einem *biscotto* oder einem Teelöffel Mascarpone.)

Ein Menu du Jour für den Winter

Morgens:
Eine kleine Scheibe Schinken
Haferflocken mit geriebenem Apfel (siehe unten)
1/2 englischer Muffin
Kaffee oder Tee

Mittags:
Veal Parmesan
Kürbis
Kiwi
Ein kalorienfreies Getränk

Abends:
Gemüsesuppe (siehe Seite 172)
Saumon à l'unilatéral (siehe Seite 113)
Gegrillte Ananas mit Honig und Ziegenkäse (siehe Seite 128)
Ein Glas Rot- oder Weißwein

Großmutter Louises Haferflocken mit geriebenem Apfel

Wenn wir im Winter meine Großmutter im verschneiten Elsass besuchten, gab es bei ihr gewöhnlich dieses so köstliche wie sättigende Frühstück voller Ballaststoffe und Fruchtnährstoffe. Es ist immer noch eines meiner liebsten Frühstücke im Winter: echtes Babyessen für Erwachsene. Meine Großmutter servierte *ihr* Haferflocken-Frühstück normalerweise mit frischen *brioches* oder einem Stückchen elsässischen Guglhupf. Heute reichen mir die Haferflocken, und ich lasse den Kuchen oft weg. Wenn ich etwas mehr Protein möchte, nehme ich einen Bissen Käse oder etwas Joghurt.

Reicht für 4 Personen

Zutaten:
100 g Haferflocken
Ca. 600 ml Wasser
1 Prise Salz
1 mittelgroßer Apfel, grob gerieben
1 Esslöffel Zitronensaft
80 ml Milch
1 Teelöffel Butter

1. Haferflocken, Wasser und Salz in einen Topf geben und zum Kochen bringen.

2. Apfel und Zitronensaft hinzufügen und alles unter gelegentlichem Umrühren 5 Minuten lang köcheln lassen.
3. Am Schluss Milch und Butter dazugeben. Gut umrühren. Den Topf vom Herd nehmen. Sofort mit etwas braunem Zucker oder einem Schuss Ahornsirup servieren.

Gegrillte Ananas
Reicht für 4 Personen

Zutaten:
4 knapp 4 cm dicke Scheiben Ananas (frisch und reif)
Saft von 2 Zitronen
2 Teelöffel Honig
Frisch gemahlener Pfeffer

1. Die Ananasscheiben in allen Richtungen mit dem Messer einritzen, damit sie nach dem Grillen hübsch aussehen. Die Scheiben grillen, bis sie eine schöne Karamelfarbe annehmen, aber darauf achten, dass sie nicht anbrennen.
2. Den Honig zusammen mit dem Zitronensaft 2 bis 3 Minuten kochen. Abkühlen lassen, mit frisch gemahlenem Pfeffer würzen und diese Marinade über die Ananasscheiben geben. Pur oder mit einer Kugel Vanille-Eiskrem servieren.

Anmerkung: Wenn Sie dieses Dessert am Wochenende mittags nach einem großen gemischten Salat servieren, können Sie das Eis auch mit etwas frischem Ziegenkäse oder Ricotta ersetzen. Ohne die Süße des Eises tritt der Pfeffer stärker in den Vordergrund, wobei die Verbindung von Käse und Ananas erfrischend anders schmeckt.

KAPITEL 7
Weitere Rezepte, die Sie an der Nase herumführen

Mit den Jahreszeiten zu gehen, die Dinge zu essen, wenn sie am besten sind, und dabei die Zubereitungsarten zu wählen und miteinander zu kombinieren, die besonders gut zu den jeweiligen Speisen passen: Das sind für jeden, der gerne isst, die wichtigsten Waffen gegen seinen schlimmsten Feind – nicht die Kalorien, sondern die Langeweile. Wenn Sie immer wieder das Gleiche essen, auf ewig gleiche Weise zubereitet, brauchen Sie bald schon mehr, um den gewünschten Genuss zu erzeugen. (Sehen Sie es als eine Art »Geschmacks-Toleranz«.) Gönnen Sie sich zum Beispiel nur eine Geschmackserfahrung zum Abendessen (den großen Teller Pasta, das große Stück Fleisch), essen Sie wahrscheinlich schnell zu viel, weil Sie nur durch eine Sache Befriedigung suchen, statt auf die Vielstimmigkeit von Geschmack und Beschaffenheit eines wohldurchdachten Essens zu vertrauen.

Mit den jahreszeitlichen Besonderheiten und den Möglichkeiten des Würzens und Kombinierens zu spielen, ist etwas, das die meisten französischen Frauen ausgezeichnet beherrschen. Wobei viele von ihnen zudem Beruf und Familie unter einen Hut bringen müssen. Sie haben also nicht mehr Zeit als andere Frauen, sich jede Woche neue Kreationen auszudenken; sie haben lediglich ein paar mehr Trümpfe in der Hinterhand. Genau wie Französinnen es wunderbar verstehen, mit demselben Schal ganz unterschiedliche Effekte zu erzielen, je nachdem, ob sie ihn sich um Kopf, Hals, Schultern oder Taille binden, genauso beherrschen sie ein paar Grundrezepte und überlassen den Rest ihrer Improvisationsgabe, der Kunst, einen alten Ersatzspieler als neueste Errungenschaft zu präsentieren. Dazu variieren sie die Zubereitung oder würzen leicht anders, machen aus einem Hauptgericht eine Vorspeise oder aus den Überbleibseln eines Mittagessens etwas völlig anderes für eine spätere Mahlzeit. Alles dreht sich darum, wie unsere fünf Sinne dem begegnen, was ihnen vorgesetzt wird. Das kann ganz einfach sein – indem man zum Beispiel die eher ungewöhnliche gelbe Tomate statt der normalerweise roten wählt. (Visuelle Abwechslung in Farbe und Präsentation werden immer noch unterschätzt, wenn es um den Genuss beim Essen geht.) Denken Sie an all Ihre Sinne, wenn Sie eine Mahlzeit planen. Zusammen bestimmen Sie, wie wir unser Essen – seine Frische, seine Qualität und all die anderen damit verbundenen Eindrücke – genießen können.

Es gibt gute und schlechte Arten, sich selbst an der Nase herumzuführen, was unser Essen angeht. Sehr oft ist Ihr Essen nicht das, was es scheint. Nehmen Sie den Zucker, den Sie längst nicht mehr nur im Nachtisch finden. Es war ein Trick, ein bisschen davon in die Tomatensoße zu geben – heute gehört er in allen großen Restaurantketten zum Pflichtbestandteil von Tomatensoße. Der gleiche Trend zum Süßeren lässt sich beim Balsamessig beobachten. Vor zehn Jahren war er noch eher selten, was er auch sein sollte, denn wahrer Balsamessig ist selten und teuer. Aber mit dem starken Ansteigen der Nachfrage verwenden viele Restaurants billigen, falschen Balsamessig, in dem Karamel und Farbstoffe darüber hinwegtäuschen, dass der wirkliche Balsamgeschmack, der den Essig teuer macht, fehlt. Auch Fett ist so ein Hilfsmittel, auf das sich Restaurants verlassen. Wenn die Zutaten nicht so gut sind, lässt sich das mit etwas mehr Butter leicht überspielen.

Obwohl die französische Küche oft mit dem Verwenden von viel Butter verbunden wird, gebrauchen die echten französischen Köche heute insgesamt eher weniger Fett und erzeugen lieber mit anderen Zutaten Geschmack. Und noch knauseriger sind wir mittlerweile mit Zucker. Das aber gelingt uns nur, weil wir von Beginn an auf die Qualität der Zutaten bauen. Frische, am Strauch gereifte Tomaten enthalten all die natürliche Süße, die man sich wünschen kann. Und eine gute Tomate lässt sich sowieso nicht vortäuschen. Finden Sie heraus, was die Jahreszeit Ihnen dort, wo Sie wohnen, bietet, und bauen Sie darauf auf.

Nun, und wie führen wir uns selber an der Nase herum, wenn es um besseres Essen geht? Hier gilt immer noch das Prinzip *faire simple* – einfach halten. Wenn ich im Restaurant esse, bevorzuge ich komplizierte Gerichte, die viel Arbeit erfordern. (Allerdings achte ich darauf, den Kellner zu fragen, wie das Essen angerichtet wird. Solch eine einfache Befragung erfordert keine besondere Erfahrung, kann Ihnen aber Hunderte von Kalorien ersparen.) Wenn ich jedoch zu Hause koche, was mehrmals in der Woche der Fall ist, will ich den größten Effekt für meine Anstrengungen und mein Geld. Nichts freut mich mehr als die bewundernden Rufe meiner Gäste für etwas, das ich mit den simpelsten Zutaten und auf einfachste Weise zubereitet habe.

Die folgenden Rezepte gehen zumeist auf Erfahrungen mit meiner Familie zurück. Dabei geht es mir immer darum, zu zeigen, wie man mit einfachen Mitteln ein köstliches Essen zaubern kann. Dabei verweise ich auch auf leicht vorzunehmende Variationen, die das gleiche Gericht sehr unterschiedlich ausfallen lassen; oder ich zeige, wie man ein Gericht als Basis für eine spätere Mahlzeit weiterverwenden kann. Einmal kochen, um drei Tage zu essen zu haben, ist ein geläufiges Prinzip.

Es kommt immer sehr darauf an, wie Sie ein Gericht auf den Tisch bringen. Einige Dinge bieten genug sinnliche Stimulation, um für sich stehen zu können, zumindest für eine der kleineren Mahlzeiten; Sie brauchen dann wenig Beilagen, etwas Brot reicht bereits aus. Andere sind nur interessant genug, um als Vorspeise gegessen zu werden – sie regen den Appetit eher an, als dass sie ihn wirklich befriedigen können.

Natürlich macht es einen großen Unterschied, ob es um die Hauptmahlzeit des Tages geht. In Frankreich, wie in vielen anderen Ländern Europas, ist das das Mittagessen. Wenn Sie ein volles Mittagessen mit Wein zu sich nehmen (was nicht nur in Frankreich mitunter vom Arbeitgeber durch Restaurant-Schecks unterstützt wird), gehört meist ein Suppengang dazu, denn die Suppe lässt sich am vielseitigsten einsetzen. Nehmen Sie eine Tassenportion (heute öfter in einer kleinen Schale auf einem Essteller serviert) als Vorspeise oder zwischen Vorspeise und Hauptgericht. (Im 18. Jahrhundert war das bürgerliche französische Essen eine ungeheuer formalisierte Angelegenheit: *potages, hors d'œuvres, relevés de potage, entrées, rôti, entremets, dessert, café, pousse-café* – wenige von uns essen heute noch so viele Gänge!) Nach einem großen Mittagessen können Sie abends einen Teller Suppe als Hauptspeise wählen, serviert mit etwas Brot und Käse. Wenn das Abendessen Ihre Hauptmahlzeit ist, nehmen Sie eine Suppe oder einen Salat zum Mittagessen. Ob nun Abend- oder Mittagessen die Hauptmahlzeit des Tages darstellen, die jeweils andere sollte bescheidener ausfallen.

Diese Gerichte lassen sich auf zwei Weisen zubereiten: Sind sie ursprünglich als kleinere Mahlzeit gedacht, kann die Portion etwas vergrößert werden, um als Hauptmahlzeit zu dienen. Umgekehrt nehmen Sie eher weniger. Viele vergessen, dass die Vorspeise nichts als ein Appetitanreger ist, nach dem Sie sich – noch vor dem Hauptgang – nicht bereits gesättigt fühlen sollten.

Soupe aux Légumes de Maman

Im Sommer essen wir unsere Suppe gekühlt, im Winter dampfend heiß. Die Theorie besagt, dass alle Franzosen, die bis zu fünfmal in der Woche abends Suppe zu ihrer Mahlzeit machen, besser und weniger essen. Wir frühstücken anständig, nehmen mittags unsere Hauptmahlzeit zu uns und begnügen uns abends mit einem weniger ausführlichen (aber dennoch schmackhaften) Essen. Die abendlichen Suppenesser nehmen in der Regel weniger Fett und auch ganz allgemein weniger zu sich und fühlen sich gesättigt für die Nacht, nach der sie ein »wirkliches« Frühstück brauchen, um über den Morgen zu kommen.

Bei uns zu Hause gab es ein Dutzend verschiedene Gemüsesuppen, je nachdem, was zu welcher Jahreszeit aus dem Garten kam. Donnerstags gab es normalerweise Suppe zu Mittag, und da sie an dem Tag mehr Zeit zum Kochen hatte, brachte Mutter zur Suppe oft Kartoffelpuffer (für die Frauen in der Familie) und Apfelpfannkuchen (von den Männern bevorzugt) auf den Tisch. (Fragen Sie nicht: Meine Mutter verwöhnte ihre Jungen nach Strich und Faden.) Ihre Suppe galt als »die beste«, wenn es nach meinen Tanten, Cousins und Cousinen ging, da sie alles am Ende auf ihre ganz besondere Weise verfeinerte.

Reicht für 6 bis 8 Personen

Zutaten:
4 Stangen Lauch
1 kleiner Kohlkopf
3 Selleriestangen
2 Steckrüben
500 g Dosentomaten (ganz oder in Stücken)
4 Karotten
2 Kartoffeln
1 Zwiebel, geschält und geviertelt
2 geschälte Knoblauchzehen
2 Lorbeerblätter
2 Stängel Petersilie
2 Zweiglein frischer Thymian
60 g Butter
Salz und Pfeffer nach Geschmack

Zum Verfeinern:
1 Esslöffel Butter
1 Zwiebel, geschält und in feine Ringe geschnitten
4 Esslöffel *crème fraîche*
Eine Prise Muskat
Salz und frisch gemahlener Pfeffer

1. Die Kartoffeln waschen, schälen und in grobe Scheiben schneiden. In einen kleinen Topf geben und mit Wasser bedecken. Die geviertelte Zwiebel, Knoblauchzehen, Salz und Pfeffer hinzufügen. Das Wasser zum Kochen bringen und etwa 10 Minuten sieden lassen.
2. Alle anderen Gemüse (außer den Tomaten) waschen und zerkleinern. 60 g Butter in einem großen Topf zerlassen und die Gemüse darin anschwitzen, dabei immer wie-

der umrühren (5 Minuten). (Dadurch verfliegen die eher aggressiven Aromen frischer Gemüse.)
3. Die blanchierten Kartoffeln, Zwiebeln und Knoblauch dazugeben. Das Ganze mit Wasser bedecken, Petersilie, Thymian und Lorbeerblätter hinzufügen und alles so lange kochen, bis sämtliche Gemüse weich geworden sind. Die Lorbeerblätter entfernen.
4. Das abgeschüttete Gemüse mit den Tomaten pürieren und das Kochwasser aufbewahren, um die Suppe nach Wunsch zu verdünnen. (Sie sollte weder zu dünn- noch zu dickflüssig sein.)

Aufgewärmt: Mutter bewahrte jeweils die Hälfte der Suppe unpüriert auf und brachte sie zwei Tage später wieder auf den Tisch, zusammen mit einer Wurst, die sie in ein bisschen Öl angeschwitzt und dann in die Suppe gegeben hatte. *Voilà*, ein weiteres einfaches, sättigendes und nahrhaftes Abendessen, für das Sie gerade 15 Minuten brauchen.

Ein paar Tricks zum Verfeinern:
Die Zwiebelringe in Butter anbraten und zum Schluss an die Suppe geben. Mit Muskat, *crème fraîche* und Salz abschmecken. Die Suppe sofort mit frisch gemahlenem Pfeffer servieren.

Oder vor dem Pürieren 2 Tassen Gemüse wegnehmen und hinterher wieder hinzufügen. Die »knackigen« Gemüsestücke kontrastieren angenehm mit der samtigen Suppe und zwingen zudem, langsamer zu essen. Man ist so auf angenehme Weise schneller satt.

Das war die Abendversion – mittags gab es dazu *Mamans* leckere Apfelpfannkuchen.

Probieren Sie verschiedene Gewürze aus. Versuchen Sie es mit Nelken, Kreuzkümmel oder Gelbwurz (Kurkuma).

Kalte Sommersuppe mit Roter Bete und Joghurt
Diese dickflüssige kalte Suppe meiner Cousine aus der Provence fand immer großen Anklang. Sie ist leicht zuzubereiten, leicht zu servieren, dabei erfrischend und sättigend, mit Joghurt als Proteinlieferant, der damit die Fleischbrühe und sogar Fleisch oder Fisch während der nachfolgenden Gänge überflüssig macht. Die Rote Bete, die es vom Frühling bis in den Herbst gibt, steckt nicht nur voller Ballaststoffe, sondern ist mit ihrer herrlichen Farbe auch noch ein Augenschmaus.

Dieses Rezept kann als Vorspeise für ein sommerliches Abendessen dienen oder als Hauptspeise zu Mittag.

Reicht für 4 oder 8 Personen, je nach Portionsgröße.

Zutaten:
4 mittelgroße Rote Beten, weich gekocht, dann geschält und gewürfelt
2 Schalotten, geschält und fein gehackt
500 ml Joghurt (siehe Seite 159)
1 Esslöffel gehackter Dill
Salz und Pfeffer nach Geschmack
Etwas Kreuzkümmel

1. Die Rote Bete mit Joghurt, Schalotten und Kreuzkümmel vermischen; das Gemüse bleibt dabei in Stücken, damit man sich beim Essen etwas länger Zeit lässt. Mit Salz und Pfeffer abschmecken und für 3 bis 4 Stunden in den Kühlschrank stellen.
2. Die Suppe kalt in einzelnen Schalen servieren und mit etwas Dill bestreuen. Mit einer Scheibe Brot und Obst (Erdbeeren oder Melone) als Nachtisch hat man so ein perfektes sommerliches Mittagsessen.

Sellerie in Remoulade

Selleriesalat (vom Knollensellerie) ist gleichsam der Krautsalat der französischen Küche, auch wenn er sich geschmacklich ziemlich von Kohl unterscheidet. Jede französische Frau und jedes anständige Bistro scheinen ein eigenes Rezept dafür zu haben. Oft wird die unten beschriebene Sellerie-Remoulade zu einem Teller geriebener Karotten mit Salatdressing serviert. Rohe Gemüse sind eine typische, ebenso simple wie köstliche Herbst- und Wintervorspeise für ein abwechslungsreiches Mittagessen *en famille*. Gekochter Sellerie kann auch in Suppen verwendet werden, oder Sie mischen ihn unter Kartoffeln und bereiten so ein reizvolles, verfeinertes Püree. Geschmort ist Sellerie eine ausgezeichnete Beilage zu Ente und Wild. Wann immer wir ihn, wie oben beschrieben, roh aßen, verspeisten wir zuerst die Karotten und hoben uns den seidigen Sellerie als krönenden Abschluss auf.

Reicht für 4 Personen

Zutaten:

Ca. 500 g Knollensellerie, geschält, geviertelt, mit der Küchenmaschine zerkleinert und in 1 Teelöffel Zitronensaft gewendet, um Verfärbungen zu verhindern
125 ml Mayonnaise
1 Teelöffel Senf
1 Esslöffel Rotweinessig
1 Esslöffel Zitronensaft
1 Esslöffel gehackte Petersilie
1 Esslöffel gehackte Cornichons
Salz und Pfeffer

1. In einem Schüsselchen die eigentliche Remoulade (das Dressing) aus Senf, Essig, Zitronensaft, Petersilie

und *Cornichons* mischen. Mit Salz und Pfeffer abschmecken.
2. Die Mayonnaise unterheben und dann den zerkleinerten Sellerie in die Remoulade geben. Nochmals abschmecken.
3. Im Kühlschrank abkühlen lassen. Die Remoulade etwa 20 Minuten vor dem Essen aus dem Kühlschrank nehmen und vor dem Servieren leicht durchrühren. Eine Scheibe Landbrot dazureichen.

Anmerkung: Sie können statt der Petersilie auch eine Kräutermischung, frischen Kerbel oder Estragon nehmen, aber damit ist es nicht mehr die klassische Version.

Linsensuppe

Aus irgendeinem Grund beschlossen wir als Kinder, keine Linsen zu mögen, aber wir mochten Lauch und Würstchen, und so entwickelte unsere *tante* Berthe folgenden Trick, um uns hinters Licht zu führen.

Reicht für 4 Personen

Zutaten:
Ca. 300 g Linsen
Gut 100 g Lauch, der weiße Teil, gewaschen und zerkleinert
Gut 100 g Sellerie, gewaschen und zerkleinert
Gut 100 g Karotten, gewaschen und zerkleinert
30 g Butter
2 Esslöffel Mehl
1 Zwiebel mit Nelke (die Nelke in die Zwiebel drücken)
1 Lorbeerblatt

4 Straßburger (oder andere) Würstchen
Salz und Pfeffer

1. Die Linsen waschen und 1 Stunde lang einweichen.
2. Die Linsen zusammen mit knapp 3 Liter Wasser in einen Topf geben und zum Kochen bringen.
3. Sämtliches Gemüse und die Gewürze hinzufügen. Die Suppe 1 1/2 Stunden köcheln lassen.
4. Gegen Ende der Kochzeit die Würstchen in dicke Scheiben schneiden und in der Hälfte der Butter anbraten. Die Würstchen zu den Linsen geben. Den Rest Butter mit 2 Esslöffeln Mehl anrösten und die Suppe damit andicken. Vor dem Servieren nochmals abschmecken.

Charlottes und Kaviar

Kartoffeln werden bei uns in Frankreich ernst genommen. Es gibt spezielle Sorten zum Kochen, für Pommes frites, für Püree, zum Rösten – und so weiter. Auf dem Markt ein Dutzend verschiedene Sorten zur Auswahl zu haben, ist für uns nichts Besonderes. Zu Hause kauften wir sie immer in großen Säcken und bewahrten sie im Keller auf. Die einzige Sorte, die wir im eigenen Garten hatten, war die köstliche *charlotte*, eine kleine, festkochende Kartoffel mit einem einzigartigen Geschmack und von einer saftigen Konsistenz, die laut unserer Mutter am besten zu Kaviar passte. Kaviar ist teuer, aber ein wenig davon vermag aus ein paar Kartoffeln ein herrliches Gericht zu machen, besonders wenn plötzlich Gäste kommen. Sie können auch Lachsrogen nehmen, einheimischen Kaviar oder ganz einfach frisch gehackten Schnittlauch.

Reicht für 4 Personen

Zutaten:
4 *charlottes* oder andere kleine speckige Kartoffeln (in Deutschland zum Beispiel »Bamberger Hörnchen«)
Ca. 120 g Kaviar
Ca. 170 g *crème fraîche*
Salz und Pfeffer nach Geschmack

1. Die Kartoffeln waschen und in leicht gesalzenem Wasser kochen. Das Wasser abgießen und die Kartoffeln in 2 1/2 cm dicke Scheiben schneiden.
2. Die *crème fraîche* würzen und einen Klecks davon auf jede Kartoffelscheibe geben. Mit Kaviar garnieren und gleich servieren.

Ratatouille

Ein weiteres klassisches französisches Rezept, so wie es meine Mutter machte (basierend auf einem Rezept von Cousine Andrée aus Aix-en-Provence), hole ich im Sommer hervor, wenn die Auswahl an passendem Gemüse am größten ist. Ich kann drei Mahlzeiten damit bestreiten. Obwohl sie fast ohne Öl oder Butter auskommt, wirkt die Ratatouille durch die Säfte direkt aus dem Gemüse ausgesprochen reichhaltig. Um den vollen Geschmack zu bekommen, muss sie langsam gekocht werden.

Zutaten für 12 Portionen:
1,5 kg Tomaten
1,5 kg Zucchini
1,5 kg Auberginen
12 Knoblauchzehen
1 Bund Petersilie (oder Basilikum)
2 Esslöffel Olivenöl *(extra vergine)*
Salz und Pfeffer

Die erste Version wird als Suppe in Zimmertemperatur serviert.
1. Die gleiche Menge Tomaten, Zucchini und Auberginen waschen und in dicke Scheiben schneiden.
2. Das Gemüse in einzelnen Lagen in einen großen Topf schichten. Mit einer Schicht Auberginen beginnen, darauf Tomaten und dann Zucchini. Diese Abfolge wiederholen, bis der Topf fast bis an den Rand gefüllt ist. Ein paar Knoblauchzehen und etwas Petersilie zwischen die einzelnen Schichten legen, dabei nach Geschmack salzen und pfeffern.
3. Das Ganze mit Deckel bei sehr niedriger Hitze kochen, bis das Gemüse weich ist, etwa 2 bis 2 1/2 Stunden.
4. Die Ratatouille 20 Minuten später servieren. Am besten Suppenteller benutzen, da die Ratatouille relativ flüssig ist, wobei das Wasser hauptsächlich aus dem Gemüse kommt. Nochmals abschmecken und das Olivenöl sowie reichlich frisch gehackte Petersilie und/oder Basilikum dazugeben.

Die zweite Version nutzt das, was von der ersten Mahlzeit übrig bleibt, als Beilage zu Hähnchen oder Fleisch.
1. 2 Esslöffel Olivenöl erwärmen und die Gemüsereste der Ratatouille ohne ihren Saft dazugeben (der später aufgewärmt und lauwarm getrunken werden kann). Das Gemüse bei niedriger bis mittlerer Hitze kochen, bis es andickt.
2. Nach Geschmack 50 g geriebenen Käse hinzugeben – Comté, Parmesan oder welchen Käse auch immer Sie dazu mögen.

In der dritten Stufe werden die Reste der zweiten Version als Pizzabelag benutzt. Ist ein gutes Mittagessen oder eine Vorspeise.

1. Einen Pizzateig kaufen oder selbst zubereiten (aus Wasser, Mehl, Hefe und Salz).
2. Das aus der zweiten Stufe übrig gebliebene Ratatouille-Gemüse (ohne Käse) mit einem Ei vermischen.
3. Die Masse auf dem Pizzateig verteilen, frisch geriebenen Parmesan dazugeben und das Ganze wie eine normale Pizza backen.

Hauptgänge

Der Begriff »Hauptgang« deutet schon eines der Probleme an, das manch einer damit hat: »Haupt« scheint zu besagen, dass man von diesem Gang am meisten isst. Dabei kann es überraschenderweise viel unbefriedigender sein, von einem der Gänge eines Menüs besonders viel zu essen, als alles in ähnlichen Portionen zu genießen – was Letzteres zu der »gewichtsfreundlicheren« Alternative macht. Halten Sie Ihre Augen, Ihren Mund und Ihre Nase – Ihren *Geist* – bei Laune. Ein angemessenes Verhältnis zwischen Anregung und Genusssteigerung wird Sie jedenfalls immer mit einem Gefühl von Befriedigung belohnen.

Zucchiniblüten-Omelett

Dieses Omelett geht nie daneben. Ende des Frühlings und zu Anfang des Sommers stehen auf meiner Einkaufsliste für den Union Square Market immer Zucchiniblüten. Ich kaufe ein paar Dutzend, und buchstäblich jedes Mal fragt ein Fremder in der Schlange, was ich damit anfange. Es sieht so aus, als wüssten nur wenige Leute, was sie damit tun sollen – was den niedrigen Preis erklärt. Französische und italienische Frauen haben jedoch reichlich Verwendungsmöglichkeiten dafür. Ich kaufe sie für Omeletts zum Mittagessen, ein einfaches, ausgewogenes Gericht, das eindrucksvoll genug ist, um damit auch Gäste zu bewirten.

Reicht für 4 Personen

Zutaten:
16 Zucchiniblüten
10 Eier
60 ml Wasser
1 Esslöffel Butter
Ca. 250 g frischer Ziegenkäse oder Ricotta
Salz und Pfeffer nach Geschmack

1. Die Zucchiniblüten waschen und trockentupfen.
2. Die Eier verquirlen und das Wasser dazugeben. Die Zucchiniblüten in den Eierteig tauchen und die Mischung salzen und pfeffern.
3. Die Butter in einer beschichteten Pfanne zergehen lassen und, wenn sie heiß genug ist, die Zucchini-Eier-Mischung hinzugeben. Wenn die Eier nach ein paar Minuten zu stocken beginnen, die Käsestückchen darüber verteilen. Das Omelett noch kurz weiterbacken, aber nicht austrocknen lassen, sondern vom Herd nehmen, wenn es noch ein wenig flüssig ist. Mit frischen Kräutern garnieren und gleich servieren.

Chicorée mit Schinken ohne Béchamel-Soße

Das war ein anderes typisches Wintergericht, das es oft samstags gab oder auch abends während der Woche. Mutter wusste, dass wir so unser Gemüse, Proteine und Fett zusammen in einem Gericht bekamen, das sich leicht zubereiten ließ und nicht so teuer war wie die meisten Fleisch- oder Fischgerichte. Und wir mochten es alle. Salat und Obst rundeten das Essen ab.

Reicht für 4 Personen

Zutaten:
4 Chicorée
4 Scheiben milder gekochter Schinken
500 ml Tomatensoße (am besten selbst gemacht)
60 g Schweizer Käse
60 g Parmesan
1 Esslöffel Butterflocken
Salz

1. Den Chicorée unter fließendem Wasser waschen, die unteren Enden abschneiden und in leicht gesalzenem Wasser kochen, bis er weich ist. Abgießen.
2. Den Ofen auf 190 °C vorheizen. Eine Scheibe Schinken um jeden Chicorée wickeln und die Röllchen in eine feuerfeste Form legen. Die Tomatensoße über den Chicorée gießen, mit dem geriebenen Käse bestreuen und ein paar Butterflocken hinzufügen.
3. 20 Minuten backen, in den letzten Minuten mit Oberhitze, um eine hübsche braune Färbung zu erlangen. Den Chicorée warm mit Landbrot und einem einfachen grünen Salat servieren.

Meine Mutter nannte die Soße *béchamel du sud*, weil diese schnelle Version im Gegensatz zur klassischen Béchamel-Soße mit Tomatensoße gemacht wird und damit leichter und besser verdaulich ist.

Im Frühling können Sie ein ähnliches Gericht mit Spargel bereiten. Dazu nehmen Sie etwa 5 Stangen Spargel (um auf den Umfang eines Chicorées zu kommen) je Schinkenscheibe.

Schweinekoteletts mit Äpfeln

Wir hatten viele Apfelbäume mit vielen verschiedenen Sorten in unserem Garten und kamen mit den Äpfeln über den ganzen Winter. Meist aßen wir sie zwischendurch oder als Nachtisch (zum Beispiel in einem teiglosen Apfelkuchen wie dem von Dr. Wunder), aber man kann sie auch für die folgende Hauptspeise benutzen, die immer großen Erfolg hatte, unglaublich leicht zuzubereiten ist und alle wichtigen Nährstoffe enthält. Ich vermische sehr gern süße Kohlehydrate mit Fett und Protein – in köstlicher Missachtung der derzeitigen Diät-Ideologie.

Reicht für 4 Personen

Zutaten:

4 mittlere Schweinekoteletts
4 Nelken
2 Lorbeerblätter
4 Sellerieblätter
4 Selleriestangen, gewaschen und zerkleinert
2 Äpfel, entkernt und grob geschnitten
Gut 100 g Schweizer oder Jarlsberg-Käse, grob gerieben
125 ml Weißwein oder Wermut
1 Esslöffel Butter
1 Esslöffel brauner Zucker

1. Ofen auf 180 °C vorheizen. Eine feuerfeste Form buttern und die Koteletts hineinlegen.

2. 1 Nelke in jedes Kotelett drücken, den Weißwein, die Sellerie- und Lorbeerblätter dazugeben und die Koteletts dann 30 Minuten im vorgeheizten Ofen backen.
3. Während die Koteletts im Ofen sind, in einer Pfanne den klein geschnittenen Sellerie 5 Minuten mit 1 Esslöffel Butter anschwitzen, dann die Äpfel dazugeben, den braunen Zucker darüber streuen und das Ganze bei sehr niedriger Hitze 10 Minuten köcheln lassen, bis die Äpfel weich, aber nicht zu weich geworden sind.
4. Die Sellerie- und Lorbeerblätter aus der Soße nehmen, das Fleisch mit Soße begießen und mit Käse bestreuen. Dann die Form für weitere 10 Minuten in den Ofen schieben.
5. Die Sellerie-Apfel-Mischung als Beilage auf demselben Teller wie die Koteletts servieren. Sie erhält noch etwas mehr Geschmack, wenn man ein paar Löffel Saft aus der Form darüber gießt.

Um dieses Essen abzurunden, können Sie mit einer *consommé* beginnen und zum Dessert einen Vanillepudding reichen.

Snapper mit Mandeln

Während meiner Kinder- und Jugendzeit war ich kein besonderer Freund von Fisch, aber ich liebte Nüsse. Meine Mutter wusste, dass beides zu einer guten Ernährung gehört, und so erfand sie folgende Möglichkeit, mir den Fisch mit »unterzuschieben«.

Reicht für 4 Personen

Zutaten:
4 schwere Snapper-Filets à 120 g (oder Seeteufel, Heilbutt, Kabeljau) mit Haut
30 g Butter
2 Esslöffel Olivenöl
Saft einer Zitrone
50 g Mandelblätter
4 Esslöffel gehackte Petersilie
Salz und Pfeffer

1. Die Mandeln in einer beschichteten Pfanne bei mittlerer Hitze rösten und dann zur Seite stellen.
2. Butter und Öl in einer Pfanne erhitzen. Den Fisch mit der Haut nach oben hineingeben. Nach Geschmack würzen. Den Fisch auf beiden Seiten je 4 Minuten braten. Auf einer angewärmten Servierplatte locker mit Alufolie bedecken und warm halten.
3. Den Zitronensaft in die Pfanne gießen und gut mit Butter und Öl vermischen. Diesen Sud über die Filets geben, mit Petersilie bestreuen und das Ganze mit den Mandeln garnieren. Sofort servieren.

Entenbrust à la Gasconne

Bei uns zu Hause gab es nur selten Entenbrust, weil wir wie die meisten Leute in aller Regel eine ganze Ente kauften und sie auf unsere »Familienart« zubereiteten. Aber *mon oncle* Charles hatte ein Rezept für seine Kurgäste, zu dem er nur das relativ magere Brustfleisch (*le magret*) verwandte, bei der Zubereitung auf Öl und Butter verzichtete und sich auf die trockene »Marinade« als zusätzliche Geschmacksnote verließ. Die Brust »Gasconne« zu nennen, war ein hintergründiger Trick, um seine Gäste hinters Licht zu führen. Die meisten von ihnen waren wohlhabende Pariser, die nie einen Fuß in die Gascogne im Südwesten Frankreichs gesetzt hatten. Die Gegend ist berühmt für ihre Enten und Gänse und damit, *naturellement*, auch für ihre Entengerichte. Die Gäste meines Onkels waren also psychologisch auf eine Köstlichkeit *à la Gasconne* vorbereitet und damit positiv voreingenommen, bevor sie auch nur einen Bissen probiert hatten.

Reicht für 4 Personen

Zutaten:
4 *magrets de canard* (Entenbrüste)
1 Teelöffel gehackte Petersilie
2 Knoblauchzehen, fein gehackt
1/2 Teelöffel fein gehackte Schalotte
8 schwarze Pfefferkörner, grob zerstoßen
1 Prise grobes Salz
1 Prise getrocknete Lorbeerblätter, zerbröselt
1 Prise getrocknete Thymianblätter, zerbröselt

1. Salz, Lorbeerblätter, Thymian, Petersilie, Knoblauch, Schalotte und Pfefferkörner in einer großen feuerfesten Form vermischen. Die Entenbrüste in der Mischung wenden und mit der Haut nach oben nebeneinander legen.
2. Die Form mit Folie bedecken und für 24 Stunden in den Kühlschrank stellen. Die Brüste zwischendurch einmal umdrehen.
3. Die *magrets* aus der Marinade nehmen. Noch daran klebende Gewürze abwischen und die Brüste trockentupfen. (Die Marinade wird nicht mehr gebraucht.) Die Brüste mit der Haut nach unten auf einen Grillrost legen, etwa 10 cm von den Heizstäben entfernt, und 2 Minuten grillen. Dann umdrehen und noch einmal 4 Minu-

ten grillen. Je nach Größe der *magrets* muss die Grillzeit eventuell verlängert werden. Sie sollten damit *medium* sein.

4. Die Brüste auf ein Schneidebrett legen und 2 bis 3 Minuten ruhen lassen. Das Fleisch schräg in dünnen Scheiben aufschneiden und servieren.

Salat von Ente à l'Orange

Reicht für 4 Personen

Zutaten:

2 *magrets de canard*, die von der Entenbrust *à la Gasconne* übrig sind und im Kühlschrank aufbewahrt wurden. (Während der Salatzubereitung die Brüste auf Zimmertemperatur bringen.)

Ca. 250 g Blattsalate (z. B. Rucola, Eichblattsalat und Frisée)

2 Teelöffel fein gehackte Schalotten

2 kernlose Orangen

Ca. 250 g grüne Bohnen, geschnitten und blanchiert

1 Spritzer Olivenöl

Für das Dressing: 1 Teelöffel Dijon-Senf mit 3 Esslöffeln Rotweinessig und 6 Esslöffeln Olivenöl vermischen.

1. Die Orangen schälen und filetieren.
2. Salat, Schalotten, grüne Bohnen und Orangenfilets im Dressing wenden. Auf extra Tellern servieren.
3. Das Entenfleisch quer zur Brust in gut 1 cm dicke Streifen schneiden und auf den Salatblättern anrichten. Etwas Olivenöl auf die Fleischstreifen geben. Mit einer Scheibe Olivenbrot servieren.

Tagliatelle mit Zitrone

Ein Leben ohne Pasta? Vergessen Sie's. Pasta ist zwar nichts ursprünglich Französisches – Kartoffeln sind bei uns als Stärkelieferanten weiter verbreitet –, aber im Elsass werden viele Speisen mit Nudeln serviert, von Fisch bis Wild, oft mit schweren Soßen wie im italienischen Piemont. In meiner Kinderzeit gab es bei uns zu Hause mehrmals im Monat Pasta, wobei wir leichtere und geschmacklich intensivere Zubereitungen bevorzugten, zum Beispiel dieses Rezept mit Sahne und Zitrone, das von *tante* Caroline stammt. Für sie war es ein perfektes Mittagessen, zusammen mit einem Salat und einem Stück Obst. Wie mir ihre Tochter Louise erzählt, ist es bei den Kindern nach wie vor sehr beliebt. Geben Sie Acht auf die Größe der Portionen!

Reicht für 4 Personen

Zutaten:
350 g Tagliatelle
4 Zitronen
180 g *crème fraîche*
120 g Parmesan
1 Esslöffel Olivenöl
Salz und Pfeffer

1. Die Tagliatelle in Salzwasser kochen, bis sie *al dente* sind. Wasser abgießen.
2. Während die Pasta kocht, die Schale der Zitronen mit einem Zestenreißer entfernen und den Saft einer Zitrone aufbewahren.
3. Das Olivenöl in einem Topf erwärmen, die geriebene Zitronenschale hineingeben und das Ganze auf kleiner Flamme 2 Minuten erwärmen. Die *crème fraîche* hinzuge-

ben, zum Kochen bringen, den Zitronensaft hinzugießen und alles nochmals aufkochen.

3. Wenn die *crème* andickt, den Parmesan dazugeben, nach Geschmack würzen und das Ganze noch 1 Minute kochen. Soße und Pasta vermischen und sofort servieren.

Pasta ist gut für Sie, aber nicht so, wie man sie zum Beispiel in Amerika isst (und nicht nur da): als Hauptspeise in großen Portionen. Italiener essen sie als erste oder zweite Vorspeise. Glauben Sie nicht, dass Sie Gewicht verlieren, wenn Sie einen großen Teller *nur* mit einfacher Tomatensoße essen – so kommen Sie einfach nicht auf Ihre Kosten. Geben Sie frische Ricotta dazu, etwas Thunfisch, Kalb- oder anderes Fleisch, und schon wird Ihnen weniger als mehr erscheinen. Französinnen lieben Pasta, aber sie lieben sie mit wenig Fett. Zu ihren Standardrezepten gehört ein Tomaten-*coulis* mit Zwiebel und Thymian oder eine Basilikumsoße mit Knoblauch, dazu ein paar Pinienkerne. Pro Person wird bei beiden Rezepten nur 1 Esslöffel Olivenöl verwandt, 2 bis 3 Esslöffel vom Pastawasser geben noch mehr Flüssigkeit. Dann etwas Parmesan, sparsam, wie in Italien. Man rechnet gut 80 g Pasta pro Person, dann folgt noch ein Fisch- oder Fleischgang.

Desserts

Die Franzosen scheinen mir den Begriff »Dessert« weiter zu fassen als viele andere Länder, wo Nachtische oft reichhaltiger und schwerer sind und dem Ziel ausgewogenen, mäßigen Essens deutlich widersprechen. So würde eine Französin nie ein reichhaltiges Menü mit einem schweren Dessert beschließen, das eher auf eine wirklich leichte

Mahlzeit folgen sollte. Auch wenn Sie tatsächlich »keinen Platz« mehr für ein Dessert haben, deutet das darauf hin, dass Sie vorher zu reichhaltig oder zu viel gegessen haben. Jedenfalls ist es nie eine gute Idee, sich ein Dessert aufzuzwingen, wenn man bereits satt ist. Richten Sie Ihr Dessert nach den vorhergehenden Gängen aus. Und entwickeln Sie einen Geschmack für Dinge, die nicht zu süß sind, wie Käse und Obst. Gebäck – wie mein geliebtes *millefeuille* – gehören eher zu einem gelegentlichen nachmittäglichen Tee oder Kaffee als an das Ende einer Mahlzeit.

Erlauben Sie mir auch, hier zwei Restaurant-Taktiken anzuführen, was Desserts betrifft. Die erste werden Sie kennen: Teilen Sie, was es gibt, bestellen Sie ein Dessert für zwei. Wenn aber alle ihr eigenes Dessert bestellen und Sie wollen nicht aus der Reihe fallen: Nehmen Sie ein paar langsame erste Bissen, bis die anderen fast fertig sind. Dann erzählen Sie eine Geschichte oder unterhalten sich mit Ihrer Nachbarin. Während Sie sprechen, essen die anderen weiter; Sie legen derweil ihr Besteck so hin, dass der Kellner sieht, Sie sind fertig. Wenn er kommt, um abzuräumen, hören die anderen immer noch Ihrer Geschichte zu und werden nichts von Ihrem kleinen Trick merken. Ich habe das schon oft so praktiziert, und es gelingt immer.

Backäpfel

In der guten alten Zeit türmten sich bei uns im Herbst Äpfel und Nüsse aus dem Obstgarten. Meine Mutter kannte glücklicherweise zahllose Arten, sie zu nutzen. Es ist eines der großen Vergnügen zur Apfelzeit, in einen frischen Apfel zu beißen, solange er noch saftig ist und nicht bereits mehlig. Auch Äpfel, die es schnell genug in den Supermarkt schaffen, können sehr gut sein. Das Knacken eines frischen Apfels nach einem Essen kann genau den richtigen Kontrapunkt zu einer üppigen Mahlzeit setzen. (Denken Sie daran, dass es nicht nur der Magen ist, den es zu befriedigen gilt, sondern auch Ihr Mund. Manchmal erwächst zwanghaftes Essen mehr aus dem nervösen Bedürfnis, etwas aufzunehmen und zu kauen, als aus Hunger.) Und die Kalorien eines Apfels fallen nicht sehr ins Gewicht. Als Kind hatten wir Backäpfel noch lieber als frische, und an Tagen, an denen wir nicht so gern mochten, was auf den Tisch kam, besserte unsere Mutter unseren Appetit mit diesem Dessert auf, das uns weit luxuriöser vorkam, als es wirklich war. Manchmal machte sie auch eine köstliche Apfelsoße, von der wir etwas bekamen, wenn wir zurück aus der Schule waren.

Reicht für 4 Personen

Zutaten:
4 Tafeläpfel
60 g Butter
4 Teelöffel Zucker, vermischt mit 1/2 Teelöffel Zimt
Gut 30 g gehackte Walnüsse
2 Esslöffel Wasser

1. Die Walnüsse auf einem Backblech bei gut 120 °C etwa 5 Minuten lang rösten, bis sie zu duften beginnen. Zur Seite stellen und den Ofen auf 190 °C vorheizen.
2. Die Äpfel waschen und entkernen. In eine feuerfeste Form legen. Butter, Zucker, Zimt und Walnüsse mischen und die Aushöhlung der Äpfel damit füllen. Das Wasser unten in die feuerfeste Form gießen.
3. Die Äpfel bei 190 °C 30 Minuten lang backen und dann warm servieren. Der Nachtisch sieht festlicher aus, wenn man einen Teelöffel Sahne dazugibt, etwas Minze – wegen der Farbe – oder eine essbare Blume.

Pochierte Birnen
Reicht für 4 Personen

Zutaten:
4 Tafelbirnen, geschält, entkernt und in Hälften geschnitten
500 ml *Muscat Beaumes de Venise*
100 g Zucker
2 Esslöffel Zitronensaft
4 Kugeln Vanilleeis

1. Wein und Zucker in einem schweren Topf zum Kochen bringen und 5 Minuten weiterköcheln lassen.
2. Den Zitronensaft und die Birnen dazugeben und bei niedriger bis mittlerer Hitze 10 Minuten lang köcheln. Abkühlen lassen und in den Kühlschrank stellen.
3. Die Birnen vor dem Servieren auf Zimmertemperatur bringen. Jede Portion mit einer Kugel Vanilleeis garnieren.

Soll es besonders luxuriös werden, servieren Sie die Birnen auf einem kleinen Spiegel geschmolzener dunkler Schokolade.

Île flottante, mit Kakaohäubchen
Wir Französinnen essen selten Eier zum Frühstück und trinken keine frische Milch, dennoch konsumieren wir sehr viel von beidem, vor allem in Soßen und Desserts. In einem klassischen französischen Dessert, *Les œufs à la neige* – Eier im Schnee, das in vornehmeren Restaurants als *Île flottante*, treibendes Eiland, firmiert –, gibt es viel Milch und Ei, Protein und Fett mit wenigen Kohlehydraten. Und im Unterschied zu vielen anderen reichhaltigen Desserts macht dieses weniger

dick, da es zu einem Großteil aus Eiweiß besteht. Sie werden es verlockend und köstlich finden – und es ist leicht zuzubereiten. Mutter hat es oft abends schon vorbereitet und dann am folgenden Tag nach dem Mittagessen auf den Tisch gebracht. Da es zu meinen Lieblingsdesserts gehörte, wusste ich, wenn ich es sie vorbereiten sah, dass am nächsten Tag etwas »Gutes« auf dem Speiseplan stand, das ich nicht so mochte: »Iss auf, dann gibt es den Nachtisch.« Mehrmals im Monat ließ ich mich schamlos mit einer *Île flottante* kaufen.

Reicht für 4 Personen

Zutaten:
Gut 600 ml Vollmilch
130 g Zucker
Plus 1 Esslöffel Zucker
1 Teelöffel Vanilleextrakt
4 Eier
1/4 Teelöffel Salz

1. Die Milch in einem großen Topf mit schwerem Boden bis zum Siedepunkt erhitzen und die Hälfte des Zuckers und den Vanilleextrakt hinzufügen. Den Topf mit dem Deckel verschließen und von der Flamme nehmen.
2. Die Eier trennen und das Eigelb in einer Rührschüssel aufheben.
3. Das Eiweiß in einer anderen Schüssel mit dem Salz schlagen, bis es schaumig ist, und dann nach und nach 1 Teelöffel Zucker dazugeben. Das Eiweiß steif schlagen. (Ein elektrischer Handmixer ist dabei hilfreich.)
4. Nun den Topf mit der Milch erneut auf die Flamme stellen und wieder zum Kochen bringen. Die Flamme herunterdrehen.

5. Mit einem Suppenlöffel eine Eiweißkugel schöpfen und in die Milch fallen lassen. Die Kugel 2 Minuten kochen lassen, dann sanft umdrehen und nochmals 2 Minuten kochen. Die Kugel herausnehmen und auf einem trockenen Geschirrtuch abtropfen lassen. So mit dem gesamten Eiweiß verfahren. Die Kugeln abkühlen lassen, bedecken und im Kühlschrank aufbewahren, bis sie serviert werden.

6. Den restlichen Zucker nach und nach in der anderen Schüssel unter das Eigelb schlagen, bis die Mixtur nach 2 bis 3 Minuten blassgelb und dickflüssig wird. Jetzt die kochend heiße Milch unter behutsamem Umrühren langsam und vorsichtig in einem dünnen Strahl dazugeben und so die Eigelbmischung langsam aufwärmen. (Achtung: Wenn man zu schnell gießt, stockt das Ei.) Das Ganze in einer Servierschüssel abkühlen lassen.

7. Vor dem Servieren die Eiweißkugeln hinzugeben und eine Schüssel mit Kakaopulver auf den Tisch stellen, damit jeder Gast sich etwas davon auf das Eiweiß stäuben kann. (Wir Kinder durften uns wahre Traumportionen darauf geben.)

Wenn sie dieses Dessert zu einem sonntäglichen Mittagessen mit Gästen servierte, gab meine Mutter noch 1 Esslöffel Rum an die Milch, streute etwas braunen Zucker über das Eiweiß oder rieb dunkle Schokolade darüber. (Ich mochte die Schokolade lieber, der braune Zucker war mir zu süß – und ist es heute noch.)

Element Joghurt: Nicht alle sind gleich

Joghurt ist und bleibt meine Geheimwaffe. Seit Dr. Wunder mir zwei Portionen pro Tag davon verordnete, ist es ein problemloser Snack und Nachtisch geblieben. Aber meine volle Bewunderung entstand erst bei einer Reise nach Kreta.

Früher zu Hause gab es nicht so viel Joghurt. Wir bevorzugten *petits suisses* (eine weiche weiße Käsezubereitung), auf die wir Kakao streuten. Wir tranken auch keine frische Milch, nur im Sommer auf dem Land im Haus der Großmutter. Sie hatte Kühe, und jeden Abend vor dem Schlafengehen mussten wir *un bol* (eine große Frühstücksschale voll) frische Milch trinken, die noch warm von der Kuh war. Zu Hause deckten wir unseren Milchbedarf mit Vanillepudding, *flan*, *crème anglaise*, verschiedenen Nachtischen und allen möglichen anderen leckeren warmen Speisen, meist Wintergerichten, in denen Milch verarbeitet wurde.

Joghurt ist besser für Sie als irgendeines dieser Milchprodukte. Aus diesem Grund raten auch viele Ärzte dazu, einen zu jeder Mahlzeit zu essen, solange man Antibiotika nimmt, weil diese die Darmflora zerstören. Angesichts meines diagnostizierten »süßen Zahns« war *yaourt nature* nicht gleich der schmackhafte Ersatz für meine geliebten Süßspeisen. Deshalb sagte Dr. Wunder, ich könne einen halben Teelöffel Honig oder ein paar Weizenkeime hineingeben. Im Frühling tat ein nur leicht gesüßtes Rhabarberkompott mit etwas Zimt gute Dienste, oder eine Mischung saftiger Himbeeren und Erdbeeren. Es gab aber Tage, da ich nichts im Vorratsschrank hatte, was ich in den Joghurt tun konnte (immer brav dem Rat folgend, keine »Übeltäter« im Haus zu haben), und so geschah es, dass ich langsam, aber sicher auf den Geschmack von Naturjoghurt kam. In seiner Verbindung von Säure und Sahnigem ist er auch in der Tat mit nichts zu vergleichen.

Als Studentin reiste ich im Sommer mit einem Budget von 5 € pro Tag durch Griechenland, bevorzugte folglich kleine Pensionen und versuchte, mein Griechisch im Gespräch mit den Einheimischen zu verbessern. Die Ausstattung war stets spartanisch und ging kaum über eine Dusche und ein Bett hinaus (oft war es nur eine Matratze oben auf der Dachterrasse, weil die Familien etliche Gäste aufnahmen). Da ich aber Griechisch sprach, verwöhnten die Menschen mich dennoch oft mit einem Bett. Manchmal wollten sie nicht einmal Geld annehmen, luden mich aber immer morgens in die Küche ein, wo es ein Glas Wasser gab, ein halbes Tässchen sehr starken griechischen Kaffee – und einen Joghurt.

Eines Sommers auf Kreta wohnte ich bei der ebenso freundlichen wie zierlichen Frau eines Kapitäns. Sie erzählte mir, dass sie, wenn ihr Mann auf See war, praktisch nur von Joghurt und Obst lebte, bis auf ein kleines Stück Fisch und etwas Grünes zum Abendessen. Ich ließ daraufhin die billigen Tavernen mit ihrem fettigen Essen links liegen und begann mir in den kleinen Lebensmittelläden in Strandnähe mein Mittagessen zu kaufen – Joghurt und einen Pfirsich. Die Pfirsiche waren perfekt: üppig und von einer fast schon likörhaften Saftigkeit. Als ich Kreta nach zehn Tagen, in denen ich nach der Devise dieser Frau lebte – und täglich wanderte und schwamm –, wieder verließ, flatterten mir die Kleider nur so um den Körper – ich hatte drei Pfund abgenommen und mich dennoch selten so verwöhnt und wohl gefühlt.

Natürlich ähnelt kaum etwas einem griechischen Joghurt aus Ziegenmilch. Später habe ich im Übrigen gelernt, dass die gesamte Nahrungskette der Insel reich an Alpha-Linolensäure ist, die in allen essbaren wilden Pflanzen vorkommt. Kreterinnen gehen noch immer Kräuter sammeln, und da ihre Tiere sich selbst ernähren, enthalten Geflügel, Eier und Milch dort zwei- bis dreimal so viel dieses nützlichen Nährstoffs.

Wie fast überall sonst enthält auch der Joghurt, den man in Frankreich im Geschäft kaufen kann, eine ganze Reihe unerwünschter Inhaltsstoffe – künstliche Konservierungsstoffe, Farbstoffe, Geschmacksverstärker, Zucker und Süßstoffe. Also sorgte ich auf Kreta dafür, von der Kapitänsfrau zu lernen, wie ich meinen eigenen Joghurt herstellen konnte.

Dazu braucht man eine Art »Starter«: entweder eine Kombination von Bakterienkulturen, die man zu diesem Zweck kaufen kann, oder einfach einen Löffel guten Joghurts, vorausgesetzt, er enthält aktive Kulturen; und einen Joghurtbereiter – was eine der besten kleinen Investitionen war, die ich je gemacht habe.

Hier ist das Rezept: Es ist schnell und einfach – die Maschine übernimmt die Arbeit.

Hausgemachter Joghurt – mit dem Joghurtbereiter

Sie brauchen:

1 Topf

2 Esslöffel Naturjoghurt als »Starter« oder 2 Esslöffel »Starter-Kultur«, die Sie im Reformhaus bekommen

1 Liter Milch (Vollmilch oder fettarme Milch)

Einen Joghurtbereiter mit einem Kochthermometer. Ich selbst besitze einen mit acht Gefäßen.

1. Die Milch in einem Topf bei knapp mittlerer Hitze erwärmen, bis in Randnähe Bläschen erscheinen und von der Oberfläche Dampf aufsteigt. Den Topf von der Flamme nehmen und die Milch mit dem Thermometer umrühren. Wenn die Temperatur um die 45 °C liegt, den »Starter« in eins der Gefäße des Joghurtbereiters geben. Etwas Milch dazugießen und alles gut verrühren. Dann die Mischung zurück in den Topf geben und eine Weile umrühren.
2. Die 8 Gefäße mit der Milch füllen, sicher mit den Deckeln verschließen und die Behälter in den Bereiter stellen (der eigentlich ein temperaturkontrollierter Warmhalter ist). Den Anweisungen folgen. Es dauert ungefähr 6 bis 10 Stunden (lässt sich leicht über Nacht machen), je nachdem, wie säuerlich und fest man den Joghurt möchte. Wenn er fertig ist, den Joghurt ein paar Stunden im Eisschrank kühlen, bevor man ihn isst. Er hält sich im Kühlschrank bis zu 2 Wochen.

Wenn Sie sich keinen Joghurtbereiter kaufen wollen, hier noch ein narrensicheres, jahrhundertealtes Rezept, an das mich kürzlich erst wieder ein Taxifahrer auf Mykonos erinnert hat. Griechische Taxifahrer sind eine Spezies für sich: extrovertiert, mehrsprachig, voller Wissen und so liebenswert wie starrsinnig. Ich weiß nicht mehr, was ich ihn gefragt hatte, aber es brachte ihn zu einem Vortrag über das Leben und die Gärtnerei, über Marienkäfer, die aus Holland eingeschleppt werden, über die Familie, Hotels und die verschiedenen Vorzüge der Inselrestaurants – und am Ende auch über Joghurt.

Hausgemachter Joghurt (ohne Joghurtbereiter)

Sie brauchen:
1 Topf
1 Liter Milch (Vollmilch oder fettarme Milch)
1 große Schüssel
1 Esslöffel »Starter-Kultur« oder Naturjoghurt
1 kleine Schüssel

1. Die Milch im Topf bei knapp mittlerer Hitze erwärmen, bis in Randnähe Bläschen erscheinen und von der Oberfläche Dampf aufsteigt.
2. Die Milch zum Abkühlen in die große Schüssel gießen, bis das Thermometer etwa 45 °C anzeigt. Wenn Sie keins haben, machen Sie es wie die Einheimischen: Die Temperatur ist richtig, wenn Sie Ihren Zeigefinger 20 Sekunden in die Milch halten können.
3. Den »Starter« in die kleinere Schüssel geben, etwas Milch dazugießen und gut verrühren. Nun die »Starter-Mischung« jeweils zu einem Drittel in die größere Schüssel mit der Milch geben; jedes Mal gut umrühren und alles vermischen, bevor man mehr hineingibt. Am Ende noch einmal durchrühren und prüfen, ob alles gut vermischt ist. Ein dickes Handtuch darüber legen und die Schüssel 6 bis 8 Stunden an einem warmen Ort stehen lassen, bis sich der Joghurt gesetzt hat. Vor dem Verzehr 8 Stunden abkühlen lassen.

KAPITEL 8
Flüssigkeitshaushalt

Eau de vie

Wir alle haben schon in der Schule gelernt, dass Wasser die Essenz unseres Lebens ist. Fast eine Milliarde Dollar sind bisher dafür ausgegeben worden, um herauszufinden, ob es je Wasser auf dem Mars gegeben hat. Warum? Weil Leben, so wie wir es kennen, dort ohne Wasser nie eine Chance gehabt haben kann. Und wenn wir hier auf der Erde aufhören würden zu trinken, würde es auch uns bald nicht mehr geben. 70 % unseres Körpergewichts besteht aus Wasser, 80 % unseres Bluts, 70 % unserer Muskeln und satte 85 % unserer grauen Zellen, was vielleicht erklärt, warum dehydrierte Menschen ins Delirium fallen, lange bevor ihre Körperfunktionen versagen. Angesichts dieser Umstände, die weitaus besser belegt sind als die meisten »wissenschaftlichen« Behauptungen, die in Diät-Büchern aufgestellt werden, ist es ein Rätsel, warum wir nicht mehr Wasser trinken, vor allem da es, wie jede Französin weiß, sehr dabei hilft, unser Gewicht zu kontrollieren, und das praktisch ohne jede Einschränkung. Wenn Sie einfach nur täglich vier bis fünf Gläser Wasser mehr trinken, wird es äußerst schwierig für Sie, mit der Zeit *kein* Gewicht zu verlieren.

Wie so oft liegt einer der Schlüssel für das Problem bei unseren Geschmacksgewohnheiten. Wenn Sie Ihren Durst mit Limonaden, Kaffee, Säften oder vielleicht auch Tee löschen, nehmen Sie zwar auch Wasser zu sich, aber Getränke, die zum Beispiel Koffein enthalten, sind immer auch leicht harntreibend und entwässern den Körper, während Sie ihm doch Wasser zuführen wollen. Die einzig wirklich wirksame Alternative ist, es pur zu trinken. Viele Leute wollen aber lieber etwas mit »Geschmack« – selbst wenn es der Geschmack von abgestandenem Kaffee ist, der bereits den ganzen Tag auf der Wärmeplatte steht, oder der Nachgeschmack von Diät-Limonaden.

Zwar wissen die meisten Frauen, dass sie mehr Wasser trinken sollten, heraus kommt aber oft nur ein Kompromiss, indem sie täglich ein paar Gläser zusätzlich zum Kaffee oder Tee und zu ihren gewohnten Limonaden trinken. Sie machen sich selbst etwas vor, und das nicht zu ihrem Vorteil. Genau wie die, die ständig eine Flasche Evian mit sich herumschleppen, tatsächlich aber nur ein paar Schlückchen davon nehmen; sie kommen nicht einmal in die Nähe der Menge, die ihr Körper braucht und womit er u. a. Gift- und Abfallstoffe aus dem Stoffwechsel spült. Wenn Sie sehen wollen, was Wasser für Ihre Haut bedeutet, schütten Sie etwas über einen verschrumpelten, trockenen Schwamm.

Den meisten Menschen ist nicht bewusst, wie viel Wasser wir ohne unser Zutun verlieren, besonders bei sehr heißem und kaltem Wetter. Schweiß bedeutet offensichtlich einen Wasserverlust, aber auch in kalter, trockener Luft verlieren wir viel Feuchtigkeit über unsere Haut und unseren Atem. Unser Körper ist kein wasserdichtes Behältnis; die Haut absorbiert, verliert aber vor allem Feuchtigkeit. Kurz, wir verlieren täglich um die zehn bis zwölf Gläser Wasser (auch wenn wir schlafen) durch unseren Atem, Schweiß und andere Körperausscheidungen. Was, einfach berechnet, zeigt, dass sogar die weithin angeratenen acht Gläser pro Tag womöglich nicht ausreichen, je nachdem, wie groß die Gläser sind. Wollen Sie mehr Gesundheit und die Gewicht verringernde Kraft von Wasser nutzen, trinken Sie täglich ein wenig mehr Wasser, als Sie verlieren.

In meinem New Yorker Büro haben wir einen Wasserkühler mit einem großen Behälter, um den sich unser Hausmeister kümmert. Bei einer Gelegenheit hat er mir gestanden, dass er es leichter hat, wenn ich nicht da bin. Da ich ihn kaum je um etwas bitte, war ich zunächst ziemlich verdutzt. Dann erklärte er mir mit einem spitzbübischen Lächeln: »Es ist das Wasser, *Ma'am*. Wenn Sie auf Reisen sind, muss ich die Flasche einmal in der Woche austauschen; wenn Sie aber hier sind, jeden zweiten Tag.« In diesem Moment wurde mir klar, dass sich unsere Belegschaft regelrecht »ausdörrt«, und zwar aus eigenem Verschulden. Es macht offenbar keiner der Kolleginnen (es gibt allerdings auch ein paar männliche Kamele) etwas aus, hinunter in den Laden zu laufen, um sich mit Kaffee und Limonade zu versorgen. Dagegen sehe ich fast nie jemanden am Wasserkühler, der doch eigentlich der sprichwörtliche amerikanische Treffpunkt für Bürotratsch ist.

Der Unterschied zu unserem Pariser Hauptquartier könnte nicht größer sein. Dort wird jeden Tag in jedes Büro und auf jeden Schreibtisch eine Literflasche Wasser gestellt, und wenn das nicht genug ist (und das ist es nicht!), gibt es noch einen Raum, in dem man sich beliebig Nachschub holen kann. Bei unseren Sitzungen steht der Konferenztisch voller Flaschen. In New York bleiben selbst die kleinen Wasserflaschen unberührt, dafür werden die Kaffeevorräte geleert und die Dosen mit Diät-Coke verschwinden.

Wenn ich in Frankreich bin und jüngere Verwandte besuche, sehe ich immer noch, woran ich mich aus meiner eigenen Kindheit erinnere. Jeder beginnt den Tag mit einem Glas Wasser. Bei jedem Essen steht eine große Flasche Wasser auf dem Tisch. Alle trinken den ganzen Tag über davon, und das Wasser steht nicht im Kühlschrank. (Manchmal ist eine Aversion gegen Wasser die verständliche Reaktion gegen etwas zu Kaltes. Wasser mit Zimmertemperatur ist Ihnen womöglich weit angenehmer.)

Franzosen trinken kein Leitungswasser; es schmeckt normalerweise nicht gut genug, um getrunken zu werden. Nun mag es Ihnen widerstreben, Geld für etwas auszugeben, das Sie eigentlich für Gemeingut halten, und die große Vielfalt Wassersorten auf den Regalen mag Ihnen unnötig erscheinen. Und dann kommt natürlich auch noch dazu, dass Sie das Wasser heimschleppen müssen. Vielleicht ist es ja völlig in Ordnung zu trinken, was aus Ihrem Wasserhahn kommt, aber wenn Sie nicht genug Wasser zu sich nehmen, sollten Sie sich fragen, woran das liegen mag.

Bei uns zu Hause hatten wir als stilles Wasser – *eaux plates* – Vittel und Volvic; das Einzige mit Kohlensäure – *gazeuse* – war und ist bis heute Badoit. Wobei das alles eine Frage der Gewohnheit ist. Vor langen Jahren gab es eine Werbezeile, die uns nicht aus dem Kopf ging: … *et badadit et badadoit, la meilleure eau c'est le Badoit.* Wir haben natürlich auch andere probiert, aber am Ende gab die Gewohnheit den Ausschlag.

Die Franzosen stehen weltweit an Nummer zwei nach den Italienern, was den Konsum von Wasser mit Kohlensäure angeht. Wir bevorzugen *l'eau plate*, und auch wenn man *l'eau gazeuse* beiseite lässt, ist die Auswahl immer noch riesig. Im Colette, einem Pariser Restaurant (das tatsächlich ein Geschäft ist, mit einem Kellerrestaurant und einer Bar), können Sie 80 bis 100 verschiedene Wassersorten aus der ganzen Welt trinken. Wasser zu trinken ist so schick geworden, dass es sogar eine extra Bezeichnung – *aquanomy* – für seine Kennerschaft gibt. Wasser hat auch seine *crus*, seine Geschmacksrichtungen und das zugehörige Vokabular; eine Sorte unterscheidet sich von der anderen entsprechend ihres Gehalts an Calcium, Magnesium und anderen charakteristischen Mineralien.

In vielen Ländern ist das angebotene örtliche Wasser eher langweilig, weshalb Frankreich und Italien ihr Wasser auch in Dutzende Länder exportieren. In jedem Fall ist es an der Zeit, dem Wasser seine ihm gemäße Rolle zuzuerkennen – Gewichtskontrolle kann dabei ein guter Anlass sein, wenn nicht sowieso der dringlichste.

Wichtig zu wissen ist dabei, dass oft das erste Gefühl von Durst fälschlicherweise für Hunger gehalten wird: Sehr oft, wenn wir *un petit creux* oder *une petite faim* verspüren, haben wir tatsächlich *une petite soif*. Wir verwechseln den kleinen Durst mit dem kleinen Hunger, was nicht verwunderlich ist, wenn wir zu wenig trinken und so auf den Wassergehalt unseres Essens angewiesen sind. Aus eben diesem Grund ist Wasser ein wirkungsvoller *coupe faim* – und dämpft Ihren Hunger. Regelmäßig seinen Magen damit zu füllen, führt zu einem Gefühl von Sättigung und schwächt Hungergefühle.

Ich habe meine eigene Technik entwickelt, genug Wasser zu bekommen. Ich trage immer eine kleine Flasche in der Tasche, aber die ist nur *en cas* und keine tägliche Ration. Um möglichst viel von Ihrem Wasserkonsum zu profitieren, müssen Sie ihn über den ganzen Tag verteilen. Ich trinke ein Glas, wenn ich morgens aufstehe, eins, bevor ich ins Bett gehe, und etliche zwischendurch. Etwa eine halbe Stunde vor jedem Essen trinke ich ein Glas (wozu ich mich nicht mehr selbst anhalten muss; das geht sehr schnell automatisch), vermeide aber, *während* des Essens zu trinken, weil das den Verdauungsprozess verlangsamt. (Dennoch rate ich dazu, während der Phase der Umorientierung und Stabilisierung auch beim Essen Wasser zu trinken: Was durch die niedrigere Verdauungsgeschwindigkeit verloren geht, wird durch die kalorienfreie *Menge* Wasser mehr als wieder wettgemacht.) Was die Kohlensäure angeht: Ob man die mag oder nicht, ist eine Geschmacksfrage und hängt nicht zuletzt mit von der Verdauung ab, die nicht immer auf zusätzlichen »Druck« eingestellt ist. Ich persönlich trinke nur gelegentlich Wasser mit Kohlensäure, ich beziehe meine *bubbles* lieber aus einem Glas Champagner, der seine ganz eigenen Vorzüge hat. Im Sommer jedoch finde ich ein Glas Mineralwasser mit Kohlensäure und einem Schuss Zitronensaft wundervoll erfrischend. Und natürlich liebe ich *citron pressé* in meinem Lieblingscafé am Boulevard St. Germain.

Das Herrliche an Wasser, abgesehen von der völligen Kalorienfreiheit, ist, dass man nicht genug davon bekommen kann. Es ist wichtig für sämtliche Körperfunktionen, und sogar der Vorgang seiner Ausscheidung ist gut für Sie, weil es Schadstoffe aus dem Körper spült und der Ablagerung von Mineralien vorbeugt. (Wenn Sie je einen Nierenstein gehabt haben, so sagt man mir, werden Sie nie wieder mit Wasser knausern.) Wasser hilft, den Pegel der Elektrolyte in unserem Körper in Balance zu halten, und wirkt positiv bei Muskelkrämpfen (je davon gehört?), Kopfschmerz, Schwächegefühlen und Müdigkeit. Und vergessen wir nicht *les coups des vieux*. Wasser ist mein »Schmierstoff« *par excellence*, der Leib und Seele zusammenhält. Wasser tut mehr für Ihren Teint und Ihr Aussehen als sämtliche verjüngenden Moleküle aus der neuesten Hightech-Produktion, die Sie in Töpfchen und Tiegelchen packen können. Wenn es so etwas wie einen Jungbrunnen gibt, plätschert in ihm bestes H_2O. Trinken Sie Wasser!

Auch wenn Sie bei gesunder Ernährung rund 40 % Ihres Wasserbedarfs über das Essen bekommen (aber nur, wenn Sie eine gute Auswahl an Obst und Gemüse zu sich nehmen: Steaks enthalten nicht viel Wasser), müssen Sie für das Übrige direkt sorgen, also Prost! Probieren Sie ruhig verschiedene Mineralwasser, um zu sehen, ob Ihnen eines besonders schmeckt. (Denken Sie an Tim Robbins in *The Player*, der in jeder Szene ein anderes bestellt!) Wenn Ihnen Ihr Leitungswasser am liebsten ist, sollten Sie vielleicht darüber nachdenken, einen Wasserfilter zu benutzen. (Die Franzosen halten ihr Leitungswasser, wie bereits gesagt, für *non potable*, und selbst das beste Wasserwerk könnte noch ein wenig Nachhilfe brauchen, was die Geschmacksseite betrifft. Nehmen Sie auf jeden Fall, Wasser hin oder her, mehr Flüssigkeit zu sich, die Ihren Körper nicht dehydriert. Ich persönlich mag auch Suppen gern, Kräutertees (allerdings keinen grünen Tee, obwohl der ja wunderbare Eigenschaften hat), sogar Milch und, in Maßen, verdünnten frischen Obstsaft.

In Frankreich gibt es Kaffee gewöhnlich nur zum Frühstück und am Ende einer Mahlzeit. Wir trinken nicht den ganzen Tag über Kaffee, wie es in manchen anderen Ländern üblich ist – eine schreckliche Angewohnheit. Wenn Sie jedoch morgens kein Glas Wasser vor Ihrer ersten Tasse Kaffee trinken, fangen Sie den Tag gleich im negativen Bereich an, da Koffein Ihre Wasserreserven noch weiter angreift, zusätzlich zu dem bereits bestehenden Wassermangel durch den Schlaf. Tee ist in Frankreich nicht sonderlich verbreitet (was mit unseren jahrhundertealten angespannten Beziehungen zu England zu tun haben mag). Ich sehe zwar mehr und mehr Tee-Salons aus dem Boden sprießen, fürchte aber, dass ihre Aufgabe hauptsächlich darin besteht, Touristen anzulocken, die sich nach einem Ort umsehen, wo sie Kuchen essen können. *Tisanes* (Kräutertees aus einer ganzen Vielzahl Pflanzen – bis auf richtige Teeblätter) trinken wir dagegen gern zu Hause wie auch in

Restaurants. Da sie wenig oder gar kein Koffein enthalten, sind sie fast so gut für Sie wie Wasser und seit Ewigkeiten Teil unseres kulinarischen Standardprogramms, besonders beliebt nach dem Abendessen oder vor dem Zubettgehen.

Bei uns zu Hause waren alle geradezu süchtig nach Kräutertees. Vielleicht was es der Trick meiner Mutter, auf diese Weise alle dazu zu bringen, vor dem Schlafengehen genug zu trinken; ich jedenfalls habe es als ein sinnliches Vergnügen in Erinnerung. In der Woche direkt nach dem Abendessen, am Wochenende auch zu vorgerückterer Stunde, war das Aufgießen und gemeinsame Trinken einer Kanne ein Familienritual, das es uns erlaubte, zum letzten Mal an diesem Tag zusammenzusitzen. Ich liebte es auch, die Kräuter zu sammeln. Es gab immer sechs bis zehn Vorratsgläser mit getrockneten Kräutern, die wir entweder im Wald hinter Großmutters Haus im Elsass gefunden hatten oder in den Sommerferien in der Provence. Meine Großmütter und Tanten erklärten mir alle möglichen Hausmittel: *verveine* (Eisenkraut, mit seinem Zitrusgeschmack) und *tilleul* (Lindenblüte, bekannt für seine hölzerne Note) gab es praktisch zu jeder Gelegenheit, aber besonders nach dem Essen, *camomille* (Kamille mit ihrem blumigen Aroma und dem fast schon an Äpfel erinnernden Geschmack) schlürfte man vor dem Schlafengehen. *Menthe,* Minze, die in Marokko überall getrunken wird (und von da wohl als koloniale Angewohnheit mitgebracht wurde), sollte der Verdauung helfen; und so weiter. Manchmal stellten wir unsere eigenen aromatischen Mischungen zusammen und gaben sie in kleine Säckchen, neben denen die gebleichten Supermarktteebeutel von heute traurig steril und kraftlos wirken.

Während wir an unserem Nachtgetränk nippten, sprachen wir über den nächsten Tag oder etwas Interessantes, von dem der eine oder andere gehört hatte; die Woche über dauerte das Ganze eine Viertelstunde, konnte sich aber am Wochenende, und wann immer wir Gäste hatten, auf Stunden ausdehnen. Kein Essen, nur Schlückchen auf Schlückchen. Besonders gut sind mir die Male im Gedächtnis geblieben, als ich während meiner Pariser Studentenzeit einmal im Monat nach Hause kam. Meine Mutter und ich waren meist die Letzten, die noch wach waren, und wir redeten und redeten bis zwei oder drei in der Frühe über ein paar Tassen *tisane* – und schliefen dann wie die Murmeltiere.

Vivre de pain, d'amour et d'eau fraîche, lautet ein französisches Sprichwort. Von Brot, Liebe und frischem Wasser leben – einfacher geht es nicht.

Mange ta soupe

Wasser muss, wie gesagt, den ganzen Tag über aufgenommen werden. Suppen stellen eine hervorragende Möglichkeit dar, es unserem Körper zuzuführen, und sind zudem noch äußerst sättigend und relativ kalorienarm. Wir Franzosen sind wahrscheinlich die größten Suppenesser der Welt. In meiner Kinderzeit gab es Suppe oft zum Abendbrot. Das Mittagessen war die Hauptmahlzeit, und so beschränkte sich das Abendessen auf eine *assiette de soupe* und ein Stück Käse, ein weich gekochtes Ei oder einen kleinen grünen Salat und danach ein Stück Obst. Suppen waren eine ernste Angelegenheit. Sie waren alle hausgemacht, und zwar in *le plus grand pot*, was gut oder schlecht sein konnte, je nachdem, was für eine Suppe es denn war, deren »Düfte« den Tag über das Haus erfüllten.

Mit am liebsten aß ich Hühnersuppe mit Buchstabennudeln. Yvette, unsere *nounou*, fürchtete die Tage, an denen es diese Suppe gab, weil wir mit den kleinen Nudeln auf dem Tellerrand Wörter bildeten und das Essen ewig dauerte. *»Mange ta soupe«*, versuchte sie uns dann zu drängen, und dieser Rat hat bis heute seine Gültigkeit. Die klassische Nudelsuppe war ebenfalls beliebt, genau wie Gemüsesuppe, die natürlich je nach Jahreszeit variierte. Suppe war ein wunderbares Essen, besonders zum Aufwärmen im Winter. Natürlich gab es auch Suppen, die Kinder nicht so gerne mögen, und Yvette musste Wege finden, dass wir sie dennoch aßen. Karottensuppe war eigentlich nicht schlecht, aber mit Linsen, Spinat, Lauch oder Kohl, deren Geruch den ganzen Tag über in der Küche hing (wo wir, bis auf sonntagmittags, alle unsere Mahlzeiten einnahmen), konnte man uns jagen. Abends essen zu müssen, was wir den ganzen Tag schon gerochen hatten, stellte für uns Kinder – im Gegensatz zu den Erwachsenen – eine richtige Zumutung dar. Yvette ließ sich komplizierte Geschichten einfallen, um uns damit abzulenken, und kurz bevor sie zum besten Teil kam, sagte sie: *»Mange ta soupe«*, um uns noch ein paar weitere Löffel abzuringen; dann erst erzählte sie weiter. Im schlechtesten Fall – eindeutig lag hier die Kohlsuppe vorn, die wir *soupe des paysans*, Bauernsuppe, nannten – war das Versprechen einer besonderen Leckerei hinterher der einzige Erfolg versprechende Weg, damit wir unsere Teller leer aßen. Es war nicht einfach mit uns. (Arme Yvette: Ihr Freund wartete nach dem Essen draußen auf sie, aber sie wusste nie, wann sie das Haus verlassen konnte.) Als Teenager waren wir dann zu richtigen Franzosen geworden und aßen sämtliche Suppen, auch die stärker riechenden, mit Genuss.

Als Kind lernt man am leichtesten, der Suppe einen regelmäßigen Platz auf dem Speisezettel einzuräumen. Wenn es auch Ihnen gelingt, werden Sie von einem der grundlegenden Geheimnisse französischer Frauen profitieren. Sollte ich eine Suppe meiner Kindheit nennen, die ich wirklich geliebt habe, so wäre es die *soupe aux légumes*, die meine Mutter im Winter sicher zweimal im Monat kochte. Dazu gab es Reibekuchen oder Apfelpfannkuchen.

Einfache Gemüsesuppe

Meine Mutter kochte alle Gemüse in Wasser. Kartoffeln waren immer dabei, die Auswahl der anderen Gemüse hing jedoch wesentlich von ihrer Verfügbarkeit ab.

Reicht für 8 Personen

Zutaten:
2 Kartoffeln (zu je etwa 60 g)
2 Stangen Lauch
2 Karotten
2 Selleriestangen mit Grün
2 mittelgroße Zwiebeln
1 kleiner Kohlkopf
2 Teelöffel Salz
Frisch gemahlener Pfeffer
1 kleines Bund Petersilie
1/2 Teelöffel getrockneter Thymian
2 Lorbeerblätter
2,5 Liter Wasser

1. Das Gemüse putzen. Die Kartoffeln und den Kohl würfeln, den Lauch sorgfältig waschen und in Scheiben schneiden. Auch Karotten und Sellerie zerkleinern und die Zwiebeln vierteln.

2. Alles Gemüse in einen Suppentopf geben, frisch gemahlenen Pfeffer, Salz, Thymian, Lorbeerblätter und Petersilie hinzufügen und das Gemüse darin wenden. Mit Wasser bedecken und bei geschlossenem Deckel langsam zum Kochen bringen. Das Ganze dann noch ungefähr 1 1/2 Stunden weiterköcheln lassen.
3. Die Lorbeerblätter aus dem Topf nehmen und wegwerfen. Das gekochte Gemüse pürieren; dabei die Kochflüssigkeit benutzen, um das Püree zu verdünnen, bis die Suppe die erwünschte Konsistenz hat (bei Bedarf etwas Wasser zugeben). Die Suppe dann noch einmal kurz aufkochen und abschmecken. Servieren.

Gegen Ende des Herbstes gab Mutter die letzten Tomaten aus dem Garten mit in die Suppe, im Winter eine halbe Sellerieknolle – nehmen Sie, was Sie mögen. Das gilt auch für die Kräuter; folgen Sie Ihrem Geschmack.

Schnelle und einfache Karottensuppe
Reicht für 4 Personen

Zutaten:
10 mittelgroße Karotten
1 Prise Zucker
Salz
Frisch gemahlener Pfeffer
Etwas Butter
Frischer Dill oder Koriander zur Garnitur

1. Die Karotten schälen, klein schneiden und in einen Topf mit der gleichen Menge Wasser geben. Etwa 15 Minuten *al dente* kochen.

2. Alles pürieren und je nach Geschmack mit einer Prise Zucker, Salz und frisch gemahlenem Pfeffer abschmecken. Vor dem Servieren noch ein Stück Butter und etwas frischen Dill dazugeben.

Schicke Karottencremesuppe
Reicht für 8 Personen

Zutaten:
2,5 Liter Wasser
2 Lorbeerblätter
10 mittelgroße Karotten, in Scheiben geschnitten
4 mittelgroße, in Scheiben geschnittene Zwiebeln
2 in Scheiben geschnittene Kartoffeln
1 Esslöffel Zucker
2 Esslöffel Sahne
Salz
Frisch gemahlener Pfeffer
Frisch gemahlener Muskat

1. Das Wasser zum Kochen bringen. Die Lorbeerblätter und alles Gemüse dazugeben. 45 Minuten köcheln lassen.
2. Die Lorbeerblätter entfernen und den Rest mit dem Pürierstab oder in der Küchenmaschine pürieren. Zucker und Sahne hinzufügen und das Ganze erhitzen, bis es kochend heiß ist. Nach Wunsch abschmecken und mit einer Prise Muskat verfeinern.

Soupe exotique
Reicht für 4 Personen

Zutaten:
625 ml fettarme Milch
100 g fein geriebene Mandeln
1/4 Teelöffel Bittermandelaroma
450 g *haricots verts* (feine grüne Bohnen)
1 Esslöffel Rotweinessig
1/2 sehr reife Mango
1 1/2 Esslöffel frischer Limettensaft
Frischer Muskat
Salz und Pfeffer nach Geschmack

1. 375 ml Milch über die geriebenen Mandeln geben und 30 Minuten durchziehen lassen. Mandeln und Milch gut verrühren, beides durch ein Sieb passieren und das Bittermandelaroma dazugeben.
2. Die *haricots verts* putzen und in einen Topf mit sanft kochendem Salzwasser geben. 8 Minuten lang kochen, in ein Sieb schütten und kurz mit kaltem Wasser abspülen. Die Bohnen mit der verbliebenen Milch pürieren. Den Essig hinzufügen, die Bohnen abschmecken und zur Seite stellen.
3. Die Mango schälen, schneiden und mit dem Limettensaft und einer Prise frisch gemahlenem Muskat pürieren. Zur Seite stellen.
4. Die Mandel-Milch-Mischung mit den pürierten *haricots verts* verrühren und das Ganze in einer Suppenschüssel servieren. Die Mango-Mischung darüber träufeln.

Die Schritte 1 bis 3 können gut vorbereitet werden. Um eine flüssigere Konsistenz zu erhalten, nehmen Sie weniger Mandeln und mehr Milch. Oder nehmen Sie halb Milch, halb Wasser.

Wein, Weib – französisches – und Gesang

Faites simple – die Dinge einfach halten, das war Escoffiers Rat, den alle großen Köche beherzigen. Der Meister bezog sich damit wohl sicher auf festes Essen, aber im Grunde sollte die Regel auf flüssige Nahrung ausgedehnt werden, und als solche betrachten Franzosen den Wein. Er enthält Kalorien, Nährstoffe – und hat Geschmack. Sein Potenzial als Rauschmittel nimmt keinen größeren Raum in unserem Denken (und Trinken) ein, denn für die meisten Franzosen ist er eine geheiligte Gabe, die man genießt und nicht missbraucht. Der französische Dichter Baudelaire sagte einmal, wenn der Wein aus unserem Leben verschwände, würde das einen solch großen Verlust für unsere Gesundheit und unsere Intelligenz bedeuten, dass jedwede Art von Exzess, für die er je verantwortlich war, dafür in den Hintergrund trete. Wir trinken keinen Wein, um unsere Sinne zu betäuben, sondern um sie aufzuwecken. Und er ist von grundsätzlicher Wichtigkeit für den Genuss unseres Essens.

Meine Mutter, die mich von Kind auf lehrte, die Einfachheit der Dinge wertzuschätzen, bot nie einen anderen Aperitif als Champagner an. Ihre Argumentation war einfach: Für höherprozentigen Alkohol braucht man eine Bar, besondere Hilfsmittel, eine ganze Auswahl verschiedener Gläser und ebenso aufwendige wie umständliche Schüttel- und Rührtechniken. Und was noch wichtiger ist: Er betäubt die Geschmacksknospen mehr, als dass er sie reizt.

Nun ist genau das sicher das Letzte, was Sie wollen, nachdem Sie Zeit und Geld darauf verwandt haben, köstliche Dinge für Ihre Gäste zuzubereiten: dass keiner mehr etwas davon schmeckt. Nicht zuletzt würde uns dadurch eines der wichtigsten Themen unserer Unterhaltung bei Tisch abhanden kommen!

Die Wertschätzung von Wein scheint mir in den letzten Jahren fast überall gestiegen zu sein, und doch stelle ich heute – gerade unter Amerikanern – auch einen gegenläufigen Trend fest: die Wiedergeburt harter Alkoholika. In Restaurants ist es mittlerweile weit verbreitet, zunächst an der Bar etwas Hartes zu sich zu nehmen, das dann mit an den Tisch wandert. Der Alkoholgehalt solcher Getränke liegt oft um ein Drei- bis Vierfaches über dem von Wein, was heißt, dass Sie weit mehr Kalorien aufnehmen und dazu noch Ihren Geschmackssinn betäuben. Dazu wird Ihr natürliches Gefühl von Sättigung betäubt, und Sie essen unweigerlich mehr. Vielleicht liegt darin der Schlüssel, warum einige Restaurants trotz ihres absolut mittelmäßigen Essens überleben. (Was fraglos stimmt, ist, dass die Gewinnspannen bei Alkoholika weit höher liegen als beim Essen.)

Wenn Sie sich noch nicht von den Genüssen des Weins haben überzeugen lassen, berauben Sie sich und Ihren Geschmackssinn einer ganzen Welt von Geschmacksnoten; und sind deshalb womöglich anfälliger für die Versuchung, zu viel zu essen. Wein ist nicht nur der perfekte Begleiter bei einem Essen, der ein reizvolles geschmackliches Wechselspiel zu den Speisen entstehen lässt, den Geist stimuliert und so zu einer weit befriedigenderen Essenserfahrung führt, er hebt auch den rituellen Wert eines Essens. Er verleiht der Mahlzeit eine Atmosphäre von Ernsthaftigkeit, Vornehmheit und Luxus und wirkt damit der Tendenz entgegen, unüberlegt und ohne Respekt zu speisen. (Wenn Sie eine Flasche Wein öffnen, essen Sie bestimmt nicht vor dem Fernsehapparat!)

Wein ist zudem nicht schlecht für die Gesundheit, wenn er in kleinen täglichen Mengen getrunken wird – und zwar immer, immer, IMMER beim Essen. (Französische Frauen finden es äußerst komisch, dazusitzen und an einem Glas Chardonnay zu nippen, als wäre es ein Cocktail. Der volle Geschmack des Weines offenbart sich erst, wenn er zu den richtigen Speisen getrunken wird.) Nicht nur, dass Wein weniger Kalorien als die meisten alkoholischen Getränke enthält, er ist voller Nährstoffe, verdünnt anerkanntermaßen das Blut und senkt den Blutdruck wie auch den Spiegel schlechten Cholesterins in Ihrem Blut. Wie viele unverdünnte Genüsse können dies alles schon von sich behaupten?

Lassen Sie sich nicht von Überlegungen wie: »Welchen Wein soll ich wählen? Ich kenne mich nicht gut genug aus!«, abhalten. Wein ist weder etwas nur für besondere Gelegenheiten noch eine Geheimwissenschaft für Eingeweihte. Für Franzosen ist er ein Teil des täglichen Lebens, und die meisten machen kein großes Getue, wenn es ans Auswählen geht. Der Großteil der Franzosen kennt sich in aller Regel auch nur mit den Weinen der eigenen Region aus. Ich bin jedenfalls davon überzeugt, dass im Wein einer der wichtigen Gründe liegt, warum französische Frauen nicht dick werden.

Kinder bereits mit Wein vertraut zu machen, ist ziemlich typisch für Frankreich. Wir sehen unsere Eltern ein Glas zu jedem Essen trinken und wollen wissen, wie das schmeckt. Gewöhnlich dürfen wir irgendwann zum Sonntagsessen einen Schluck davon probieren, der mit Wasser verdünnt wurde. Manchmal jedoch geht es dabei nicht so harmlos zu. Ich erinnere mich an einige ausgedehnte Essen mit der erweiterten Familie – zur Ersten Kommunion eines Cousins zum Beispiel –, als ein paar der Kinder, hauptsächlich Jungen, warteten, bis sich die Erwachsenen im Garten die Beine vertraten. Das war gleichsam das Stichwort, sich ins Esszimmer zu stehlen, wo sie sich über Gläser und Flaschen hermachten, die nicht ganz leer geworden waren. Es gab noch Champagner, roten, weißen, und Dessertwein – und alles kam in ein großes Glas und wurde so schnell herumgereicht, wie es die kleinen Plünderer nur vermochten. Gewöhnlich dauerte das Trinkgelage nicht lange. Aber lange genug: Als man sie erwischte, war ihnen schon schlecht, und manche spuckten wieder aus, was sie eben erst gegessen hatten. Je früher man es lernt (und beherzigt), desto besser: »Trinke mäßig und nicht zu viel durcheinander.«

Meine erste offizielle Begegnung mit Wein – das soll hier kein Geheimnis sein – fand im Kerngebiet des Champagners statt, etwa eine Stunde von dem Ort in Lothringen entfernt, wo ich aufwuchs. Zwei der besten Freunde meiner Eltern lebten dort: ein Bonvivant und Architekt, der für die Champagner-Hauptstadt dieser Welt Reims arbeitete, und seine zierliche, reizende Frau. Sie war – mit Verlaub – keine besonders gute Köchin und verließ sich voll auf ihren Mann als ihren kulinarischen Retter. *»Mon petit Jésus«*, nannte sie ihn. Wie mein Vater war er Mitglied im Taubenzüchterverein. Die Lions kamen oft zu einem der berühmten *déjeuners du dimanche* meiner Mutter zu Besuch, bei deren Gestaltung Monsieur Lion durchaus seine Kreativität einbringen durfte; er und meine Mutter dachten sich immer noch großartigere Essen aus. Um unsere Gastfreundschaft zu erwidern, luden sie uns und andere Freunde dann nach Reims ein, wo Monsieur Lion meiner

Mutter die Führung seiner wundervollen Küche übertrug. Tatsächlich gab es zwei Küchen, zwischen denen sie wählen konnte: Auf dem großen Anwesen standen ein Haupthaus und ein Sommerhäuschen. Die Küche im Sommerhaus war ganz weiß gekachelt und in ihrer Einrichtung absolut auf der Höhe der Zeit; die Küche des Haupthauses glich einem Museum, mit einem herrlichen alten Herd, voller Keramik und Krimskrams. *Mamie* liebte beide, und alle waren verrückt nach dem, was sie kochte.

Ein paar Mal im Jahr fuhren wir sonntags bereits frühmorgens los; meine Mutter hatte *carte blanche*, absolut freie Hand, und kochte den ganzen Morgen über *chez Lion*. Wenn die Gäste kamen, gab es dann Champagner, und Monsieur Lion meinte, auch die Kinder sollten *une petite goutte*, einen wirklich winzigen Schluck, probieren. Ich werde es nie vergessen: Erst zeigte er uns, wie man das Glas hielt. Es war kein Wasserglas wie das, in dem wir Kinder zu Hause ab und zu einen mit Wasser verdünnten Schluck Wein bekamen. Das war nicht das richtige Behältnis für den König der Weine! Monsieur Lion wollte uns in eines der großen Rituale der Welt einführen. Stellen Sie sich eine Sechsjährige vor, die eine Champagnerflöte hält: Als ich mit meiner kleinen Kinderhand das Glas oben anfasste, erklärte mir Monsieur Lion, das würde den Champagner erwärmen. Er zeigte mir, wie man das tulpenförmige Glas stattdessen hielt, am Stiel oder beim Fuß. Ich war beeindruckt. Monsieur Lion war nach französischen Maßstäben ein ziemlicher Riese, er trug den reichlich verwirrenden Spitznamen Jésus, und ich hatte mich bis dahin immer leicht eingeschüchtert von ihm gefühlt. Und jetzt plötzlich war der kleine Jésus mein Freund! Und er liebte Champagner! Ich erinnere mich heute noch an meine ersten spannenden Schlückchen aus dem Erwachsenen-Glas:

Endlich hatte ich einmal eine tolle Wochenendgeschichte, die ich meinen Klassenkameradinnen am Montag erzählen konnte. Keine von ihnen hatte je Champagner probiert, geschweige denn ein richtiges Champagnerglas gehalten! Das entschädigte mich für all die Wochenenden, die ich zum Pilzesammeln mitgeschleppt worden war – was französische Kinder nicht unbedingt für das Größte halten –, während meine Freundinnen ins Kino gingen. (Meine Familie bestand darauf, dass unsere gemeinsam verbrachte Zeit mit Essen zu tun hatte und wir nicht stumm im Dunkeln saßen, um uns einen Film anzusehen.)

Monate später, bei einem unserer regelmäßigen Besuche bei den Lions, zeigten sie uns das berühmte Champagnerhaus Veuve Clicquot, aus dem ihr Lieblingschampagner kam, und als wir an jenem Sonntag spät wieder nach Hause aufbrachen, hatten wir eine Kiste davon in unserem Kofferraum, als Dankeschön für Mutter. Er wurde unser Lieblingschampagner, aber ich hatte natürlich noch keine Ahnung, dass der große Name Veuve Clicquot einmal im Mittelpunkt meines Arbeitslebens stehen würde.

Als Studentin in Paris, nachdem ich mit Dr. Wunders Hilfe abgenommen hatte, beschloss ich, zu Semesterende ein Fest zu veranstalten. Gut gelaunt ging ich in ein Geschäft, um sechs Flaschen Champagner zu kaufen, musste dann aber zu meinem Schrecken – und zur Erheiterung des Geschäftsinhabers – feststellen, dass ich kaum genug Geld für eine Flasche hatte! Als ich meiner Mutter die Geschichte bei einem unserer sonntäglichen Telefongespräche erzählte, hatte sie Mitleid mit mir und schickte mir einen Scheck. *Mamie* hatte uns den Wert der meisten Dinge gelehrt, nicht aber ihren Preis. Das war eine Lektion für Erwachsene.

Meine Freunde von der Universität waren entsprechend beeindruckt und dankbar. Ich hatte im wahrsten Sinne des

Wortes den Vogel abgeschossen: Champagner schafft immer eine besondere Stimmung, und seinem festlichen Charakter kann sich niemand entziehen. Schon damals traf ich eine Entscheidung fürs Leben: In Zukunft würde ich entweder für eine Party mit Champagner sparen oder erst gar keine geben. Es ist *so* ein Unterschied!

Ich gehöre tatsächlich zu den glücklichen Menschen, die für ihr Vergnügen bezahlt werden. Champagner gibt mir immer noch einen Kick – und was für einen! Champagner hat für mich etwas Magisches. Und er ist ein höchst femininer Wein. Ich liebe alles an ihm: seine verführerische honigfarbene Tönung, die kleinen tanzenden Bläschen, die verschiedenen Duft- und Geschmacksnoten (Zitrus, Birne, Apfel, Trockenobst, *Brioche*), den wunderbar langen, heftigen Nachgeschmack. Ich liebe die Stimmung, die Champagner schafft, dieses Gefühl, das kein anderer Wein hervorrufen kann: Festlichkeit, lebensbejahende Freude. Und ich halte Champagner auch für den versöhnlichsten Wein. Was sich da im Glas tut, macht es schwer, ihn zu schnell zu trinken, und ich war nie betrunken von ihm oder hatte gar einen Champagner-Kater. Natürlich trinke ich ihn in Maßen und nur in Verbindung mit einem Essen. Wie mit allen guten Dingen dieser Welt ist auch hier Balance die richtige Devise.

Mehr als 20 Jahrhunderte lang waren die Weine der Champagne bei festlichen Anlässen in der ganzen Welt vertreten, aber erst seit der industriellen Revolution Ende des 18. Jahrhunderts haben auch wir, das gemeine Volk, Zugang dazu. Davor war der Champagner der Wein der Könige und Mächtigen.

Während der letzten Jahrzehnte habe ich fast täglich ein Glas Champagner mit jemandem trinken dürfen, mit dem mich meine Arbeit zusammengebracht hat, ob in Paris,

New York, Santa Barbara, Bali, Sardinien, Kyoto, Mykonos, der Provence, Puerto Rico, San Francisco, Miami, Nantucket oder zahllosen anderen Orten. Wie Edward mir immer sagt: »Du machst die Menschen glücklich. Als hättest du einen Zauberstab.«

Das habe ich immer gewusst. Als ich vor langen Jahren gerade nach New York gezogen war, musste ich einen Freund im Krankenhaus besuchen. Natürlich hatte ich eine Flasche Champagner dabei. Nach französischer Sitte bringt man entweder einen Strauß Blumen oder Champagner mit, und da ich meinen Freund kannte, entschied ich mich für Letzteres. Aber die Stationsschwester ließ mich nicht einmal durch die Tür. Das war ein völlig unerwarteter Kulturschock. In Amerika, das auf Jahrhunderte der Enthaltsamkeit und des Puritanismus zurückblickt, wird Champagner in einem Krankenhaus zu einem Skandal. In Frankreich dagegen gibt es nicht selten Cartoons, auf denen der Doktor am Bett seines Patienten mit ihm auf seine Gesundheit anstößt.

Wenn ich heute mit Freunden ausgehe, sind wir oft die Einzigen im Restaurant, die Champagner trinken, auch wenn wir nur einen Teller Austern mit gutem Brot und Butter essen. Was haben die da wohl um diese Zeit zu *feiern*?, scheinen sich die Leute zu fragen, die an der Bar an leuchtend orangefarbenen Cocktails nippen. Das Leben, würde ich sagen. Marlene Dietrich pflegte zu sagen, Champagner gebe einem den Eindruck, jeder Tag sei ein Sonntag. Das bringt es auf den Punkt.

In Frankreich schießen heute überall Champagner-Bars aus dem Boden. Die Vielfalt ist herrlich. Tatsächlich findet sich jedoch eine der ältesten Champagner-Bars, das Pop's for Champagne, in Chicago; ich bin dort seit mehr als 20 Jahren gerne Gast.

Champagner ist und bleibt mein bester Trick, meinen Appetit anzuregen und meinen Gaumen aufzuwecken. (Nicht vergessen: Bereit zu sein für den Genuss des Essens, ist eine notwendige Voraussetzung dafür, dass man mit einer normalen Portion zufrieden ist.) Sie können ihn auch direkt zum Essen trinken, denn er ergänzt etliche Gerichte; wussten Sie zum Beispiel, dass er wunderbar zu Pizza passt, indem er mit seiner Säure Öl und Käse kontrastiert? Ich würde nicht so weit gehen zu sagen, dass er zu allem passt, aber er ist fraglos der vielseitigste Wein, den es gibt. Je nach Jahrgang können Sie einen besonders ausgefallenen Tropfen und sogar einen Rosé wählen. Oder nehmen Sie einfach den *brut* des aktuellen Jahres, der grob gerechnet so viel kostet wie eine gute Flasche »stiller« Wein. Halten Sie es einfach: Reichen Sie keinen Champagner zu Soßen, die besonders pikant sind oder mit viel Sahne angerichtet sind, und vermeiden Sie auch die wenigen Speisen dazu, die seinen Geschmack neutralisieren: Artischocken, Spargel, Schokolade; das ist es aber im Grunde auch schon. Mit Champagner zu kochen, macht ebenfalls Spaß – und ist weit eleganter, als einen einfachen Weißwein zu benutzen; und da Sie sowieso nur wenig davon brauchen, können Sie den Rest der Flasche zum Essen trinken. Hier ist ein Rezept für ein perfektes Dinner *à deux*, mit dem Sie Ihren Gast beeindrucken werden.

Hähnchen in Champagner

Dieses leicht zuzubereitende Abendessen kommt immer gut an. Meine Gäste fragen jedes Mal nach dem Rezept und glauben, ich hätte stundenlang am Herd gestanden, dabei dauert es nur wenig mehr als eine halbe Stunde. Und Sie brauchen keinerlei Fett hinzuzufügen: Das Hähnchen kocht in Champagner. Mit Wein zu kochen, bereichert den Geschmack, die Kalorien des Alkohols verbrennen jedoch in der Pfanne. Wermut, Pernod und viele erdige Rot- oder Weißweine vermögen einem Gericht mehr Tiefe zu geben, was jedoch die Eleganz angeht, ist Champagner unübertroffen. Ich koche dieses Gericht oft während der Woche, wenn ich wenig Zeit habe, besonders wenn Gäste kommen. Haben Sie erst alles in Gang gesetzt, brauchen Sie sich nicht weiter darum zu kümmern und haben reichlich Zeit für die übrigen Vorbereitungen.

Kaufen Sie das frischste und geschmacklich beste Hähnchen, das Sie bekommen können, am besten ein Bio-Freilandhähnchen.

Was den Champagner angeht, so nehmen Sie möglichst Veuve Clicquot und ersetzen Sie ihn bitte nicht durch andere, womöglich etwas preiswertere Varianten. Ich bin dem reichen, vollen Stil und der Qualität des Champagners nicht zu Unrecht verfallen. Auf der ganzen Welt wird guter Schaumwein, Sekt und Prosecco produziert, aber keiner schmeckt so wie französischer Champagner. Und selbst da gibt es große Unterschiede, je nach den verwendeten Rebsorten, Alter und Art der Herstellung. Champagner hat mehrere verlässliche Eigenschaften, was das Kochen angeht (und das Trinken), und das sind seine Trockenheit und der hohe Säuregehalt. Bei Geflügel will ich keine Süße, also ist ein *brut* am besten.

Reicht für 4 Personen

Zutaten:
4 Hähnchenbrüste (mit Haut und Knochen)
1 geviertelte Schalotte
Kerbel, Estragon oder Thymian (je nach Geschmack)
250 ml Champagner

1. Die Hähnchenbrüste in eine Bratform legen. Die Brüste einzeln einschneiden und je eine viertel Schalotte in das Fleisch schieben. Nach Geschmack würzen. Die Hälfte des Champagners über die Brüste gießen.
2. Die Form unter den Grill stellen und die Brüste 3 Minuten mit der Haut nach unten grillen. Die Brüste dann umdrehen und noch einmal 5 Minuten lang grillen, bis die Haut angenehm braun ist.
3. Die Brüste aus dem Grill nehmen, mit der Flüssigkeit aus der Bratform begießen und den übrigen Champagner darüber geben. Das Ganze für 30 Minuten in den auf knapp 250 °C vorgeheizten Ofen schieben und ein- oder zweimal zwischendurch begießen.

Servieren Sie die Brüste auf braunem Reis. Angeschwitzte Pilze – die geputzten, grob geschnittenen Pilze in eine Pfanne mit etwas Olivenöl geben, ein paar Minuten anschwitzen und mit ein paar Tropfen Zitronensaft, frisch gehacktem Salbei, weiteren Gewürzen nach Geschmack sowie einem Teelöffel Butter würzen – geben dem Ganzen eine besondere Note und passen sehr gut zum Champagner. Gießen Sie die Flüssigkeit aus der Bratform über Reis und Fleisch und servieren den Rest des Champagners (etwa 6 Gläser) zum Essen.

Obwohl Champagner meine erste Wahl ist, genieße ich doch – wenn es ihn nicht gibt oder er nicht passt – gern auch ein Glas besseren Wein (was sich keinesfalls immer im Preis spiegelt) und habe weiße und rote Vorlieben, je nachdem, woher der Wein kommt. Ich mag trockene weiße Weine, zum Beispiel einen guten Chablis, Meursault oder einen trockenen Riesling aus meinem geliebten Elsass, einen Sauvignon Blanc aus Neuseeland oder einen ungefilterten Chardonnay aus dem kalifornischen Napa Valley. Was rote Weine betrifft, bin ich für runde, weiche, leichte bis mittelschwere Arten, wie zum Beispiel einen Volnay aus Burgund und andere Pinot Noirs, Rotweine aus der Toskana oder, wenn es etwas Schwereres sein soll, von der Rhône. Die schweren, tanninhaltigen Cabernets mit ihrem hohen Alkoholgehalt mag ich weniger, auch wenn einige Gerichte förmlich danach rufen und ich nur allzu gerne auf ihren Wunsch eingehe.

Mit zunehmendem Alter vertrage ich es besser, während eines Essens bei einer oder zwei Rebsorten zu bleiben – und nicht mit jedem Gang von einem, womöglich auch noch verschnittenen Wein zum anderen zu wechseln. Spirituosen rühre ich nicht an, und in Bezug auf Wein müssen Sie *Ihre* Vorlieben herausfinden, die sich mit der Zeit durchaus ändern können. Ich trinke am liebsten Chardonnay oder Pinot Noir. Ein paar Rebsorten kennen zu lernen ist ein guter Anfang, sich Wein anzunähern. Die Frage, welcher Wein zu welchem Essen passt, vermag ich hier nicht ausführlich zu erörtern, dennoch möchte ich mit ein paar klassischen Kombinationen illustrieren, was ich meine. Ich nenne Ihnen ein paar Beispiele, die Ihre Fantasie anregen sollten: Pinot Noir zu Lachs oder Ente; Cabernet Sauvignon zu Steak und Grillfleisch; Zinfandel zu Truthahn; Chardonnay zu Hähnchen oder Hummer; Sauvignon Blanc zu Garnelen und Krabben; Champagner zu so gut wie allem. Letztlich gibt es zwei Regeln zu Wein und Essen, nach denen ich lebe. Regel 1: Nehmen Sie Rotwein zu Fleisch, Weißwein zu Fisch und Geflügel. Regel 2: Vergessen Sie Regel 1, und machen Sie sich ein Vergnügen daraus, jedes Essen mit jedem Wein zu begleiten. Auf diese Weise werden Sie zu einer persönlichen Formel finden, die Ihren Vorlieben entspricht und den größten Genuss bereitet.

Und wie viel von einer so guten Sache wie Wein ist die richtige Menge für Sie? Im Allgemeinen können Frauen nicht so viel wie Männer trinken, dennoch scheinen ein oder zwei Gläser pro Tag besser für meine Gesundheit als vieles andere. Zudem genieße ich ein Mittag- oder Abendessen nur wirklich, wenn auch ein Glas Wein dabei ist.

Trotzdem geraten wir alle von Zeit zu Zeit in die Versuchung, über die Stränge zu schlagen: Bei langen Essen in Restaurants, an den Feiertagen oder bei anderen festlichen Gelegenheiten scheint das Glas immer gefüllt zu sein. Wie ich schon beschrieben habe, führt mich meine Arbeit ständig in Versuchung, und zu viel Alkohol senkt nicht nur die Hemmungen (was beruflich in eine Katastrophe münden kann), sondern führt auch dazu, zu viel zu essen (indem es das Gleichgewicht zerstört).

Schon früh in meiner beruflichen Laufbahn habe ich einen wertvollen Trick gelernt. Ich war gerade ins Weingeschäft eingestiegen und Gast eines großen Champagnerhauses, wo tagaus, tagein etwa 20 bis 30 Personen zum Mittag- oder Abendessen eingeladen waren. Es gab dafür nicht nur eigens eingestelltes Personal, sondern auch eine voll angestellte Gastgeberin (und PR-Dame) – eine wundervolle *comtesse* in den späten Vierzigern.

Uns wurden sechs Weine zu einem Mittagessen serviert, das gut und gerne mehr als drei Stunden dauerte. Einige der Gäste standen mit merklicher Schlagseite vom Tisch auf. Die Gräfin selbst wirkte frisch wie der junge Morgen, und als sie meinen bewundernden Blick spürte, nahm sie mich beiseite und verriet mir ihren einfachen Trick: Bei jedem Essen beschränkte sie ihren Weinkonsum strikt auf ein Glas und tat die meiste Zeit nur so, als tränke sie. Sie riet mir, sie beim Abendessen zu beobachten. Als Gastgeberin begrüßte sie die Gäste, brachte einen Trinkspruch aus und wurde natürlich von allen beachtet. Was niemand bemerkte, war, dass sie kaum einmal die Lippen an ihr Glas führte, und auch dann nur ein paar Tropfen trank. Wenn der Kellner mit der Flasche vorbeikam, war ihr Glas noch voll, und so überging er sie und füllte nur die Gläser der anderen wieder auf, die nichts bemerkten. Einige der Gäste hatten bereits zwei oder drei Gläser getrunken, als die Gräfin erst ein Drittel ihres Glases geleert hatte. Das wiederholte sie auch bei den nachfolgenden Gängen und stellte so sicher, dass sie insgesamt nie mehr als ein Glas zu sich nahm, wobei sie stets ein Muster an Geselligkeit war. Ich hätte meinen Beruf niemals all die Jahre ausüben können, hätte ich mich nicht Tag für Tag neu an den Trick der Gräfin gehalten. Wie auch sie bin ich oft mittags *und* abends die Gastgeberin und weiß eines so gut wie sie: Gerade wenn man beruflich mit Essen und Trinken zu tun hat, dürfen die Gäste abends nicht merken, dass man mittags bereits ein dreigängiges Menü mit Wein genossen hat.

KAPITEL 9
Brot und Schokolade

Kürzlich habe ich in Paris ein kurzes Theaterstück mit dem Titel *Les Mangeuses de Chocolat* (wörtlich: Die Schokoladenesserinnen) gesehen. Drei junge Schokoladenabhängige entscheiden sich, zu einer Gruppentherapie zu gehen, und die Therapeutin (selbst eine Ex-Schokoholikerin) versucht, ihnen zu helfen, ihr *élément déclencheur* zu finden, den Schlüssel, von der Schokolade loszukommen. Alle versagen (*surprise!*), es findet sich keine Lösung (wir sprechen von französischem Theater), aber es gibt viele gute Sätze, einige mit mehr als nur einer Spur Wahrheit. Zum Beispiel: »Einer Untersuchung zufolge geben neun von zehn Leuten zu, dass sie Schokolade lieben, ... und der Zehnte lügt.«

Das Stück war eine Satire auf eine französische Obsession (Schokolade), aber auch auf unser therapeutisches System. Ich nahm es von der komischen Seite, bis auf eine Bemerkung über Frauen, die ihre Schokolade *en cachette* essen – für sich. Für Franzosen mag das dumm genug sein, um einen Witz darüber zu machen, aber angesichts meiner eigenen Erfahrungen konnte ich nicht darüber lachen. Zu oft essen zum Beispiel Amerikanerinnen heimlich, und das Ergebnis sind Schuldgefühle statt Genuss. Das alles korrespondiert mit einer Haltung, die geändert werden sollte: Nichts ist *sündhaft* köstlich. Wenn Sie wirklich etwas genießen, so wie ich Schokolade genieße, dann sollte es dafür einen Platz in Ihrem Leben geben. Schuldgetriebene Versteckspiele dürfen wir uns nicht erlauben. Pflegen Sie Ihr

Vergnügen, und genießen Sie Ihre Schokolade bei hellem Tageslicht. Das Gleiche gilt für andere Dinge, die in den Augen mancher Leute gänzlich abzulehnen sind.

Französinnen essen Schokolade (im Durchschnitt rund 5 1/2 Kilo pro Jahr). Und sie essen auch Brot (schließlich haben wir eine Revolution dafür geführt!), das ebenfalls auf unserer »Übeltäter«-Liste auftaucht. Trotzdem: *Französische Frauen werden nicht dick*. Tatsächlich haben wir es hier mit einer anderen Form eines Paradoxons zu tun, das Französinnen durchschauen: Wenn man so tut, als existierten derartige Genüsse nicht, und versucht, sie über längere Zeit komplett von seinem Ernährungsplan zu streichen, führt das wahrscheinlich zu einer Gewichtszunahme. Das einzige langfristige Ergebnis von Entzug ist der Jojo-Effekt – heute geht es herunter, aber ehe man sich versieht, auch schon wieder hoch. Völliger Entzug hat keinen Sinn, vor allem da sowohl Brot als auch Schokolade gut für Sie sind.

Wenn wir Brot und Schokolade essen wollen (und das tun wir), ohne dick zu werden (das tun wir nicht), müssen wir unsere Köpfe gebrauchen, wie Dr. Wunder es uns geraten hat. Maximieren Sie den Ertrag Ihres Genusses, und minimieren Sie die Kosten. Ja, Dr. Wunder bestand sogar darauf, dass die kleinen Genüsse (*menus plaisirs)* den Schlüssel zum Erfolg bilden, und nach seiner Verordnung brauchte ich meine Schokolade unbedingt, wenn auch in kleinen Portionen (*par petites doses*). Dazu musste ich meine Wertschätzung dessen, was ich mir erlaubte, kultivieren. Kurz gesagt, lehrte er mich die französische Art, eben jene Dinge zu genießen, die Freund oder Feind sein können, je nachdem, wie wir mit ihnen umgehen. Dafür brauchen wir sinnliches Bewusstsein, ein Gefühl für die richtige Menge und Qualität sowie ein Auge für unser allgemeines Wohlbefinden (*bien être*).

Ich habe bereits gestanden, *que je raffole de chocolat* – was im Grunde bedeutet, dass ich eine Schokoholikerin bin. Das entsprechende Gen, davon bin ich überzeugt, habe ich von meiner Mutter geerbt. Sie hatte ein verblüffendes Repertoire, was Schokoladendesserts anging, und aß Schokolade darüber hinaus leidenschaftlich gern in ihrer reinen Form. Dadurch war es unglaublich einfach, ihr etwas zu schenken. Ihr Schokolade aus Belgien, der Schweiz oder von einem guten französischen *chocolatier* mitzubringen, war der direkte Weg zu ihrem Herzen. Als vor einigen Jahren ein berühmter, weit über 70-jähriger *chocolatier* aus Lyon starb, hieß es in seinem Nachruf in *Le Monde*, dass er die meiste Zeit seines Lebens täglich eine *tablette* – eine Tafel – gegessen habe. Darauf kursierte in unserer Familie der Witz, nun gebe es endlich den Beweis, dass zumindest ein Mensch in Frankreich mehr Schokolade gegessen habe als meine Mutter. Aber da sie selbst noch die 90 überschritt und zeit ihres Lebens ihre Schokolade genossen hat, glaube ich, sie hat ihn am Ende doch noch geschlagen.

Wenn die Menge, die jener *chocolatier* zu sich nahm, Sie nicht beeindruckt, sollten Sie Ihr Verhältnis zu Schokolade überdenken. Nach französischen Standards war der Mann aus Lyon absolut außergewöhnlich – nur wenige von uns könnten so viel Schokolade essen und es dann auch noch richtig tun. Wenn meine Mutter ihre Dosis zu sich nahm, wirkte das Ganze wie eine Art Zen-Meditation: Niemand sprach. Der Blick auf ihren Gesichtsausdruck, ihre Lippen und ihre Augen ging wie ein Pssst! durchs Haus. Für uns war es ganz natürlich, unserer Mutter Achtung entgegenzubringen, indem wir ihr diesen Moment schenkten – den Moment, in dem sie einem ihrer elementarsten Vergnügen frönte. Diese Explosion von Köstlichkeit wirklich zu schätzen, diese wunderbar sanfte Weichheit, wenn die Schokolade im Mund zerschmilzt und sich ihren Weg die Kehle hinunter sucht – das ist für mich die Verkörperung von sinnlichem Essen in seiner Vollendung. Und es ist eine Erfahrung, die von nichts weiter entfernt sein könnte als vom Essen eines Schokoriegels, während man von A nach B eilt. Aber woher kommt diese Verrücktheit nach Schokolade? Die Geschichte lehrt uns, dass die Verlockung durch *Theobroma cacao*, den fachlichen Ausdruck für Schokolade, der auf Griechisch »Nahrung für die Götter« bedeutet, tiefe Wurzeln hat.

Schokolade kam aus der Neuen Welt nach Europa, in einer Zeit, in der auch vieles andere entdeckt wurde. Die Olmeken (1500 bis 600 v. Chr.) scheinen zuerst darauf gekommen zu sein. Für sie war die extrem bittere und pfefferige Schokolade so etwas wie ein Energy-Drink, eine Art Urform des Power-Riegels, die Männern (Priestern, Prinzen und Kriegern) vorbehalten war; die magische Speisung, so glaubte man, half bei der Kriegsführung ebenso wie beim Liebesspiel und erhöhte sogar die Chancen, einen Schlangenbiss zu überleben. Unsere Art Schokolade mag jedoch auf noch frühere Zivilisationen zurückdatieren, etwa um 3000 v. Chr., als wilde Kakaobäume in der warmen, feuchten Erde von Mittelamerika wuchsen, dem heutigen Mexiko und Guatemala.

Für Azteken und Tolteken war Schokolade nicht nur ein Elixier, sondern auch ein Symbol von Wert. Ihr Handelssystem basierte auf einem Kakao-Standard, und die Schokolade, die man produzierte, wurde von Stammesfürsten und Händlern (natürlich nur den Männern) bei großen Festessen genossen. Sie war immer noch sehr bitter und pfefferig, wurde aber mit Vanille versetzt, und auch Honig und Blumen wurden hinzugefügt. Man servierte sie kalt und schaumig, gewöhnlich zu Ende eines Essens, wenn auch Tabak geraucht wurde. Neben ihren Energie spendenden Eigenschaften (die Mischungen waren zweifellos stark mit Koffein angereichert) wurde der Schokolade auch aphrodisische Wirkung zugeschrieben. Man weiß, dass der Azteken-Herrscher Montezuma große Mengen davon zu sich nahm, verschieden gefärbt und in goldenen Gefäßen, bevor er sich in seinen Harem begab.

Europäer probierten die Schokolade zum ersten Mal nach Columbus' vierter Reise im Jahr 1502, die Spanier jedoch schienen wenig davon beeindruckt, bis 1528 Cortez nicht nur die Kakaobohnen, sondern auch ein Rezept und die notwendigen Hilfsmittel mitbrachte, um Schokolade zu produzieren. Sie wurde zu einer Sensation in Spanien und trat ihren Siegeszug von Westen nach Osten an – sozusagen eine kulinarische Gegenbewegung zu den politischen Eroberungen, die von Osten nach Westen verliefen. Die Schokolade eroberte Europa, das zu einem Kontinent voller Schokoladefanatiker wurde – und es geblieben ist. Von Marie-Thérèse, der Frau Ludwig XIV., wird berichtet, dass sie ihrem Sonnenkönig versicherte, keine anderen Leidenschaften zu haben als ihn – und Schokolade (auch wenn man sich fragt, was ihr wohl wichtiger war).

Im 19. Jahrhundert dann verkündete niemand Geringerer als der größte Gastronom der Geschichte, Brillat-Savarin, »Schokolade ist Gesundheit!« und verschrieb sie bei etlichen Krankheiten, lange bevor ihre therapeutischen Eigenschaften bestätigt wurden.

In ihrer reinen dunklen Form hat sich Schokolade tatsächlich als gut für das Herz erwiesen, sie liefert mehr Antioxidantien als schwarzer Tee und Rotwein, dazu reichlich Magnesium, Eisen und Kalium (alles wichtig vor allem für die weibliche Gesundheit). Sie kann bei Angstzuständen und Depressionen helfen, da sie Serotonin und Theobromin enthält, die auf die Gehirnrezeptoren einwirken und sich positiv auf die Laune auswirken. Sie ist aber auch fettreich und sollte deshalb eher nach leichteren Mahlzeiten genossen werden als nach schweren Festessen, oder allein für sich als Stärkung zwischendurch.

Eine der entmutigendsten Entwicklungen der letzten 100 Jahre liegt in der Massenproduktion von Schokolade. Dadurch entstand ein minderwertiges Produkt voller schlechter Fette, was dazu geführt hat, dass viele Leute niemals wirkliche Schokolade gegessen haben. Aber mittlerweile gibt es wieder mehr *chocolatiers* – selbst in Amerika schießen sie überall aus dem Boden –, die leidenschaftlich für die alten Methoden eintreten, welche im 18. Jahrhundert zur Perfektion gebracht worden sind. Suchen Sie nach der Qualität, mit der sich die frühe Verehrung der Schokolade erklären lässt. Mein Mantra von Qualität *vor* Quantität ist doppelt wichtig, wenn es um etwas so Potentes wie Schokolade geht.

Die Herstellung guter Schokolade ist arbeitsintensiv und komplex. Schon der Auswahl des Anbaugebiets, der Kultivierung und dann Ernte der kostbaren Frucht gebührt größte Sorgfalt. Als Nächstes kommen die Fermentierung, zwei Trocknungsvorgänge, dann das Rösten sowie einige weitere diffizile Prozeduren, bis man die Kakaomasse erhält. Der Beweis dafür, dass alles mit der angemessenen Behutsamkeit und Kompetenz durchgeführt wurde, findet sich später in der Kakaomasse. Die drei Produkte, die aus ihr gewonnen werden – Flüssigschokolade, Kakaobutter und Kakaopulver –, sind auch die Grundstoffe, mit denen der *chocolatier* viererlei herstellt: Schokoladentafeln (Schokolade pur), *ganaches* (eine Mischung aus Schokolade entweder mit Butter, *crème fraîche* oder einem anderen Milchprodukt), *pralinés* (mit Zucker, geriebenen Mandeln oder Haselnüssen) oder auch gefüllte Schokolade (mit Fruchtmasse oder Likören).

Beim Schmecken von Schokolade kommt es auf Süße, Salzigkeit, Säure und Bitterkeit an. Die Säure sollten Sie in Ihren Backen spüren; sie ist unerlässlich für die Verteilung des Aromas und die Nachhaltigkeit des Geschmacks in Ihrem Mund. Die Bitterkeit macht sich an der Zungenspitze bemerkbar. Sie ist ein Zeichen für den geringen Zuckergehalt der Schokolade und eine gute Eigenschaft, solange sie nicht die anderen Eindrücke ausblendet. Auch die Beschaffenheit ist von zentraler Bedeutung: die Weichheit, die Bissfestigkeit. Die unendlichen Möglichkeiten des *chocolatiers*, mit den vielen Yings und Yangs der Schokolade zu spielen – süß-salzig, süß-bitter, sauer-bitter, hart-weich, knusprig-saftig, kalt-warm –, erklärt, warum die Arbeit des einen Meisters sich so deutlich von der eines anderen unterscheiden kann.

Für Französinnen bleibt dunkle Schokolade das einzig Wahre, »zartbitter«, »extra zartbitter« oder sogar »bitter«, mit dem größten Anteil von Kakao: dem Grundstoff, der Schokolade nach Schokolade schmecken lässt.

Obwohl man selten jemanden trifft, der »keine Schokolade mag«, würde ein wahrer Schokoladen-*connaisseur* niemals Milchschokolade essen, weiße Schokolade oder viele der anderen Supermarktschokoladen, die sich in den Regalen türmen. Das ist ganz einfach Junkfood, voll gepackt mit Zucker, mit einem sehr niedrigen Kakaogehalt und in der Mehrzahl der Fälle künstlich gefärbt und haltbar gemacht. (Richtige Schokolade hat wie frisch gemahlener Kaffee nur kurze Zeit ihren vollen Geschmack.)

Zugegeben, wir Franzosen übertreiben es, wenn es um Schokolade geht. Es gibt Schokoladen-Museen und -Klubs, wir haben Zeitschriften, die sich allein mit Schokolade befassen, eine *université du chocolat* und *salons du chocolat* – Schokoladenmessen. Es gibt Schokoladenproben wie anderswo Weinproben, Wettbewerbe für das beste Schokoladensoufflé, das edelste Törtchen. Einige Pariser überqueren die Seine, allein um *grains de café* – Schokolade in Form von Kaffeebohnen – in einem ganz bestimmten Geschäft zu kaufen. Und da Frankreich nun einmal Frankreich ist, gibt es auch eine *Académie du chocolat* als letzte Instanz in allen ernsthaften Fragen. Wann immer ich mit einem guten Zeugnis nach Hause kam, sagte meine Mutter: »*Tu mérites la médaille en chocolat* – dafür verdienst du die Schokoladenmedaille.« Das war ein zartbitteres Kompliment: In einem Land, in dem nationale Ehren gewöhnlich aufgrund von persönlichen Verbindungen verteilt werden, konnte nur die Unterscheidung durch die Schokolade deutlich machen, wie stolz sie auf meine Leistungen war.

Der Wert guter Schokolade ist beständig. Viele französische Frauen sagen: »*Je déprime donc je chocolate* – wenn's mir schlecht geht, gibt's für mich nur noch Schokolade.« Die Investition in gute Schokolade lohnt sich angesichts des Genusses, den sie bereitet, verbunden mit dem positiven Einfluss auf Ihre Psyche. Glücklicherweise brauchen Sie keine großen Mengen – und sollten Sie auch nicht wollen! Ein paar ausgewählte kleine Stückchen jeden Tag werden weder Ihr Budget noch Ihr Wunschgewicht torpedieren.

Und natürlich kann schon etwas dieser »Nahrung für die Götter« das einfachste Dessert zu einem Sakrament machen.

Hier sind vier meiner liebsten Familienrezepte, die mit Schokolade zu tun haben.

Schokoladen-Reispudding
Dieser perfekte Wohlfühl-Pudding ist ein wunderbares Winterdessert, das sich leicht und schnell machen lässt, bevor Ihre Gäste kommen, und dann in der Küche bis nach dem Essen warten kann.

Reicht für 4 Personen

Zutaten:
500 ml Milch
50 g Zucker
1 Prise Salz
200 g Milchreis
85 g dunkle, in kleine Stücke gebrochene Schokolade (vorzugsweise mit 80 % Kakao)
1/2 Teelöffel Vanillearoma

1. Milch, Zucker und Salz in einen Topf geben und das Ganze bei niedriger Hitze zum Kochen bringen. Den Reis hinzufügen und unter mehrmaligem Umrühren 20 Minuten lang kochen, bis die Milch aufgesaugt ist. (Wenn die Mischung zu klebrig wird, noch etwas Milch hinzugeben, um den Reis kremig zu halten.) Das Vanillearoma darunter rühren.
2. Den Reispudding in vier kleine Porzellan- oder Steingutformen füllen, jeweils ein Loch in die Mitte des Reises drücken und die Schokolade hineingeben. Die Formen dann bei Zimmertemperatur stehen lassen; die Schokolade wird schmelzen und sich mit dem Pudding verbinden.

Lassen Sie Ihre Gäste entscheiden, wie sie den Pudding essen wollen: indem sie alles miteinander vermischen oder zunächst den Reis essen und sich dann der Schokolade widmen – das hängt vom persönlichen Geschmack und der Laune ab und ist eine schwierige Entscheidung.

Falsches Schokoladen-Espresso-Soufflé

Soufflés lassen sich einfach zubereiten, wenn man die Technik beherrscht und schon etwas Erfahrung gesammelt hat. Aber sie sind nicht unbedingt praktisch, wenn Sie Gäste haben, denn sie erfordern Ihre Aufmerksamkeit und halten Sie von Ihren Gästen fern. Zudem bleibt die Angst, dass das Soufflé womöglich doch in sich zusammenfällt. Vermeiden Sie das Risiko, und greifen zu diesem Rezept für ein kaltes Soufflé, das Sie zubereiten können, bevor Ihre Gäste da sind.

Reicht für 4 Personen

Zutaten:

250 g dunkle Schokolade (mit mindestens 70 % Kakaoanteil)
4 Eigelb
4 Eiweiß
1 Prise Salz
2 Esslöffel starker Espresso

1. Die Schokolade in eine kleine Schüssel geben und sie im Wasserbad erhitzen, bis sie geschmolzen ist.
2. Das Eiweiß salzen und schlagen, bis es steif ist und sich feste, glänzende Spitzen bilden.
3. Das Eigelb mit der Schokolade verquirlen und den Kaffee mit hineinrühren. Vorsichtig 1/3 des Eiweißes darunter heben, dann den Rest.

4. Die Masse in vier Formen füllen, mit Folie bedecken und vor dem Servieren 4 Stunden im Eisschrank abkühlen lassen.

Mousse au chocolat

In unserer Familie gibt es mindestens ein Dutzend verschiedener Rezepte für *mousse au chocolat*. (In den meisten Familien kursieren verschiedene Zubereitungsarten, denn *mousse au chocolat* ist, was hausgemachte Schokoladen-Desserts angeht, mit Abstand am weitesten verbreitet und wird am meisten geliebt.) Alle von ihnen sind gut, aber dieses hier ist mir wegen seiner Reinheit eines der liebsten (keine Butter, kein Kaffee, sehr wenig Zucker und mehr Eiweiß als Eigelb, was für eine luftige *mousse* sorgt – den perfekten Nachtisch nach einer schweren Mahlzeit).

Reicht für 6 Personen

Zutaten:
120 g dunkle Schokolade (vorzugsweise mit 80 % Kakao)
5 Eiweiß
3 Eigelb
1 Esslöffel Zucker

1. Die Schokolade in eine kleine Schüssel geben und langsam im Wasserbad erhitzen, bis sie geschmolzen ist.
2. Die Schokolade vom Herd nehmen und den Zucker dazugeben. Gut umrühren und dann die Eigelbe, eines nach dem anderen, mit der Masse verquirlen.
3. Das Eiweiß schlagen, bis es steif ist und sich feste, glänzende Spitzen bilden. Vorsichtig unter die Schokolade heben, bis alles gut vermischt ist.

4. Die Mischung in eine Servierschüssel geben, mit Folie bedecken und über Nacht in den Kühlschrank stellen.

Tartine au cacao

Diese »Kinderspeise« kann als Nachtisch, kleiner Snack oder Abendessen serviert werden. Unser Kindermädchen liebte es, wenn sie uns nach einem vollen, ausgewogenen Mittagessen abends diese einfachen *tartine* servieren und gehen konnte, wenn wir damit fertig waren. Ihre einzige Klage bestand darin, dass sie mir jedes Mal das Gesicht (*barbouillée de cacao* – verschmiert mit Schokolade) abwischen und mich säubern musste, bevor sie zu ihrem Freund konnte, der draußen auf sie wartete. Auch heute noch kommt bei dieser *tartine* abends ab und zu das Kind in mir durch.

Reicht für 4 Personen

Zutaten:
1 dicke Scheibe Landbrot
30 g *crème fraîche* (Sauerrahm oder guter Frischkäse funktionieren ebenfalls)
1 Esslöffel Kakaopulver

1. Eine dicke Schicht *crème fraîche* auf das Brot streichen und das Kakaopulver darüber streuen.
2. Das Ganze mit einer halben Tasse hausgemachter heißer Schokolade servieren.

Eine Anmerkung zu guter Letzt: Ein kleiner Spiegel aus geschmolzener Schokolade bietet eine unwiderstehliche »Bühne« für eine pochierte Frucht und kann selbst ein einfaches Dessert zum Luxus-Nachtisch werden lassen.

Kürzlich saß ich neben einem berühmten New Yorker Restaurator, der zu mir sagte: »Ist es nicht schrecklich, dass niemand in New York mehr Brot isst?« Seit die Kohlehydrat-Polizei rund um die Uhr ihre Patrouillen fährt, scheint Brot in Amerika zum öffentlichen Feind Nr. 1 geworden zu sein. Ich finde es traurig, dass sich so viele Leute einen der elementarsten Genüsse des Lebens verbieten, weil sie einer Strategie zur Gewichtsabnahme folgen, die früher oder später in einer Sackgasse enden wird. Trauriger aber ist noch, dass die Anhänger dieser Lehre lieber eine Herzkrankheit riskieren würden, als ein Stück Brot über ihre Lippen zu lassen. Macht Brot dick? Lächerlich! Zu viel davon natürlich, aber das trifft auf die meisten Dinge zu. Am Brot an sich ist nichts falsch. Es völlig von seinem Speiseplan zu streichen, ist bedauernswert, wahrscheinlich sogar ungesund – und sehr un-französisch. Wie wir Franzosen sagen: »*On ne badine pas avec l'amour* – mit der Liebe scherzt man nicht.« Und das gilt in unseren Augen auch für Brot, eine alte Liebe, der wir nie den Laufpass geben werden.

Verstehen Sie mich nicht falsch. Ich bestehe nicht darauf, dass Brot unbedingt Teil unseres Lebens zu sein hat. Hunderte Millionen von Menschen auf diesem Planeten geht es auch ohne Brot gut, so wie wir es kennen. Aber glauben Sie mir, wenn Sie gutes Brot so schätzen wie ich, können Sie es genießen und dennoch ein gesundes Gewicht halten.

Gutes Brot ist reich an Ballaststoffen und damit von zentraler Bedeutung für *le transit intestinal*, und wir Franzosen kümmern uns um unsere Verdauung genauso wie um unsere Ernährung. Da französisches Brot kein Fett enthält und eher zur leichteren Seite tendiert, ist es kein Kalorienlieferant, dem man sich zu vorsichtig nähern müsste. Dennoch haben französische Frauen ihre Grundregeln, was Brot betrifft. Wir zählen unsere Scheiben und essen kein Brot, bevor nicht der erste Gang serviert ist; so vermeiden wir die große Gefahr des Essens im Restaurant: Brot als Vorspeise noch *vor* der eigentlichen Vorspeise. Es lohnt sich, diesen Trick in sein Repertoire aufzunehmen. Wenn Sie nicht gerade vor Hunger sterben, können Sie gut noch 10 Minuten warten und so einiges an Kalorien sparen; und es bleibt Platz für ein ausgewogenes Menü.

Eine oder zwei Scheiben Brot *zum* Essen (oder auch *als* Essen) ist einer unserer großen Genüsse. Eine Scheibe (2 bis 3 cm dick, mit dem Durchmesser eines Baguette) hat nicht mehr Kalorien als ein Stück Obst, und da es stärkehaltig ist, gibt es den Zucker langsamer frei. Mit einem kleinen Belag (ein paar Sardinen, ein wenig Trüffelpastete – was Sie dahaben) und etwas Butter kann es für sich eine wunderbar befriedigende, ausgewogene kleine Mahlzeit sein. *Tartine beurrée* ist ein ausgezeichnetes Frühstück, *jambon beurre*, das klassische französische Schinken-Sandwich, ein beliebtes Mittagessen. Meine Mutter brach sich regelmäßig gegen elf Uhr morgens ein Stück Baguette ab und aß es als *coupe faim*.

Bei alldem geht es nicht allein um die Menge Brot, die Sie essen, sondern vor allem auch um die Qualität. Die meisten europäischen Länder haben die althergebrachte Kunst, gutes Brot zu backen, in letzter Zeit vernachlässigt. Selbst in Italien, dessen Küche durchaus mit der französischen konkurrieren kann und wo Essen ähnlich ernst genommen wird, ist Brot nicht mehr das, was es einmal war. Wenn italienische Freunde zu mir nach Paris kommen, suchen sie immer nach der besten Baguette und dem besten *pain au levain* oder nach *croissants* (zu Letzteren gibt es in der Gegend, aus der ich stamme, jährlich eigene Wettbewerbe); die guten französischen Bäcker jedenfalls bleiben auf der Hut.

Das müssen sie, denn die Franzosen tolerieren einfach kein schlechtes Brot. Ich war dabei, wie sich Pariser Freunde in einem kleinen Bistro um die Ecke, wo es im Übrigen köstliche Dinge gibt, beim Besitzer über das Brot beschwerten. Zugegeben, es war nicht das beste Brot, das ich je gegessen hatte, aber auch kaum das ungenießbare Massenbrot, das man in einem vergleichbaren New Yorker Restaurant mitunter bekommt. Wie auch immer: Bei meinem nächsten Besuch des Bistros merkte ich gleich, dass man den Bäcker gewechselt hatte. Können Sie sich das in einem anderen Land vorstellen?

Als Franzosen haben wir ein paar gemeinsame Standards und Erwartungen. Die *baguette* hat *croustillante* zu sein (knusprig und frisch), mit großen, unregelmäßigen Löchern, während wir beim *pain au levain* darauf achten, dass es *moelleux* ist (weich und füllig), die Krume dabei säuerlich. Und es gibt ein paar feste Zuordnungen: Zu Austern beispielsweise mögen wir *pain de seigle* (ein leichtes braunes Brot aus zwei Dritteln Roggen und einem Drittel Weizenmehl); zum Käse bevorzugen wir Walnuss- oder Haselnussbrot, nicht einfach jedes Nussbrot; und Olivenbrot ist nicht nur in der Provence zu einem festen Bestandteil unseres Speiseplans geworden, sondern wird ganz allgemein zu mediterranen Speisen gegessen, besonders zu Fisch. Brot bleibt nicht auf seine Alltäglichkeit beschränkt, sondern wie auch bei anderen Dingen gefällt es uns, seine sinnlichen Möglichkeiten zu erforschen.

Ich würde Sie jedoch in die Irre führen, wenn ich den Eindruck erweckte, als wäre Frankreich immer ein Brotparadies gewesen. Von den sechziger Jahren bis in die achtziger Jahre hatten wir eine Art nationale Brotkrise durchzustehen – die wir heute ironischerweise die industrielle *Ersatz*-Zeit nennen, in der die altehrwürdigen Methoden und Hilfsmittel durch industrielle Ausrüstung und Techniken ersetzt wurden. Ich nehme an, dahinter stand die gaullistische Idee des Fortschritts. Glücklicherweise haben wir es hinter uns gelassen, aber Überbleibsel dieser Phase finden sich auch heute noch, in Plastik verpackt, in den Regalen der *hypermarchés*. Dank eines Amerikaners mit dem Namen Steven Kaplan, einem Professor der Cornell University, der Frankreich und sein Brot liebt, und unseres damaligen, gerade frisch gewählten Premierministers Edouard Balladur gab es 1993 ein Reformgesetz zum Thema Brot. Das heute berühmte Balladur-Gesetz hat die traditionellen Standards für französisches Brot erheblich verbessert, oder richtiger gesagt: wiederhergestellt. Es legt die Mehlqualität fest, den Hefegehalt, dazu die Techniken der Fermentation und den Geschmack, und stellt so sicher, dass kein Liebhaber französischen Brots je wieder enttäuscht wird. Es gibt bei uns heute im Backhandwerk eine neue Generation Bäcker, die sich der Tradition annimmt – und bei der sie sicher aufgehoben ist. Diese Bäcker sind stolz darauf, es nicht nur richtig zu machen, sondern immer besser; der Ruf unserer Nation steht für sie auf dem Spiel.

Was tun, wenn es in Ihrer Nähe keinen guten Bäcker gibt? Als ich nach New York zog, ging es mir zunächst so, und so zwang ich mich dazu, etwas zu tun, was nur wenige französische Frauen tun müssen: Ich lernte Brot zu backen. Schwerer noch, ich produzierte sogar *croissants*, um das hartnäckige Verlangen, das mich sonntagmorgens trieb, befriedigen zu können, was mit den fettigen Abscheulichkeiten aus den allgegenwärtigen Kettenbäckereien nicht möglich war. Mittlerweile werde ich, was das angeht, auf dem Union Square Market fündig.

Denjenigen, die Brotbacken für eine ebenso große Zeitverschwendung halten wie hinunter zum Fluss zu gehen, um Wäsche zu waschen, möchte ich eine Weisheit der großen amerikanischen Feinschmeckerin M. F. K. Fisher anbieten, die in ihrer *Kunst des Essens* schrieb: »Keine Yoga-Übung, keine Meditation in einer musikgefüllten Kapelle wird Sie eher von Ihrer Schwermut befreien als die demütige Aufgabe, Ihr eigenes Brot zu backen.« Nicht dass ich den Pariser Bäckern Konkurrenz machen könnte, was die Qualität angeht. Aber nichts bereitet einen so auf den vollen Genuss guten Brots vor wie der Duft, mit dem sich Ihre Küche beim Backen füllt. Und nichts ist mit dem Geschmack von Brot vergleichbar, das noch keine halbe Stunde aus dem Ofen ist. Vielleicht liegt es mit daran, dass ich meine Wochenenden in Paris am Backplan von Carton ausrichte, dem großen Meister gleich in meiner Nachbarschaft. Und vielleicht kommen deshalb auch heute noch meine New Yorker Freunde so gern sonntagmorgens zu uns und essen meine Amateur-*croissants*, lange nachdem sich auch die professionellen Standards sehr verbessert haben. Es ist der Wunsch, die elementarsten Herrlichkeiten des Essens zu genießen. Französische Frauen essen kein Zauberbrot.

Versuchen Sie, an einem Wochenende einmal Brot zu backen.

Baguettes

Diese gut 40 cm bis 60 cm langen Brotstangen sind so sehr ein Symbol Frankreichs wie der Eiffelturm. Und auch wenn französische Frauen sie nur selten backen müssen, da sie in so ziemlich jeder Einkaufsgegend in jeder Stadt zu kaufen sind, gibt es doch nichts, dass den berauschenden Düften des zu Hause selbst gebackenen Brots gleichkäme. Gute Baguettes sollten knusprig sein, feucht, etwas Biss haben und, natürlich, Geschmack. Und sie sind erstaunlich leicht zu backen.

Ergibt 4 Baguettes

Zutaten:
550 g ungesiebtes Mehl
1 Teelöffel Trockenhefe
500 ml Wasser
2 Teelöffel gröberes Salz (von normalem, feinem Tafelsalz etwas weniger)
1 Ei, geschlagen und mit 1 Esslöffel kaltem Wasser vermischt

1. Die Hefe in einer kleinen Schüssel mit 125 ml warmem Wasser auflösen. 10 Minuten zur Seite stellen.
2. Mehl und Salz vermischen. Die aufgelöste Hefe hinzugeben und das verbliebene warme Wasser hinzufügen. So lange rühren, bis der Teig fest genug zum Kneten ist. 6 bis 10 Minuten durchkneten. Der Teig sollte klebrig und weich sein. Dann in eine Schüssel geben, diese mit einem feuchten Tuch zudecken und bei Zimmertemperatur aufgehen lassen, bis er etwa das doppelte Volumen hat. Das dauert rund 1 Stunde.
3. Den Teig in 4 Stücke teilen, jeden der Teile zu einer Kugel rollen und ihn dann zu einer Baguette formen. Die Teigstangen auf ein leicht eingefettetes Backblech legen (ich benutze eine spezielle Baguette-Backform) und noch einmal gehen lassen, bis sie etwa das doppelte Volumen haben. Die Baguettes mit der Ei-Wasser-Mischung bepinseln. Den Teig oben diagonal mit einem scharfen Messer einritzen.

4. Etwa einen halben Liter heißes Wasser in einen Topf füllen und zu den Baguettes in den auf 230 °C vorgeheizten Ofen stellen. Die Baguettes 15 Minuten lang backen, dann mit der Temperatur auf gut 200 °C heruntergehen und weitere 5 bis 10 Minuten backen, bis sie goldbraun sind. Die Baguettes aus dem Ofen nehmen und vor dem Aufschneiden auf einem Rost abkühlen lassen.

Croissants

Croissants werden in Stufen hergestellt; es dauert eine Weile, sie »großzuziehen«. Sie müssen Freitag schon beginnen, um die Offenbarung am Sonntagmorgen vorzubereiten. Die einzelnen Schritte sind allerdings schnell erledigt und dauern zusammengenommen nicht mehr als 1 1/2 Stunden. Zudem verlangen sie keine besondere Fertigkeit, und bereits nach einigen Malen sind Sie eine *croissant*-Expertin.

Ergibt 12 *croissants*

Zutaten:
2 Teelöffel Trockenhefe
250 g gesiebtes Mehl sowie weitere 3 Esslöffel (abmessen und in zwei verschiedene Schüsseln geben)
250 ml Milch sowie weitere 2 Esslöffel, um die *croissants* damit zu bepinseln
1 Teelöffel Salz
2 Esslöffel Zucker
180 g Butter
Zum Bestreichen:
1 Eigelb, vermischt mit 1 Esslöffel Milch

Ausrüstung:
Küchenmaschine mit Knethaken

Freitagabend (1. Tag):
1. Die Milch erhitzen, bis sie lauwarm ist. Hefe in einem Viertel der Milch auflösen, 2 Esslöffel Mehl (von den 250 g) hineinrühren und daraus einen Ball formen. Mit Folie abdecken und bei Zimmertemperatur gehen lassen, bis er sein Volumen etwa verdoppelt hat (rund 20 Minuten).
2. Zucker und Salz mit dem übrigen Mehl (von den 250 g) mischen.
3. Den aufgegangenen Teig in die Schüssel der Küchenmaschine geben und die verbliebene lauwarme Milch dazugießen. Die Küchenmaschine auf hohe Geschwindigkeit stellen und nach und nach die Zucker-Salz-Mehl-Mischung aus Schritt 2 hinzufügen. Dabei die Geschwindigkeit langsam (bis knapp unter mittel) reduzieren, bis der Teig klebrig weich ist.
4. Die Schüssel bedecken und über Nacht in den Kühlschrank stellen.

Samstagmorgen (2. Tag):
1. Die Butter auf Zimmertemperatur erwärmen und mit dem Handballen die 3 Esslöffel Mehl darunter kneten, bis ein weicher Teig entsteht. Daraus ein Quadrat formen.
2. Die Arbeitsfläche (Marmor ist ideal) mit Mehl bestäuben. Aus dem kalten Teig ein Rechteck von etwa 15 cm bis knapp 40 cm ausrollen und das Butterquadrat auf den oberen 2/3 des Rechtecks ausbreiten. Dabei oben und an den Seiten einen guten 1 cm breiten Rand lassen. Den Teig wie den Brief für ein längliches Kuvert zweimal falten, gegen den Uhrzeigersinn drehen (so dass er aussieht wie ein No-

tizbuch, das sich rechts öffnet), ihn ein weiteres Mal zu einem 15 cm bis knapp 40 cm großen Rechteck ausrollen und wie zuvor falten.

3. Den Teig in eine Backform legen, mit Folie abdecken und für sechs Stunden kalt stellen.

Samstagnachmittag (2. Tag):

1. Den Teig noch zweimal ausrollen, falten und über Nacht in den Kühlschrank stellen.

Sonntagmorgen (3. Tag):

1. Etwa 1 1/2 Stunden vor dem Backen den Teig aus dem Kühlschrank nehmen und die Arbeitsfläche mit Mehl bestäuben. Den Teig so schnell wie möglich zu einem Kreis mit gut 40 cm Durchmesser ausrollen, ihn mit einem Messer in Viertel schneiden und jedes Viertel in 3 Dreiecke.

2. Die untere Seite der Dreiecke mit beiden Händen zur gegenüberliegenden Ecke hochklappen. Die Enden nicht zur *croissant*-Form biegen. Die Teigstücke auf ein Backblech legen und mit 2 Esslöffeln Milch bepinseln. Bei Zimmertemperatur 45 Minuten stehen lassen, oder bis sie ihr Volumen verdoppelt haben.

3. Den Ofen auf 200 °C vorheizen. Die *croissants* mit der Eigelb-Milch-Mischung bepinseln und etwa 15 bis 20 Minuten backen. Wenn die *croissants* zu schnell braun werden, mit Alufolie abdecken. Danach 15 bis 20 Minuten abkühlen lassen und servieren.

Mohnbrötchen

Erstaunlicherweise haben weder meine Mutter noch *tante* Berthe hierfür je ein Rezept oder ein Kochbuch benutzt, und auch wenn dieses Rezept, das ich aus der Erinnerung geschrieben habe, gut ist, so gestehe ich doch, dass ich nie an *tante* Berthes köstliche Brötchen herangekommen bin. Wenn Sie den Mohn durch Kreuzkümmel ersetzen, haben Sie eine weitere Variation dieses Rezepts aus dem Elsass.

Ergibt 12 Brötchen

Zutaten:
350 ml Naturjoghurt (siehe Rezept auf Seite 159)
1 Ei
1 Esslöffel Wasser
300 g ungesiebtes Mehl
1 Esslöffel Backpulver
2 Esslöffel Zucker
1 Teelöffel Salz
4 Esslöffel Olivenöl
1 Teelöffel Mohnsamen

1. Ei und Wasser vermischen und zur Seite stellen.
2. Den Joghurt mit dem Olivenöl verrühren, bis er eine glatte, weiche Konsistenz hat. Mehl sieben und mit Zucker, Salz und Backpulver mischen. In der Mitte eine Vertiefung machen und die Joghurt-Öl-Mischung hineinschütten. Alles mit den Fingerspitzen vermengen, bis ein gleichmäßiger Teig entsteht, den man dann so lange knetet, bis er nicht mehr klebt und eine weiche Konsistenz hat.
3. Den Ofen auf gut 200 °C vorheizen. 12 Brötchen formen und auf ein Backblech legen. Die Brötchen mit geschlagenem Ei bepinseln und den Mohnsamen darüber

streuen. Mit einem scharfen Messer ein Kreuz in die Brötchen ritzen und diese 30 Minuten backen, bis sie eine goldene Farbe haben. Sie schmecken warm sehr gut, aber man kann sie natürlich auch abkühlen lassen und bei Zimmertemperatur servieren.

Brot in Restaurants

Obwohl ich nicht gern spät esse, wird es gewöhnlich acht oder halb neun, bis ich tatsächlich am Tisch sitze. In Frankreich nehmen die richtigen Restaurants (also keine *bistros*, keine *brasseries* oder Lokale für Touristen) keine Reservierung für vor 20 Uhr an, und die meisten Franzosen kommen nicht vor 21 Uhr. (Was nicht *so* spät ist: In Spanien und Südamerika essen die Leute oft erst um 23 Uhr.) Nachdem ich den Tag morgens um sieben begonnen habe, brauche ich psychologisch und auch körperlich immer schon etwas vor dem Abendessen. Es hat mich einiges an Übung gekostet, mich mit einem Glas Champagner oder Wasser zu bescheiden, bis das Essen auf dem Tisch steht. Lange Zeit habe ich, zumindest in Restaurants, immer gleich ein oder zwei Scheiben Brot gegessen. Erst lange nach den Tagen mit Dr. Wunder habe ich das Brot vor dem Essen als Problem erkannt; das habe ich ja bereits weiter oben angemerkt. Solch einen »Übeltäter«, der immer irgendwann auftauchen kann, zu erkennen, ist eine wichtige Sache; jedenfalls fiel es mir nicht allzu schwer, mich mit dem Brot zu beschränken, und blieb nicht ohne Resultat. Wenn Sie, sagen wir, 12 bis 15 unnötige Scheiben Brot in der Woche weniger essen, bleibt Ihnen mehr Raum für bewussteres Genießen.

KAPITEL 10
Sich bewegen wie eine Französin

Die große Schriftstellerin Colette war die erste Französin, die im modernen Sinn regelmäßig Workout betrieb, also ihren Körper trainierte. Jeden Morgen nach dem Aufstehen besuchte sie ihr »Fitness-Studio«, eine Sammlung einfacher Übungsgeräte, die sie sogar auf Reisen mitnahm. Dennoch klingt die Idee für die meisten französischen Frauen wenig verlockend. Denn von so grundlegender Bedeutung auch die körperliche Ertüchtigung für Montaignes Ideal des gesunden Geistes in einem gesunden Körper ist, so wenig französisch ist es, sich in einen speziellen Dress zu zwingen, um sich dann schwitzend zu verausgaben. Was für eine mühselige Angelegenheit, zwei Stunden aus dem kostbaren Tag herauszuschneiden – die Fahrt ins Studio, das Umziehen, das Anlernen an den Maschinen, das Warten darauf, dass sie frei werden, dann das Duschen, Haaretrocknen und, und, und … »Und dafür zahlst du dann auch noch«, kichert meine Freundin Sylvie. Wenn Sie also in einem guten französischen Hotel die modernsten Fitness-Maschinen finden, dann ist das nichts als ein grummelndes Zugeständnis an Touristen und Geschäftsleute. Eine französische Frau auf dem Laufband oder beim Joggen im Jardin du Luxembourg oder den Tuilerien zu sehen, ist und bleibt wohl eher eine Ausnahme.

Eine Ausnahme, aber auch eine charmante Ausnahme, denn was französische Frauen tun, das tun sie aus eigenem Antrieb. Wir sind alle, das müssen Sie wissen, im Herzen *individualistes invétérées* – dickköpfige Individualistinnen –, und solange wir unsere eigenen Dinge machen können, ist es in Ordnung. Natürlich treiben auch einige Französinnen – wenn auch nicht viele – gern Sport: Tennis und Schwimmen sind ausgezeichnet für Sie. *Bon*. Und wenn Sie gern durch den Park rennen, sagen wir: »*Amuse-toi bien* – viel Spaß.« Was uns gegen den Strich geht, ist Workout als verordneter Zwang. *No pain, no gain* – ohne Schmerz kein Gewinn, das ist eine Devise, die uns nicht gefällt.

Zu viel Training und Sport, wie es manche Amerikanerinnen betreiben, kann zudem Ihren Zielen von Gewichtsverlust entgegenwirken. Übertriebener Workout ist nicht nur kaum gesünder als seine mildere Variante, er kann auch zu Defätismus führen (»Ich geb's auf!«) oder zu *mehr* Essen. Ich selbst kenne viele Frauen, die zum Training gehen und dann mit übergroßem Appetit dasitzen, um ihre Batterien wieder aufzuladen. Sie werden zu Ratten im Laufrad. Die ganze Sache ist ein klarer Komplott gegen sich selbst: Sehen Sie sich nur all die »Übeltäter«-Drinks und -Speisen an, die auf diese arglosen Frauen nach zwei Stunden schweißtreibenden Trainings in der Bar oder dem Café des Studios warten: gezuckerte Fruchtsäfte, Riesen-Muffins und proteinstrotzende Fitness-Riegel. Da haben Sie leicht die ganze Anstrengung wieder »wettgemacht«, noch bevor Sie durch die Tür nach draußen treten! Französinnen wissen, dass alle Lebensweisen, die sich nicht auf längere Sicht durchhalten lassen, von Beginn an zum Scheitern verurteilt sind, genau wie sie wissen, dass Langeweile und nicht das Essen als solches der Feind ist.

Französinnen bevorzugen die sanftere Form. Statt sich kurzzeitig zu verausgaben, bewegen sie sich lieber den ganzen Tag über. Wie Sie sich denken können, verlangt unsere Einstellung, getreu dem cartesianischen Prinzip, dass wir unseren Kopf und unseren Körper gleichzeitig benutzen. Unbedachtes Training ist fast so schlimm wie unbedachtes Essen. Wir bemühen uns, körperliche Bewegung gleichmäßig in unserem Leben zu verteilen, sie uns zur zweiten Natur werden zu lassen. Und wir kultivieren dieses Bewusstsein ständig weiter.

Französische Frauen sehen Bewegung als integralen Bestandteil ihres alltäglichen Lebens. Überlegen Sie einmal, was Sie regelmäßig jeden Tag an Bewegung bekommen, in Ihren Alltagskleidern, und machen Sie sich bewusst, wie wichtig das für Ihr allgemeines Wohlbefinden ist; verbannen Sie Ihre körperliche Aktivität nicht in ein Fitness-Studio. Das kann ein paar zusätzliche Schritte über den Hof bedeuten oder auch, dass Sie im Büro auf die Hauspost verzichten, mit dem Fahrrad zur Arbeit fahren oder Ihre Röcke und Blusen selbst bügeln. Der Schlüssel liegt darin, sich jeden Tag so viel und so oft zu bewegen wie nur möglich. Das ist der sicherste Weg, jene innere Schwelle zu umgehen, die sich in vielen von uns beim Gedanken an ein regelmäßiges Training aufbaut. Verdienen Sie sich den Erfolg, ohne sich zu quälen. Wenn Sie der Meinung sind, dass Ihnen Ihre Arbeit am Schreibtisch keine Zeit für derlei Dinge lässt, sollten Sie sich bewusst machen, dass Stress und Abgespanntheit in unserem Leben eher auf zu wenig Bewegung zurückgehen als auf zu viel.

Zu Fuß

Lassen Sie mich Ihnen etwas über die Schweiz erzählen, was Ihnen womöglich neu ist: Die Schweizer sind die weltweit größten Produzenten und auch Konsumenten von Schokolade – im Durchschnitt knapp zehn Kilogramm pro Kopf und Jahr –, und doch rangieren sie auf der internationalen Rangliste im Dickwerden auf den hintersten Plätzen. Warum? Die Hälfte ihres alltäglichen Hin und Hers erledigen sie zu Fuß oder per Fahrrad. Ansonsten können wir Franzosen keine allzu große Ähnlichkeit mit den Schweizern feststellen, aber was Schokolade und das Zu-Fuß-Gehen betrifft, vollbringen wir beide beachtliche Leistungen.

Jedes Mal, wenn wir eine Woche oder länger in Frankreich sind, ist mein Mann darüber erstaunt, dass wir ein oder zwei Pfund abnehmen, obwohl wir mehr zu essen scheinen. Der Trick ist: Wir gehen *sehr viel.*

Zu-Fuß-Gehen ist ein wesentlicher Teil französischer Lebensart, und eine französische Frau läuft täglich weit mehr als viele Frauen in vergleichbaren Ländern. Für den ganzen unteren Teil unseres Körpers könnte es keine bessere Übung geben: Gehen trainiert die Beine bis hoch zum Po, und auch die Pobacken selbst, besonders wenn Sie große Schritte machen. Und Ihre Herzgefäße profitieren von raschem Gehen ebenso sehr wie vom Joggen, nur dass Sie beim Gehen Ihre Gelenke schonen.

Ich möchte Sie dazu bewegen, Ihre Gehgewohnheiten in zweierlei Hinsicht zu ändern:

1. Fügen Sie in Ihren Tagesablauf regelmäßig zusätzliche Strecken zu Fuß ein. Keine Todesmärsche, sondern muntere Spaziergänge. Fangen Sie klein an, wenn Sie mögen, und gehen jeden Tag etwas weiter. Ob Sie nun die ganze oder nur die halbe Strecke zur Arbeit gehen, sich nach dem Abendessen noch 20 Minuten die Beine vertreten (was gut für die Verdauung ist und beim Abschalten hilft): Drei Stunden Gehen zusätzlich pro Woche sind eine schmerzlose Angelegenheit und doch ein verlässlicher Weg, Gewicht zu verlieren. Und sobald Sie merken, dass es

funktioniert, werden Sie wie von selbst mehr und mehr zu Fuß unterwegs sein. Wo immer ich bin, beginne ich meinen Tag mit einem 20-Minuten-Gang noch vor dem Frühstück.

2. Achten Sie auf Möglichkeiten, »zufällige« Gelegenheiten zum Gehen zu nutzen. Widerstehen Sie dem Impuls, sich einen Weg zu sparen. Im Gegensatz zu den Amerikanern, die versessen darauf sind, immer und überall Abkürzungen zu finden und zu nutzen. Vielleicht sind wir deshalb keine Supermacht mehr, zum Ausgleich dafür jedoch sind wir nicht dick. Unsere Lebensauffassung lautet: Der Weg ist das Ziel. Wenn Sie es nicht so philosophisch mögen, sehen Sie es so: Zeit zu sparen bedeutet, keine Kalorien zu verbrennen. Vertreten Sie sich die Füße, während Sie auf jemanden warten – *faire les cents pas*, wie wir es nennen.

Entgegen landläufiger Meinung ist das Zu-Fuß-Gehen nicht so einfach wie Kaugummi-Kauen. Alle körperlichen Aktivitäten sollten mit Überlegung unternommen werden, mit einem Blick auf Ausgewogenheit und Harmonie. Was ist also die beste Art zu gehen? Vermeiden Sie verstopfte Straßen und zu viel Gewicht zum Tragen. (Selbst wenn Sie durchaus eine Tasche mitnehmen könnten, trägt ihr Gewicht möglicherweise beim nächsten Mal dazu bei, dass Sie keine Lust mehr haben zu gehen.) Hochhackige Schuhe und Pfennigabsätze sind nicht unbedingt die beste Idee, aber Sie brauchen auch keine grellen Turnschuhe zu tragen. Es gibt genug bequeme Halbschuhe oder auch Schnürschuhe, mit denen Sie sich überall zeigen können. In Städten sind Parks und außerhalb von ihnen Straßen mit wenig Verkehr der richtige Ort für einen Spaziergang, aber selbst eine klimatisierte Einkaufspassage ist in Ordnung, wenn sich in der Nähe draußen sonst nichts bietet. Ich kenne eine 88-jährige Frau, die am Rand der Stadt lebt und den ganzen Winter über täglich einen Spaziergang durch den nahen riesigen Supermarkt unternimmt. Jedem das Seine. Aber ob Sie nun in der Stadt oder auf dem Land leben, überlegen Sie, was Ihnen am meisten gefällt. Einige spricht die Natur besonders an, andere lieben es, Menschen zu beobachten. Folgen Sie Ihrem Interesse.

Die wichtigsten Aspekte beim Gehen selbst sind die Haltung und das Atmen. Es ist wichtig, dass Sie Ihren Kopf aufrecht und den Rücken gerade halten, das Kinn hoch, als wenn Sie sich auf einen Punkt in der Ferne konzentrierten oder auf einem nebligen Bahnsteig nach Ihrem Geliebten Ausschau hielten. Aber achten Sie auch darauf, wohin Sie treten. (Ich kenne Leute, die einiges an Kleingeld gefunden haben, nur weil sie von Zeit zu Zeit auf den Boden geblickt haben.) Entspannen Sie die Schultern, und biegen Sie sie leicht nach hinten (was sich anfühlt, als drückten Sie die Brust heraus); vielleicht hilft Ihnen dabei die Vorstellung, ein kleiner Bach flösse Ihnen zwischen den Schulterblättern hinunter. Bemühen Sie sich, sie in dieser Position zu halten, nach einer Weile geht das automatisch. Schlechte Haltung beim Gehen äußert sich in einem schmerzenden Nacken und Rücken.

Atmen Sie tief und ruhig; bewusstes Atmen erhöht den meditativen Wert Ihres Spaziergangs. Wie beim Essen vergrößert bewusstes Handeln unsere Erfahrungstiefe, was mit größerer Befriedigung einhergeht. Auch Ihre Gangart ist wichtig: Benutzen Sie Ihre Arme, und trippeln Sie nicht allein auf den Fußballen dahin; gebrauchen Sie Ihre Füße vom Absatz bis zu den Zehen. Und nehmen Sie *immer* Wasser mit und trinken es auch. Ehe Sie sich versehen, sind Sie am Ziel.

Während meiner ersten zwei Studienjahre in Paris ging ich wochentags zwischen dem Eiffelturm und der Sorbonne hin und her und nahm dabei morgens und abends jeweils eine andere Route (sorgsam alle Konditoreien vermeidend, solange es nötig war). Unsere Samstage verbrachten meine Zimmergenossin und ich – beide waren wir Mädchen aus der Provinz, die mit großen Augen Paris entdeckten – damit, uns die verschiedenen Arrondissements zu erlaufen, die Parks zu erkunden oder am Seine-Ufer entlangzulaufen. Oft müssen wir dabei ein rundes Dutzend Kilometer gelaufen sein, mit nur einer kurzen Mittagspause und einer Eiskrem zur Teezeit – als kleine wöchentliche Belohnung – vom berühmten Berthillon auf der Île Saint-Louis. Am Ende kannten wir Paris besser als die meisten Pariser.

Für mich bleibt ein Spaziergang die beste Zeit, meinen Gedanken freien Lauf zu lassen. Der Geist folgt dem Körper auf seinem Spaziergang, und ich spüre, wie sich Spannungen lösen und sich ein *bien-être* einstellt. Dieser Moment, wenn man sich seiner Existenz bewusst wird, während Bilder, Informationen und andere Gefühle zurücktreten, welche die Welt uns allen aufzudrängen versucht – dieser Moment kann eine ganz besondere Art Genuss sein. Sich in diesem Freiraum, ganz mit sich allein, wohl zu fühlen, verlangt allerdings etwas Übung; außerdem wirkt es der Neigung entgegen, sich selbst zu belügen oder gar vor sich davonzulaufen. Sie werden es gar nicht mehr wollen.

Fährt der nach oben?

Lassen sie uns nicht die dritte Dimension menschlicher Fortbewegung auf dieser Erde vergessen.

Es erstaunt mich immer wieder, dass Leute, die nicht höher als im vierten Stock eines Hauses wohnen, den Aufzug nehmen. In Frankreich gehört es zu jedermanns Alltag, Treppen hinauf- und hinunterzugehen. Wenn wir nicht gerade schwer zu tragen haben, denken wir erst gar nicht daran, für ein paar Stockwerke den Aufzug zu nehmen. Und oft haben wir sowieso keine Wahl, denn Paris ist eine Stadt voller Gebäude ohne Aufzug.

Natürlich steigt kein Mensch täglich eine Stunde lang Treppen, dennoch lohnt der Vergleich. Während einer Stunde Schlaf verbraucht der Körper etwa 60 Kalorien; wenn Sie schwimmen, liegen Sie schon bei 430 Kalorien; und was ist mit Treppensteigen? Staunenswerte 1100 Kalorien pro Stunde! *Vive l'escalier!*

In meinem dritten Studienjahr hatte ich das große Glück, in die Wohnung einer Malerin einziehen zu können, die die meiste Zeit des Jahres im hübschen südlichen Collioure verbrachte. Ich hatte mein eigenes Zimmer, durfte aber auch den Rest der riesigen Wohnung mit benutzen. Mir kamen Visionen von einer großen Party, besonders angesichts der Rundum-Terrasse, von der aus man auf die Sorbonne sah und die schöne Place Painlevé (was so viel bedeutet wie »aufgegangenes Brot«), gleich neben dem wunderbaren Cluny-Museum für mittelalterliche Kunst. Es war eine Traum-Lage, genau auf der Grenze zwischen dem 5. Arrondissement (dem Quartier Latin) und dem 6. (St. Germain des Prés). Der einzige Haken: Die Wohnung lag im fünften Stock – es waren fünf Treppen bis zu ihr hinauf.

Als ich einzog, hatte ich die Pfunde, die ich als Austauschschülerin zugelegt hatte, bereits wieder verloren. Wäre das nicht so gewesen, hätte mein Job als Wohnungs-Sitter, der mich dort hatte einziehen lassen, mein Problem über kurz oder lang behoben: Ich nahm plötzlich ab, ohne es darauf anzulegen. Besonders während der Examenszeit von Mai bis Juni, als ich den ganzen Tag die Treppen hinauf- und hinunterlief; nach unten, um auf der kleinen Place Painlevé zu lernen, zurück nach oben, um etwas zu Mittag zu essen, schnell auf die Toilette zu gehen oder ein weiteres Buch zu holen, das ich brauchte; dann wieder fehlte mein Notizbuch für das Seminar gleich um die Ecke. Sechs bis acht Mal stieg ich täglich die 89 Stufen (das Stufenzählen wurde zum Spiel in jener Zeit) hinauf und hinunter. Zu Beginn des Sommers waren mir meine Kleider zu weit geworden (trotz meiner täglichen Dosis Schokolade, trotz Brot und etlichen Restaurantbesuchen mit Freunden), und als ich im Juli meinen Bikini anzog, war meine neue Figur unglaublich, dank der *grand escalier*. Besseres hätte auch ein persönlicher Trainer nicht für meine Beine und den Po bewirken können. Seitdem liebe ich Treppen und suche sie, wo immer es geht, fast so, wie andere sie vermeiden.

Als ich nach New York zog, wohnten wir zuerst im dritten Stock eines Brownstone-Gebäudes im West Village. Nie werde ich vergessen, wie ich meinen ersten Dinner-Gästen die Tür öffnete: Alle waren völlig außer Atem von den drei Treppen, unabhängig vom Alter. Heute wohnen wir im obersten Stock eines 14-stöckigen Hauses – mit Aufzug, *bien sûr*, und niemand muss die Treppen hoch, wenn er uns besuchen kommt. Aber wie meine staunenden Nachbarn wissen, kann man mich mehrmals in der Woche die Treppe nehmen sehen (125 Stufen – ich zähle immer noch), *sans problème*. Der große Stromausfall im September 2003 war eine interessante Erfahrung für mich. Ich kam an völlig erschöpften 25-Jährigen und 40-Jährigen vorbei, die schnaufend auf dem fünften, siebten oder neunten Treppenabsatz pausierten. Unser Gebäude, sollte ich schnell noch hinzufügen, hat ein eigenes Fitness-Studio für die Bewohner. Ein weiteres Beispiel dafür, dass auch die beste Ausrüstung sich an ihren Ergebnissen messen lassen muss.

Vielleicht ist es rein amerikanisches Paradox: Eine Nation, die so viele großartige Athleten hervorbringt, so sportbegeistert ist und geradezu manisch, wenn es um die Entwicklung von Übungsmaschinen geht, meidet den einfachen, unheroischen Weg zur Fitness. Manchmal glaube ich, dass all diese Maschinen Rudimente des Puritanismus sind: Instrumente öffentlicher Selbstgeißelung für die Sünden des Auf-der-Couch-Hockens und Zu-viel-Essens. Französinnen sind auch ohne solche Extreme von Gut und Böse glücklich. Ihre Wellness kommt von Ausgewogenheit.

So einfach es scheinen mag, ein paar Stufen mehr zu gehen, vielleicht ist es unpraktisch für Sie oder ginge gar gegen den Rat Ihres Arztes. (Befragen Sie immer erst Ihren Arzt, wenn es um Ihr »Training« geht.) In dem Fall gibt es andere Wege, Ihren täglichen Kalorienverbrauch anzuheizen, und ein guter Ort, um nach alternativen Ausgleichsmöglichkeiten zu suchen, ist das Reich unserer »modernen Annehmlichkeiten«. Viele Dinge, die dazu dienen sollen, das Leben leichter zu machen, von Fernbedienungen bis zu bügelfreien Materialien, machen uns tatsächlich am Ende nur zu größeren Herumhockern. Wenn Sie gewisse alltägliche Aufgaben nicht länger als Sklaverei ansehen, sondern als eine meditative Form sanften »Trainings«, befördern Sie Ihren Gewichtsverlust und Ihr Wohlgefühl möglicherweise nicht unerheblich. Suchen Sie sich auch hier etwas, das Sie anspricht. Und ob Sie es glauben oder nicht: Ein Hausputz kann merklich die Laune heben. In einer Welt, in der Ihre Aufgaben immer komplexer werden und sich oft über Wochen hinziehen, ist da schnell etwas Einfaches geschafft.

Frauen jeden Alters profitieren enorm von regelmäßiger

Bewegung. Wobei Sie es in der Hand haben, mehr zu tun oder das eine oder andere auch wieder herunterzufahren. Sich wie eine Französin zu verhalten, verlangt eine kontinuierliche Feineinstellung. Üben Sie sich darin, und schon bald geht es wie von selbst.

Einfache Bewegungen und Übungen

Ich hege keinerlei Sehnsüchte nach den Zeiten tagelanger Feldarbeit, die den Menschen fast den Rücken brach. Aber ich glaube in der Tat, dass wir es zu weit getrieben haben mit unserem »bewegungslosen« Lebensstil. Oft verbringen wir die gesparte Zeit mit finsterem Brüten über Arbeit und Familie und kochen in unserem eigenen Saft.

Wohldosierte regelmäßige Bewegung kann Sie auf wunderbare Weise durch Ihre mittleren Jahre bringen. Wenn eine Frau jedoch älter wird, kommt es zu einer natürlichen Schwächung von Muskeln und Knochen, und vielleicht sollten Sie dann über ein etwas spezielleres Krafttraining nachdenken. Die Colette, die verrückt viel Sport trieb, scheint früh schon ihre Kraft verloren zu haben. Sie war im Alter in keinem sonderlich guten Zustand und konnte nicht einmal mehr allein gehen. Ein paar einfache, bekannte Übungen mit kleinen Hanteln von um die drei bis fünf Pfund bieten eine gute Möglichkeit, den Oberkörper in Form zu halten, zudem stärken Sie damit zusätzlich Ihr Herz und profitieren umso mehr von Ihrem aktiven Lebensstil. Den Morgen mit ein paar Sit-ups zu beginnen, trainiert unsere alternde Bauchmuskulatur ausgezeichnet – man kann nicht früh genug damit beginnen, da die Bauchmuskeln all unsere wichtigen Organe am Platz halten und natürlich auch für eine gute Haltung sorgen.

Etliche einfache Übungen lassen sich leicht in Ihren Tagesablauf integrieren, und Sie können damit anfangen, schon bevor Sie morgens das Haus verlassen. Versuchen Sie zum Beispiel, sich nach dem Baden oder Duschen die Zehen mit durchgedrückten Knien abzutrocknen. Oder spannen Sie Ihre Bauchmuskeln zwölf Sekunden lang an, und drücken Sie dabei den Rücken gegen die Lehne Ihres Sitzes, wenn Sie mit dem Auto irgendwo stehen (ist allemal besser, als sich aufzuregen) oder in der U-Bahn sitzen. Nutzen Sie Ihr eigenes Körpergewicht für Ihr Training; isometrische Übungen sind so diskret wie wirksam und damit sehr französisch. Wenn Sie zum Beispiel zu Hause eine Zeitschrift lesen, setzen Sie sich auf den Boden, strecken die Beine in V-Form aus und stützen sich mit den Händen auf beiden Seiten ab – eine wunderbare Dehnungsübung für die inneren Oberschenkelmuskeln. Stehen Sie im Büro immer wieder mal von Ihrem Schreibtisch auf. (Die Leute bei mir in der Firma staunen, wenn sie ihre Chefin selbst am Fotokopierer stehen sehen, aber es gibt mir die Möglichkeit, zwischendurch einmal den Gang hinunterzulaufen und mich zu strecken.) Sie haben längst verstanden, was ich meine. Es geht darum, den täglichen Energieverbrauch anzuheben. Fügen Sie den normalen Bewegungen ein paar weitere hinzu. Sparen Sie keine Schritte, sondern vervielfachen Sie sie. Kleine Änderungen sind immer leichter als große, und eins kommt zum anderen. Rechnen Sie längerfristig: 50 zusätzlich verbrannte Kalorien pro Tag durch *les petites choses* – die kleinen Dinge – sind gut zwei Kilo Fett pro Jahr. *Faites simple*, und Sie werden niemals mehr rufen: »Ich gebe auf!«

Am Ende hängt alle Bewegung von der Atmung ab, ihrerseits eine Bewegung, die wir öfter als alle anderen ausführen (etwa 22000-mal pro Tag). Es braucht schon ein paar Kalorien, um täglich 15 Kilo Luft zu bewegen, wie wir es tun. Atemlosigkeit stoppt Sie auf Ihrem Weg und verhindert, dass Ihr Körper seinen Treibstoff wirksam verbrennt. Dazu kommt: Gleichmäßiges bewusstes Atmen befördert eine ausgewogene Wertschätzung Ihres Essens. Auch wenn Sie sich für »atem-erfahren« halten, lohnt es sich zu lernen, wie es noch besser geht.

Das habe ich auch einer Gruppe Frauen erklärt, als ich vor etwa zehn Jahren ein dreitägiges Seminar in San Francisco eröffnete. Ich zeigte ihnen ein paar Techniken, die ich von einem Lehrer in Paris gelernt hatte. Es war mir gleich, ob sie das Gelernte je wirklich anwenden würden. Niemand sollte durch sein Leben gehen, ohne nicht zumindest einmal auf die tiefe Bedeutung des Atmens aufmerksam gemacht zu werden. Und wenn Sie sich ernsthaft damit beschäftigen, können Sie sich den diskretesten (und dazu auch noch stets verfügbaren) Mechanismus zunutze machen, den wir haben, um unsere Körper-Geist-Verbindung neu auszurichten, die durch den schnelllebigen Alltag so sehr in Mitleidenschaft gezogen worden ist.

Bewusstes Atmen ist die einfachste Form von Meditation und das grundlegende Element von Yoga (das ich Ihnen nur wärmstens empfehlen kann, wenn Sie gern irgendeinen Kurs besuchen würden). Diese Art von Atmen bewirkt, dass unser Körper das Essen nicht mehr als Mittel zur Stressbeherrschung ansieht, worin ein Hauptgrund für übermäßiges Essen und Völlerei liegt. Zudem vergrößert es Ihre verfügbare Energie, die dabei in jeder

Zelle Ihres Körpers freigesetzt wird. Atmen ist die Treibkraft des Stoffwechsels.

Ich mache Atemübungen in der U-Bahn (okay, dort nicht allzu tiefe), im Flugzeug, im Bett, am Schreibtisch, aber auch während meiner häuslichen Verrichtungen – wir atmen schließlich immer und überall. Ein Teil des Reizes dabei ist, ganz im gegenwärtigen Moment zu empfinden. Atmen ist die ultimative Stimulation für das Erleben des Hier und Jetzt. Begleiten Sie Ihr Atmen bewusst, und Sie denken weder über Vergangenheit noch Zukunft nach. Hier und jetzt. Das ist die beste Diät.

Versuchen Sie es mit diesen Grundtechniken.

Schritt 1: Rhythmus und Bewusstsein

Schließen Sie die Augen. Legen Sie eine Hand auf Ihren Bauch, und konzentrieren Sie sich auf Ihr Atmen. Spüren Sie, wie sich Ihre Hand mit jedem neuen Atemzug leicht anhebt. Und sich beim Ausatmen wieder senkt. Richten Sie all Ihre Aufmerksamkeit zwölf Atemzüge lang auf dieses Anheben und Absinken.

Schritt 2: Countdown zum Schlaf

Beginnen Sie mit Schritt 1, bis Sie ganz im Gleichklang mit dem Rhythmus sind. Sagen Sie beim Einatmen innerlich *zwölf* – dann atmen Sie aus. Beim nächsten Atemzug sagen sie *elf* – und atmen aus. Zählen Sie herunter bis *null*. Nehmen Sie sich Zeit. Langsam. Wiederholen Sie das Herunterzählen ein paar Minuten lang … oder bis Sie einschlafen.

Schritt 3: Langsamer – bis Sie schlafen

Wenn Sie jetzt einatmen, zählen Sie für sich bis sechs, und wenn Sie ausatmen bis neun. Denken Sie dabei an nichts anderes, sondern konzentrieren Sie sich völlig auf Ihr Atmen. Schon nach ein paar Wiederholungen fühlen Sie sich entspannt und fallen am Ende in Schlaf.

Schritt 4: In Wellen atmen

Die Verdauung gehorcht unserem Selbststeuerungssystem, was den Einfluss erklärt, den unsere Gefühle auf unsere Magenfunktionen haben. Deshalb ist es unerlässlich, richtig zu atmen und so langsamer zu essen und unserem Gehirn die notwendige Zeit zu geben, um zu registrieren, dass wir gesättigt sind. Die »Welle« eignet sich am besten für Zeiten, zu denen Sie hungrig sind – oder denken, dass Sie hungrig sind – und/oder vor den Mahlzeiten.

Legen Sie im Stehen, Sitzen oder flach auf dem Rücken liegend eine Hand auf den Bauch und die andere in mittlerer Brusthöhe darüber, das Handgelenk unter den Brüsten. Atmen Sie ein, und weiten Sie den Brustkorb, während Sie leicht auf den Bauch drücken. Atmen Sie aus und weiten dabei den Bauch, während Sie leichten Druck auf die Brust ausüben. Wiederholen Sie das Ganze 24-mal und atmen anschließend zunächst eine Weile normal weiter, bevor Sie zu Ihrer Beschäftigung oder Arbeit zurückkehren.

Schritt 5: Durch wechselnde Nasenlöcher atmen

Das ist nun ein wenig seltsam, aber haben Sie Nachsicht mit mir – Französisch ist eine sehr nasale Sprache. Atmen Sie im Sitzen oder Stehen durch beide Nasenlöcher aus. Schließen Sie Ihr rechtes Nasenloch mit dem rechten Daumen und atmen durch das linke ein. Schließen Sie das linke Nasenloch mit dem rechten Zeigefinger (beide Nasenlöcher sind jetzt geschlossen). Halten Sie den Atem an. Nehmen Sie den Daumen hoch, und atmen Sie durch das rechte Nasenloch aus, dann da durch wieder ein. Schließen Sie das Nasenloch wieder mit dem Daumen, geben das linke frei und atmen da durch aus. Damit ist die Abfolge einmal durchgeführt. Wiederholen Sie den Prozess sechs Mal. Zählen Sie bei jedem Atem anhalten, Ein- und Ausatmen bis sechs.

Schritt 6: Gähnen

Diese Übung habe ich gelernt, als ich nach New York gezogen war und in meiner Freizeit Unterricht in Modern Dance nahm. Ich war keine große Tänzerin, aber ein Star, wenn es ums Gähnen ging. Ohne jede Schwierigkeit vermochte ich auf Stichwort zu gähnen. Vor jenem Unterricht damals wusste ich nicht, dass Gähnen Stress abbaut, beruhigt und einen sogar in Schlaf fallen lässt, wenn man es oft genug wiederholt. Das passierte manchmal am Ende des Unterrichts, wenn wir auf dem Rücken lagen und uns in der Kunst des Gähnens übten. Beim Gähnen nehmen Sie eine größere Menge Sauerstoff in die Lunge auf als normalerweise, was den Blutfluss revitalisiert. Selbst das Geräusch, das ein gesundes Gähnen erzeugt, baut Spannung ab. Um sich selbst zum Gähnen zu bringen, müssen Sie tief einatmen und ihren Mund so weit öffnen wie möglich. Nach ein, zwei Versuchen ist das natürliche Gähnen in Gang gesetzt und kann unendlich weitergehen.

Dormez-vous – schlafen Sie?

Die Frage richtet sich nicht allein an *frère Jacques*. Der Schlaf wird im modernen Leben zu sehr vernachlässigt. Wir denken, wir können ihn zurechtstutzen und uns bis an unsere Grenzen belasten. Bis zu einem gewissen Grad wird er sogar in Gut und Böse eingeteilt – besonders tugendhaft ist es, mit wenig auszukommen. Das ist völliger Unsinn. Nichts, sieht man einmal vom Atmen und Wassertrinken ab, ist von so unmittelbarer Wichtigkeit für unser Wohlbefinden wie Schlaf. Und es gibt eine nicht genug beachtete Verbindung zwischen zu wenig Schlaf und Gewichtszunahme.

Proust beginnt sein Meisterwerk mit einem sehr langsamen und quälenden Blick auf den Schlummer. Er hat viel darüber nachgedacht und dazu gesagt, so wie wir Franzosen es mit den meisten Dingen tun. Nun wollen wir keine Leistungsangst schüren, aber Schlaf sollte dennoch gut erledigt werden. Man kann ihn durchaus als eine Art Kunst betrachten. Kunst und Genuss. Und wie auch bei anderen Genüssen – und guter Schlaf ist einer der fundamentalsten – geht es hier zuerst und vor allem um die Bedürfnisse des Einzelnen, da auch nicht zwei von uns den gleichen Anlagen und Mustern folgen.

Als wir noch nach der Sonne und den Jahreszeiten lebten und arbeiteten, war es leichter, schlafen zu gehen; unsere innere Uhr – unsere zyklischen Rhythmen – stellte sich verlässlich neu ein, während die Tage länger und kürzer wurden. Heute folgt jeder seiner eigenen Uhr und bekommt dabei oft zu wenig Schlaf. Dazu kommt eine Schlaflosigkeits-Epidemie, begleitet von einer Welle pharmazeutischer Gegenmittel. Regelmäßig gibt es Warnungen vor einem ansteigenden »Schlafdefizit«, das, wie Forschungen belegen, die Insulinabwehr steigert und den Ausstoß von Anti-Stress-Hormonen fördert. Es ist mitunter eine Art Teufelskreis, da die Antwort des Körpers auf Schlafentzug es noch weiter erschweren kann, Schlaf zu finden. Schlaflosigkeit führt unter anderem zu Lustlosigkeit, was zu übermäßigem Essen verleitet, da Essen die offensichtlichste andere Möglichkeit darstellt, wieder zu Kräften zu gelangen. Wenn wir uns so fühlen, bevorzugen wir gern *high energy food*. Und natürlich stört zu wenig Schlaf unsere mentalen Mechanismen, mit denen wir Genüsse registrieren und verarbeiten. Wirklicher Genuss ist von der Wachheit unserer Sinne abhängig. Nachts gut zu schlafen, ist unerlässlich, will man richtig essen und in Balance kommen.

Es gibt verschiedene Rituale, die den Nachtschlaf befördern können. Für mich ist die *tisane* wesentlich. Aber auch Wasser in jeder Form kann helfen, weil Wassermangel in jedem Fall die Qualität unseres Schlafs beeinträchtigt. Aus diesem Grund ist Alkohol vor dem Schlafengehen nicht gut, und in kleinen Mengen hat er, wie man weiß, den »paradoxen Effekt«, anzuregen. (Wir Franzosen *scheinen* nur ein Monopol auf Paradoxa zu haben.)

Und die äußeren Umstände: Sehen Sie sich in Ihrem Schlafzimmer um. Sie brauchen keine Feng-Shui-Fachfrau zu sein, um das eine oder andere zu verbessern. Zum Beispiel kann sanfte Beleuchtung, die Schläfrigkeit fördert, sehr helfen. Im Sommer in der Provence schickt der blühende Lavendel eine natürliche Schlafhilfe in die Nachtluft. Ich muss oft an die herrlichen Lavendelfelder der Abbaye de Sénanque, in der Nähe von Gordes in der Vaucluse, denken. Der Duft dort wirkte wunderbar einschläfernd. Sie können ihn auch mit frisch gepflücktem Lavendel genießen, oder indem sie ein wenig Lavendelöl erhitzen. Ludwig XIV. verlangte die Anwesenheit aller seiner Würdenträger in seinem Schlafgemach, und zwar nicht nur für sein *coucher* – sein Zubettgehen –, sondern auch für sein *lever* – das Aufstehen. Sie brauchen jedoch kein Publikum, um Programme einzustudieren, die Ihrem Körper zeigen, dass es Schlafenszeit wird.

Versuchen Sie, entspannt zu Bett zu gehen. Wir Franzosen essen erst spät; gehen Sie nicht schlafen, bevor Sie nicht Ihr Abendessen verdaut haben. Das legt ein leichtes Abendessen nahe (wozu Kohlehydrate passen), mit einem Glas Wein (der, mäßig und zum Essen genossen, entspannt). Es ist besser, spät noch einen kleinen Joghurt zu essen, um dem gelegentlichen *coup de faim* zu begegnen, als zu spät zu essen, oder zwar früher, dafür aber zu viel und deshalb später dennoch mit vollem Magen einzuschlafen.

Kontrolliertes Atmen ist ein weiterer Weg, Ihren Körper richtig vorzubereiten. Die Gähn-Übung kann hier sehr nützlich sein. Denken Sie auch an die Zimmertemperatur, die sommers wie winters 20 °C keinesfalls überschreiten sollte. Öffnen Sie Ihr Fenster einen Spalt, und lassen Sie frische Luft herein, wenn draußen nicht gerade ein Schneesturm tobt.

Es ist wichtig, den Zug zu erwischen, solange er im Bahnhof steht. Wenn Sie Müdigkeitssignale ignorieren, müssen Sie womöglich zwei Stunden warten, bis Sie erneut schläfrig werden. Regelmäßig zur gleichen Zeit aufzustehen und schlafen zu gehen, ist eine gute Idee. Sonntags bis

Mittag zu schlafen, um Verpasstes nachzuholen, ist dagegen nicht das richtige Konzept und basiert auf einem Missverständnis. Essen lässt sich nach einem wöchentlichen Kalender organisieren, Schlaf nicht. Versuchen Sie es lieber mit einem kleinen Nickerchen von zehn bis zwanzig Minuten tagsüber. (Vermeiden Sie eine ausgedehnte »Siesta« von zwei Stunden, da sie Ihren Schlafrhythmus beeinflussen wird.) Und bleiben Sie beim Prinzip der Mäßigung. Auch wenn das individuelle Schlafbedürfnis variieren mag, können weniger als sechs Stunden und mehr als acht ungesund sein. Obgleich nur wenige von uns zu viel schlafen, ist es durchaus möglich, auch hier des Guten zu viel zu tun. Ihr Körper wird seinen Schlaf weniger gut nutzen, wenn er zu lange *au lit* ist.

Die Haltung

Hilfreich kann es auch sein, sich eine gute Haltung anzugewöhnen. Gewicht steht in Beziehung zur Größe, zumindest unserem Empfinden nach. Französische Frauen lernen es, das Kinn zu recken, und haben allgemein eine gute Haltung. (Tun Sie einfach so, als wäre eine Schnur oder ein Draht oben an Ihrem Kopf befestigt und zöge Sie hoch.) Aus bestimmten Gründen scheinen allein Mädchen das *tiens-toi droite* – halt dich gerade! – gesagt zu bekommen, während sie aufwachsen. Ich erinnere mich an ein Mädchen auf dem *lycée*, das so gerade stand, dass wir sie einmal fragten, wie sie das mache. Zu Hause hielt ihr die Mutter ein Lineal gegen die Schultern, um sie dazu zu bringen, sich die richtige Haltung einzuprägen. Als ich aufwuchs, lernten wir die richtige Haltung im Ballettunterricht. Keine von uns wurde zur Ballerina, aber die Stunden halfen. Und unsere Sportlehrerin sagte immer, wir Französinnen seien nun mal eher klein, und ein wenig zu schummeln, um *quelques centimètres plus grande* zu wirken, sei sicher kein Verbrechen. Wenn ich mich also dabei erwische, wie ich krumm vor dem Computer hocke oder auf der Straße einen runden Rücken mache, denke ich an unsere Sportlehrerin und strecke mich augenblicklich. Und fühle mich größer.

KAPITEL 11
Stadien des Verlangens

Ihre innere Haltung ist der beste Schutz einer Französin gegen das Dickwerden, und ihre Sinne sind die Kanäle, aus denen diese Haltung sich speist. Durch sie nehmen wir die Welt in uns auf – ihren Geschmack, ihre Beschaffenheit, Geräusche und Gerüche. Wir alle praktizieren eine Art Yoga mit unseren Sinnen. Wir konzentrieren uns auf sie, so wie wir uns auf unser Atmen konzentrieren. Auf diese Weise machen wir das meiste aus unserer Erfahrung, auch beim Essen. Ihre Zufriedenheit hängt von Ihnen selbst ab. Darin besteht *l'art de vivre*, die Kunst zu leben, durch die wir Franzosen *la joie de vivre* erreichen, die Freude am Leben. Auch wenn wir dieses Strebens willen oft als »zu bourgeois« hingestellt werden, ist es doch so, dass unsere *joie de vivre* nicht mit unserem sozialen Status zusammenhängt. Unser nächster Urlaub bedeutet uns weit mehr als ein neues Auto, und wir würden Ersteres nie Letzterem opfern, es sei denn, es ginge nicht anders. Wie es uns *geht* und wie wir uns *fühlen*, ist uns allemal wichtiger, als was wir *haben*.

Jeder, der seine fünf Sinne beisammen hat, kann davon profitieren, dass er sie schärft. Spazieren Sie den Strand entlang, kraulen Sie Ihre Katze, essen Sie eine Orange oder heben Sie ein Stück Holz auf und schnuppern daran – all das sind sinnliche Erfahrungen, die uns mit ein wenig Übung bewusster und damit eindringlicher werden. Konzentrieren Sie sich auf jede einzelne; entwickeln Sie Ihre eigenen Wege und Worte, sie zu beschreiben, und bald schon wird Ihr Leben erfüllter sein. Denken Sie daran, dass kleine Erfahrungen durch Assoziationen und Erinnerungen eine ganze Palette von Gefühlen auslösen können. Diese sind verbunden mit Ihren Lebenserfahrungen, unserer Kultur und Umwelt. Prousts Erinnerung an den Geschmack der *madeleines* seiner Kinderzeit kann unzählige Formen annehmen. Je bewusster Ihnen diese Zusammenhänge sind, desto mehr können Sie daraus machen. Und umso leichter können Sie mit den Auswirkungen zerstörerischer Gefühle umgehen.

Französische Frauen sorgen dafür, dass sie täglich viele genussvolle *petits riens* haben, kleine Winzigkeiten, die ihnen einiges bedeuten. Wir haben so viele Begriffe für das Verwöhnen – *gâter, dorloter, bichonner, se chouchouter* –, die wir alle nicht mit Dekadenz oder gar Verfall gleichsetzen. Sie lassen uns das Leben genießen, jeden einzelnen Moment, und verhindern so, dass wir zu viel Trost von einem einzelnen Genuss wie dem Essen erwarten. Wenn wir uns etwas verweigern, dient das nicht dazu, unserem gierigen Ich eine Lektion zu erteilen. (Selbstbestrafung ist niemals der Weg zu wirklichem Wohlbefinden.) Wenn wir uns etwas verkneifen, dient das dazu, alles andere gebührend genießen zu können und das Gleichgewicht nicht zu stören, das uns dies möglich macht.

Natürlich genießen wir nichts so oft und auf elementare Weise wie unser Essen. Der Gedanke, dass man damit auch Schuld und Sünde gleichsetzen könnte, ist uns fremd. Eine Französin mag ihren Kuchen nachmittags auf der Café-Terrasse ihre *petit péché mignon* nennen, aber wie könnte diese »kleine, allerliebste Sünde« anders gemeint sein als ironisch? Der charmante englische Autor Peter Mayle, der Frankreich liebt, schreibt ganz richtig über seine Landsleute: »Kaum eine Woche vergeht, ohne dass irgendwo unheilvoll verkündet wird, wir müssten zahlen für die kurzen Momente des Genusses.« Wobei das Problem, wie auch er es versteht, nicht darin liegt, etwas Butter zu mögen, Wein oder Fleisch, sondern viel zu viel davon zu verdrücken. Nicht nur Amerika leidet da mittlerweile unter einer Art Psychose, die dem sowieso schon vorhandenen Stress noch weiteren hinzufügt. So werden die einfachen Werte des Genusses zerstört. Allein über unsere Einstellung lässt sich die fast schon epidemisch um sich greifende Übergewichtigkeit beherrschen.

Die Liebe zum Essen

Was Frankreich angeht, hat die Colette es am besten getroffen, als sie die Tischrunde als *un rendez-vous d'amour et d'amitié* beschrieb – eine Verabredung mit Liebe und Freundschaft. Und das ist nicht rein bildlich gesprochen, denn wir wissen, dass unsere Freuden miteinander verbunden sind. Wir können uns nichts Langweiligeres vorstellen, als mit jemandem zu leben, den Essen und gemeinsame Mahlzeiten nicht interessieren. Eine Leidenschaft gehört zur anderen, und zwischen ihnen besteht keine Einbahnstraße. Der Schauspieler Omar Sharif hat eine ganze Generation französischer Frauen nicht nur mit seinen wunderbaren dunklen Augen in *Doktor Schiwago* gewonnen, sondern auch mit der Erklärung, er könne keine Frau begehren, die nicht gerne äße. Ganz sicher würden französische Frauen, so dumm das dem eher intellektuellen Typ auch vorkommen mag, sich nie für einen Mann interessieren können, dem Sinnlichkeit nichts bedeutet.

Sinnlichkeit ist unerlässlich für unsere Vorstellung von Verführung, und das Verführerische nimmt einen prominenten Platz im Selbstbild einer Französin ein. Uns war immer schon bewusst, dass man keine ausgesprochene Schönheit sein muss, um verführen zu können, aber man muss sinnlich sein. Ein Model kann einen Mann auf sich aufmerksam machen, aber wenn sie nicht auch sinnlich ist, wird sie ihn nicht lange fesseln können. Stil, Geschmack, Eleganz, all das hat großen Einfluss, aber eine hübsche Begleiterin am Arm zu haben, die sich am Ende nicht »mit zu Tisch setzt«, das ist doch ziemlich unbefriedigend. Nicht dass wir Französinnen nicht auch wie alle anderen in Hochglanzmagazinen mit unnatürlichen Idealen bombardiert würden – wir nehmen es einfach nicht persönlich. Egal wie schick oder fit, wenn man sich nicht *bien dans sa peau* fühlt, wird man jenen gewissen *état de grâce* nie erreichen. Jede Frau kann das begreifen und Erfolg damit haben; Französinnen scheinen dabei allerdings intuitiver vorzugehen als die meisten anderen Frauen. Bei aller Beachtung für ihr Aussehen und was sie isst, macht eine Französin doch vor allem die Ungezwungenheit aus, mit der sie sich gibt und ihr Leben genießt. Ihr Gewicht hat damit wenig zu tun. Sich dem Essen zu verschließen, hilft nicht weiter.

Au contraire – das Essen selbst, in all seiner Pracht, ist seit den großen Diners am Hofe von Versailles zur Bühne der Verführung geworden. Französische Frauen verführen mit der Art, wie sie bestellen und sich die Speisen auf der Zunge zergehen lassen, mit der verschmitzten Komplizenschaft, mit der sie einen Bissen vom Teller des Gegenübers stibitzen und den Liebhaber ihrerseits mit einer besonderen Köstlichkeit füttern. Genau wie bestimmte Formen bei Tisch die Wirkung der Speisen zu verstärken vermögen, genauso wirken Präsentation und Ambiente auf die Stimmung der gemeinsam Essenden. Ein Überraschungsgericht oder ein ungeplantes Abendessen kann die Neugier weit stärker anregen als jedes noch so nette Routine-Essen. Ich habe schon weiter oben dazu geraten, ab und zu eine Flasche Champagner als Trumpf auszuspielen. Den Französinnen ist der Sexappeal von Essen Teil ihrer Natur geworden. Vielleicht haben deswegen so viele Koseworte bei uns mit Essen zu tun. Ich bin mit dem ganzen Repertoire essbarer Zärtlichkeiten aufgewachsen: *mon petit canard* (meine kleine Ente), *mon chou* (mein Kohlkopf), *ma tourterelle* (mein Turteltäubchen), *ma caille* (meine Wachtel) …

Une Amoureuse Rigolotte

Sex ist ein wunderbares Anti-Aging-Produkt ohne Nebenwirkungen. Er stärkt das Herz und erhöht die Produktion von Hormonen, die Stress abbauen und die Laune verbessern. Gute Laune ist der richtige Zustand, um die Dinge, die wir lieben, angemessen zu genießen, besonders unser Essen. Die richtige Geistesverfassung ist unabdingbar, wenn es um unsere Befriedigung geht, und sie verringert den Drang, des Guten zu viel zu tun. Noch besser als Sex ist es nur, sich zu verlieben. Gauguin schuf auf Tahiti einen Holzschnitt, den er »*Soyez amoureuse, vous serez heureuse* – Verlieben Sie sich, Sie werden glücklich sein« nannte – kein schlechter Tipp.

Vielleicht klingt das in Ihren Ohren wie eine dieser »Leichter-gesagt-als-getan«-Anleitungen, nach dem Motto: »Essen Sie das Richtige und treiben Sie Sport.« Ich beobachte jedoch viele Frauen, denen es nicht gelingt, Liebe als Freude und Genuss zu erleben. Beziehungen und Ehen lassen sich mit der gleichen grimmigen Entschlossenheit betreiben, wie manche ihre Karriere verfolgen. Romantik ist aber keine Wissenschaft, sondern eine Kunst, nicht weniger als die Kunst, gut zu essen. Und es bedarf Kultiviertheit und Raffinesse, soll eine Beziehung wirklich erfüllend sein.

In der Liebe verbinden wir Vielseitigkeit mit Beständigkeit, das Starre mit dem Gefügigen, die Erregung über das Besondere mit den Freuden des Behaglichen. Kontraste und Überraschungen halten die Liebe so interessant wie unser Essen. Und hier wie dort gehen wir nicht achtlos mit unserem »Einsatz« um und ziehen Qualität der Quantität vor. Wahre Liebe hängt davon ab, jemanden wahrhaft zu kennen, und jemanden so gut kennen zu lernen, braucht seine Zeit, manchmal ein ganzes Leben. Vielleicht gelingt es französischen Frauen deshalb besser als allen anderen, die ich kenne, auch noch nach zehn, zwanzig Jahren des Zusammenlebens – oder mehr! – den Reiz und das Geheimnis einer Beziehung zu erhalten. Es ist das Geld und die Anstrengung wert. Ich muss immer an Louis Aragon denken, der in meinem Lieblings-Liebesgedicht sagt: *»… il n'y a pas d'amour heureux … mais c'est notre amour à tous deux«*, was man in etwa übersetzen könnte: »Es gibt keine glücklichere Liebe als die von uns beiden.«

Nichts hilft der Ungezwungenheit der Liebe mehr als das Lachen. Französinnen träumen davon, *un amoureux rigolo* zu finden, eine lustige Liebe, die sie zum Lachen bringt. Die alte Weisheit, dass Lachen jung erhält, zeigt sich in der Tatsache, dass Vierjährige etwa 500-mal pro Tag lachen, der oder die Erwachsene durchschnittlich aber nur 15-mal. Wenn das Ihrer Idee des Erwachsenwerdens entspricht, dann danke. Eine Französin weiß intuitiv, dass sie nicht lacht, weil sie glücklich ist, sondern glücklich ist, weil sie lacht. Lachen ist zugleich ein körperliches und ein geistiges Vergnügen: Es entspannt, stimuliert, befreit und ist sinnlich. Es ist die angenehme Antwort auf Gefühle, die es seinerseits wiederum verstärkt. Körperlich regt Lachen die

Produktion von Hormonen an, welche die Laune heben; und es ist eine Form von innerer Kraft und Anmut, die gleichzeitig auch noch den Kreislauf stärkt – und Sie verbrauchen dabei mehr Kalorien, als säßen sie nur schlecht gelaunt da. Lachen ist wie ein leckerer Pilz im Wald – er kommt nicht zu Ihnen, sondern Sie müssen danach suchen, indem Sie entweder das Unerwartete aufspüren oder verrückt genug sind (*dingue* lautet das Wort, das wir dafür haben), das Abenteuer des Lebens immer von neuem zu genießen. Ob in einer Freundschaft oder der Liebe: Sitzen Sie nicht da und warten darauf, dass man Sie unterhält. Ergreifen Sie die Initiative, und verabreden Sie sich mit jemandem, dessen Gesellschaft Sie genießen. (Benutzen Sie weder Ihre Arbeitsüberlastung noch unser elektronisiertes Miteinander als Entschuldigung dafür, zu viel allein zu sein – zu zweit lacht es sich einfach besser!)

Vor Jahren war Edwards Mutter, die mich zu meinem großen Glück sehr mag, erleichtert, als er mir endlich einen Antrag machte. Wirklich sicher aber, dass wir auch zusammenbleiben würden, war sie erst, als Edward ihr auf die Frage, wie es denn so gehe, sagte: »Sie bringt mich zum Lachen.« Tatsächlich bringe ich bei Feiertagsessen gern seine ganze Familie zum Lachen. Edward und ich haben über die Jahre hinweg viel zusammen gelacht, und wenn ich ihn frage: »Liebst du mich noch?«, dann sagt er: »Solange du mich zum Lachen bringst.« Dafür sorge ich schon.

Dr. Wunder war es, der mir erklärte: »*Tout est une question d'attitude* – es ist alles eine Frage der Einstellung.« Der große provençalische Schriftsteller Marcel Pagnol glaubte, dass Gott den Menschen das Lachen zum Trost für ihre Intelligenz geschenkt hat. Ich glaube lieber, dass er uns unsere Intelligenz gegeben hat, damit wir den Wert eines herzhaftes Lachens erkennen.

KAPITEL 12
Lebensstufen

Unser Gleichgewicht wird uns nicht in die Wiege gelegt; es zu erreichen und zu erhalten, ist vielmehr eine lebenslange Aufgabe. Genetik und Vererbung mögen ihren Anteil daran haben; Ausgeglichenheit fällt dem einen schwerer als dem anderen. Aber der äußere Anschein trügt oft: Nicht selten stecken dahinter ungesunde Gewohnheiten. Nehmen wir nur das sprichwörtliche Model, das nichts als Hamburger und Pizzas isst und doch kein Gramm zunimmt. Ihre Veranlagung mag ihr Inneres – zumindest für den Augenblick – vor diesen Attacken schützen (und vor unseren neidischen Blicken). Aber es ist ebenso gut möglich, dass sich solch eine Frau weniger wohl fühlt als eine, die viel mehr darauf achten muss, was sie isst, wie sie sich bewegt etc. Französische Frauen verfügen, wie ich bereits sagte, über kein spezielles Schlankheits-Gen. Die meisten, die in einem gesunden Gleichgewicht leben, müssen etwas dafür tun. Aber durch kluge kulturelle Konditionierung und Praxis wird es ihnen sehr viel leichter.

Unglücklicherweise für uns Frauen – Stichwort: Wie unfair ist doch das Leben – ändert sich das Gleichgewicht, an dem wir arbeiten, mit zunehmendem Alter. Wenn wir aufhören, uns fortwährend um unsere Körper zu kümmern, ist es mit unserem Gleichgewicht bald vorbei. Verzweifeln Sie dennoch nicht: Dieses Sich-Kümmern und die damit verbundenen fortdauernden Korrekturen sind weit leichter als große Veränderungen nach langen Phasen des Ungleichgewichts. Wachsamkeit und schnelles Reagieren erlauben es uns, ein Leben voller Freuden zu genießen, ohne je dick zu werden.

Und doch kann es passieren. Über Jahre essen wir vernünftig und bleiben aktiv, und dann: Hoppla! – *force majeure*. Höhere Gewalt. Das kann alle Menschen treffen, aber besonders Frauen, deren Gewicht und Figur sich durch die drei großen körperlichen und psychologischen Umwälzungen, bei denen die Hormone in ihnen Amok laufen, radikal ändern können: Ich spreche von Pubertät, Schwangerschaft und Menopause. Zu allen drei Zeiten kann es zu Gewichtsproblemen kommen, und es ist besser, sich darauf vorzubereiten, als erst zu essen und dann die Fragen zu stellen.

Aber fangen wir ganz von vorn an.

Von der Geburt bis zum 7. Lebensjahr

Auch wenn das hier kaum ein Erziehungsratgeber sein soll, wissen wir doch, dass sich Gewohnheiten, die früh entstanden sind, am schwersten ändern lassen. Nutzen Sie die Zeit, solange Sie Kontrolle darüber haben, was Ihr Kind konsumiert. Als Kinder entwickeln wir ein lebenslanges Gefühl dafür, was natürlich und angenehm ist, und suchen später, erwachsen geworden, auf genau diese Weise Befriedigung, so ungesund sie auch sein mag. Um das zu begreifen, müssen Sie nicht erst den kompletten Proust lesen. Das größte Geschenk, das Sie Ihrem Kind, Ihrer Tochter, machen können, ist Vorlieben für das zu entwickeln, was gut für sie ist. Zuerst und vor allem heißt das: Wasser.

Kleine Kinder brauchen besonders viel Wasser. Die ersten zwei Jahre sind entscheidend, besonders die ersten sechs Monate. Der Körper eines Babys besteht aus 65 % bis 85 % Wasser, bei einem Erwachsenen sind es nur 60 %.

Ohne ausreichend Wasser kann ein Baby, besonders eines, das zu warm gehalten wird, schon innerhalb von drei Stunden dehydrieren, eine Gefahr, die bei Erbrechen und Durchfall noch anwächst. Wenn ein Baby nicht trinken will, zu viel schläft, träge wird, grau aussieht und zu schnell atmet, sollten Sie unbedingt einen Arzt konsultieren. Lassen Sie es nicht so weit kommen. Sorgen Sie dafür, dass Ihr Kind genug trinkt. Babynahrung ist normalerweise wasserreich, aber Geschmack am Wasser entwickelt sich nicht natürlich, wenn Sie dem Baby nur Milch und Saft als Flüssigkeit anbieten. Hier mag mit ein Grund dafür zu finden sein, dass die Vorliebe für ungesunde Getränke unter Erwachsenen so weit verbreitet ist.

Auch richtiges Essen sollte früh gelernt werden, aber wie jeder weiß, ist der Geschmackssinn eines Babys nicht weiter entwickelt als seine Zähne. Versuchen sie es nicht zu früh mit intensiv schmeckenden Dingen, so verderben Sie dem Baby den Appetit. Mit drei Jahren jedoch fangen französische Mütter bereits damit an, einen guten Geschmack zu kultivieren.

Besonders in der westlichen Welt sind Kinder zahlreichen ungesunden Versuchungen in Bezug auf das Essen ausgesetzt. Lebensmittel werden chemisch behandelt, um uns glauben zu machen, dass sie gut für uns sind. Vielleicht müssen Sie Feuer mit Feuer bekämpfen und Ihre Kinder an der Nase herumführen, so wie man es auch mit mir getan hat, damit sie das Richtige essen – bis sie ihre eigene Urteilskraft entwickelt haben. Viele Eltern scheinen heute weit weniger dazu gewillt zu sein als noch vor 50 Jahren. Jede Art von List kommt ihnen verdächtig vor und scheint die Gefahr von Traumatisierungen zu bergen. Das ist Unsinn. Es ist nichts Schlechtes daran, Kindern beizubringen, was gut für sie ist und wovon sie nicht zu viel essen oder trinken sollten. Nehmen Sie sich die Zeit, ein paar Spiele zu entwickeln, die dabei helfen. Als ich noch ein Kind war, kam mein Vater mittags zum Essen nach Hause (was damals durchaus normal war), und wir spielten *pèle la pomme* – schäl den Apfel. Mutter mochte die Schale nicht, also war es an meinem Vater, das Schälen zu übernehmen, und wir beobachteten, mit welcher Fertigkeit er es tat, während wir über die morgendlichen Geschehnisse sprachen.

Ernährung sollte eigentlich in der Schule gelehrt werden, aber das ist eher die Ausnahme, und irgendwann wird es schwer, Gewohnheiten zu ändern, die wir der Massenproduktion, Fastfood-Ketten und der Fernsehwerbung zu verdanken haben. Dort geht es oft nicht um gesundes Essen, sondern um Produkte, die essbar sind, einen Begriff, den ich bewusst so verwende. Nur wenige verkaufen natürlich gutes Essen. Fertiggerichte, die verpackt werden, tiefgefroren und schließlich wieder aufgetaut, sind nichts, wonach es einen verlangen sollte – und schon gar nicht sollte man Kinder daran gewöhnen.

In Frankreich, wo die Globalisierung gerade dabei ist, eine bis noch vor kurzem unvorstellbare Anzahl übergewichtiger Kinder zu produzieren, ist ein landesweites Schulprogramm zu Ernährung eingerichtet worden. Hilfreich ist auch, dass das Fernsehangebot noch keine Ausmaße angenommen hat wie in Amerika, wo das Durchschnittskind jährlich rund 10000 Werbespots rund ums Essen sieht. Derartige Spots bringen die Verdauungssäfte in Gang, Insulin wird ausgeschüttet, der Blutzucker heruntergesetzt – und der Appetit stimuliert. Das ist nichts anderes als gastronomische Pornografie.

An dieser Stelle finden Sie ein paar grundsätzliche Regeln, für die Ihnen Ihre Kinder dankbar sein werden, wenn sie später erwachsen und nicht dick sind.

– Gewöhnen Sie Ihr Kind daran, Wasser zu trinken (keinen Saft, »saftartige« Getränke oder Limo), um seinen Durst zu löschen. Wie auch bei Erwachsenen ist Durst kein tauglicher Indikator ausreichenden Trinkens – er meldet sich erst, wenn Sie zu wenig »im Tank« haben. Kinder sollten lernen, auf ihren Urin zu achten: Wenn er nicht klar und hell ist, brauchen sie mehr Wasser. (Lehrer und Eltern sind viel zu ungeduldig mit ihren Kindern, wenn sie oft auf die Toilette müssen.)

– Jetzt ist die richtige Zeit, um die Bedeutung von drei Mahlzeiten täglich und vernünftigen Portionen zu lernen; bei einem hungrigen Kind sind die Augen größer als der Magen. Einige Kinder können morgens noch nichts essen, aber wir Franzosen stimmen den Experten darin zu, dass ein richtiges Frühstück die Konzentrations- und Lernfähigkeit in der Schule merklich erhöht. Wenn Sie dafür sorgen, dass Ihr Kind in regelmäßigen Abständen isst, verringern Sie die Gefahr von »Zwischendurchessen«, das, wenn Ihre Kinder damit sich selbst überlassen sind, meistens Junkfood bedeutet.

– Bringen Sie Ihren Kindern die Rituale guten Essens bei, indem Sie selbst ein gutes Vorbild sind. Essen Sie nicht beim Fernsehen, wenn Ihre Kinder es nicht auch tun sollen. Das Abendessen ist ein wichtiges Ritual, Tischgespräche sind eine Kunst – selbst wenn es dazu führt, *mange ta soupe!* zu spielen, wie es unsere *nounou* Yvette mit uns tat.

– Bieten Sie ihnen möglichst viel – verschiedenes – Gemüse und Obst an; zeigen Sie ihnen, wie gut es schmeckt, wenn es frisch ist. Geschmackloses Obst und Gemüse wird sie nicht überzeugen.

– Lernen Sie, mit kleinen Belohnungen umzugehen – nichts spricht gegen die alte Sitte, gutes Essen zu belohnen, ob bei Erwachsenen oder Kindern. Irgendwelche Süßigkeiten sind keine Belohnung. Und versuchen Sie, eine niedrigere Toleranzschwelle für Zucker einzurichten. Ein Dessert muss nicht super-süß sein, um als Belohnung zu gelten. Versuchen Sie es mit *tarte aux fruits*. Die meisten Zerealien für Kinder enthalten mehr Zucker als französisches Gebäck. Sie sind die Pest. (Ich frage mich, wie viele Kinder, die verhaltensregulierende Medikamente nehmen, einfache Zucker-Junkies sind.)

– Füllen Sie sich die Vorratskammer nicht aus Bequemlichkeit mit schlechtem Essen. Haben Sie aber immer etwas für zwischendurch da. Kinder lieben Mandarinen, Weintrauben. Wussten Sie, dass roher Fenchel sich gut für den kleinen Hunger eignet?

– Beziehen Sie Ihre Kinder in die Essensvorbereitungen ein – lassen Sie sie zusehen, riechen, schmecken. Was Sie in der Küche tun, sollte kein Geheimnis für sie sein. Nehmen Sie die Kleinen mit auf den Markt, gehen Sie mit ihnen Beeren pflücken.

– Seien Sie nicht zu großzügig, aus Angst, dass Ihre Kinder Sie sonst weniger mögen. Französinnen sind da traditionell eingestellt und sehen den Vorteil von festen Vorgaben und Grenzen.

– Bringen Sie Ihre Kinder in Bewegung. Überlassen Sie die, die keinen Sport treiben oder in Vereinen spielen, nicht allein ihrer Playstation. Ein Gameboy taugt für die Hand-Augen-Koordination, ist aber keinerlei Ersatz für Bewegung. Kinder haben mehr Energie als Erwachsene; wenn sie die nicht austoben können, kann es zu Problemen kommen, einschließlich zu viel Essen.

– Denken Sie daran, dass Kinder ihre Eltern nachahmen; achten Sie in Bezug auf Ihr Wohlbefinden auf Abläufe und Gewohnheiten. Alles beginnt in der Kindheit.

Vor allem ist es wichtig, in diesem Alter genug Calcium aufzunehmen; 40 % bis 50 % des Knochen-»Kapitals« wird während dieser Jahre aufgebaut. Aufgepasst: Viele Mädchen vermeiden Milchprodukte, da sie in ihren Augen dick machen, was ein großer Fehler ist – Joghurt und Käse sollten regelmäßig gegessen werden. In diesen Jahren entwickeln Mädchen auch ihren Geschmack für Kaffee und Limonaden, Zucker und Koffein – fördern Sie Mäßigung.

Ein paar weitere »Regeln« und Vorschläge für die entscheidenden Jahre, in denen das Gewicht zum ersten Mal Thema in unserem Leben werden kann.

– Heute zieht es weibliche Teenager oft zum Vegetarismus, was ebenso Vorteile hat, wie es auch einen vernünftigen Umgang damit erfordert. Versuchen Sie nicht, Ihre Tochter davon abzubringen, solange sie tierische Proteine, vor allem Milchprodukte, zu sich nimmt. Und wenn Ihre Kinder Fleischesser sind, wie die Mehrzahl bei uns in Frankreich, ist das jetzt die richtige Zeit, sie an das Prinzip zu gewöhnen, nicht öfter als zwei bis drei Mal in der Woche Fleisch zu essen. Bringen Sie ihnen den Genuss von Fisch und Meeresfrüchten in ihren verschiedenen Formen nahe. Kinder lieben Sushi – was es zu meiner Zeit noch nicht gab.

– Fangen Sie an, ihnen beizubringen, wie man einfache Gerichte zubereitet, je früher, desto besser. Über die Zubereitung des eigenen Essens findet die Französin den Weg zu gesunder Ernährung – und auch das Aufräumen nachher ist wichtig.

– Bewegung. Verlassen Sie sich nicht auf den Sportunterricht in der Schule. Die Hälfte der Stunde kann mit Aktivitäten verloren gehen, die nichts mit Sport zu tun haben. Wenn Ihre Tochter eine Sportlerin ist, wunderbar; wenn nicht, darf sie nicht bis zum Abendessen nur dahocken. Routinearbeit, ehrenamtliche Aktivitäten und viele andere Dinge dienen der Persönlichkeitsbildung und verbrennen Kalorien. Unterhalten Sie keinen Hotelbetrieb für Ihre Kinder, sorgen Sie dafür, dass sie selbst Ordnung machen.

– Nun ist die Zeit, sich daran zu gewöhnen, auf unseren Flüssigkeitshaushalt zu achten. Acht bis zehn Gläser Wasser pro Tag sind leichter schmackhaft zu machen, wenn Sie die Vorteile erklären, was Gewichtskontrolle und einen sauberen Teint angeht. Sie brauchen sogar noch mehr, wenn sie zwischendurch salzige Snacks essen. Und ich rate auch dazu, dass es die Eltern sind, die ihre Kinder als Erste Alkohol trinken lassen, am besten Wein, und ihnen den angemessenen Umgang damit beibringen. Das ist nichts, das Ihre Kinder hinter Ihrem Rücken tun sollten.

Ganz allgemein gesagt, brauchen Körper, die noch in der Entwicklung sind, von allem etwas. Die perfekte Ernährung bestünde darin, dass Kinder und Teenager täglich ungefähr 20 verschiedene Dinge äßen. Nun, wir müssen tun, was wir können. Wenn Fleisch oder Fisch Probleme machen, gibt es zahlreiche Tricks, unseren argwöhnischen Nachwuchs zu »verführen«: Rollen Sie Pflaumen in Kalbfleisch oder dünne Putenschnitzel, verstecken Sie ungeliebtes Gemüse in einem Omelett, tauchen Sie Fisch in Eierteig und braten ihn in einer Pfanne. Schließen Sie den einen oder anderen Handel ab: Mittwochs gab es bei uns zu Hause oft *biftek de cheval* (Pferdesteak), das ich vor allem aus sentimentalen Gründen hasste, so gut das Fleisch tatsächlich schmeckte. Anschließend gab es immer ein kleines Überraschungsdessert; also aß ich mein Pferd.

Die Zunahme an Körperfett, die im Allgemeinen mit

der Pubertät einhergeht, fällt in die Mitte der 7 bis 10-Phase. Dann sollten alle jungen Mädchen, in Frankreich und anderswo, von einer/m Gynäkologin/en oder einer/m Schulärztin/arzt beraten werden. Ärzte können mit mehr Glaubwürdigkeit bestätigen, dass etwas Gewichtszunahme nur natürlich und gesund ist. Die Menstruation ist auf Fettreserven angewiesen. Während dünne Mädchen oft erst später in die Pubertät kommen, tritt sie bei weniger schlanken oft verfrüht ein. Und falls es wirklich zu Gewichtsproblemen kommt, ist die wichtigste Gegenmaßnahme das Drei-Mahlzeiten-pro-Tag-System. Es gibt keine bessere Balancierungsmaßnahme für das körperliche und geistige Wohlbefinden in dieser Zeit. Mädchen, die jetzt lernen, die goldenen Regeln der Ernährung zu verinnerlichen, werden es später, wenn sie das elterliche Nest verlassen, leichter haben, allein zurechtzukommen.

Im Alter von 17 bis 35

Viele erinnern sich an die eigenen Zwanziger als die Zeit unbegrenzter Möglichkeiten, obwohl eine Frau im Rückblick immer ihre Dreißiger idealisieren wird. Die letzten Teenager-Jahre und frühen Zwanziger bedeuten einen unvermeidbar harten Übergang; so war es auch bei mir. Die Universität, der Beginn einer Karriere oder gar die Gründung einer Familie. Der große Druck kommt genau dann, wenn wir jedermanns Geduld bereits mit unseren Teenagerängsten bis an die Grenze strapaziert haben. Ich habe zahllose Frauen in den Zwanzigern kennen gelernt, die Gewichtsprobleme hatten, weil sie noch nicht den Weg zu Erwachsenen-Gewohnheiten gefunden hatten, was Essen, Trinken und die Bewegung betraf. Besonders schmerzhaft ist es zu sehen, wie sie unhaltbaren Diäten auf den Leim gehen – wofür sie anscheinend durch den heute unter jungen Leuten so weit verbreiteten Technikglauben besonders anfällig sind. Ein bisschen krause Wissenschaft ist eine gefährliche Sache. Und dann stehen plötzlich gesellschaftliche Ereignisse bevor, für die schnelle Resultate erforderlich sind. Moderne Singles müssen sich immer wieder »präsentieren«, was die Vorstellung, in zwei Wochen zehn Pfund zu verlieren, ungeheuer verführerisch macht. Verschlimmert wird das Ganze dadurch, dass viele nie wirklich kochen gelernt haben. Wenn es Ihnen so geht, rate ich Ihnen zum vollen Programm nach französischem Muster: ein Monat Ernährungstagebuch, »Magische Lauchsuppe«, kurz- und längerfristige Umorientierung. Machen Sie endlich ernst damit, Ihre Kindheit hinter sich zu lassen.

Die Freiheit, die die meisten in der Phase von 17 bis 35 genießen, kann natürlich auch vordergründig »erwachsene« Exzesse bedeuten: schwere Essen im Restaurant (beruflich oder als »erwachsene« Umwerbungsrituale) und vor allem übermäßiger Alkoholgenuss unter den gerade Eigenverantwortlichen und Unbeaufsichtigten. In dieser Altersgruppe fällt das meiste übermäßige Essen in die Zeit nach 20 Uhr, während der Sie besonders *en garde* sein sollten. Zudem ist es wichtig, Methoden zu entwickeln, wie Sie die Zeiten vorm Mittag- und Abendessen sowie die Dämmerzeit vor dem Zubettgehen überbrücken, wenn der kleine Hunger kommt.

Muskelmasse und Knochendichte sollten jetzt ihren Gipfel erreichen. Ironischerweise gewöhnen sich die meisten von uns während dieser Phase jedoch an einen sitzenden Lebensstil, befördert von der Tatsache, dass immer mehr Jobs es von uns verlangen, zum ersten Mal in unserem Leben den ganzen Tag über am Schreibtisch zu hocken. Die richtigen Bewegungsgewohnheiten, das Prinzip des *faire les cent pas* kann uns hier zu Hilfe kommen, auch wenn das Mädchen in uns einfach noch all ihre Sünden in Fitness-Studio-Marathons wieder gutmachen möchte. Früher oder später wird das jedoch zu langweilig und anstrengend, und das ganze Gebäude kracht über dem noch zarten Gleichgewicht in sich zusammen. Je eher Sie sich die Lebensphilosophie einer Französin zu Eigen machen, desto leichter und genussvoller wird der Rest Ihres Lebens sein. Versuchen Sie, körperliche Betätigung und Vergnügen miteinander zu verbinden; sehen Sie sich nach Aktivitäten und Übungen um, die Ihnen Spaß machen, besonders wenn sie sich zusammen mit Freunden durchführen lassen. Es gibt tausend Haltestellen auf der Straße vom Triathleten zum Sofahocker. Es ist eine absolute Notwendigkeit, in diesem Alter mindestens 30 Minuten pro Tag zu Fuß zu gehen. Schwimmen und Yoga sind ebenfalls wunderbar, wenn Sie eine Neigung dazu verspüren. Vernächlässigen Sie auf keinen Fall Ihre Muskelstärke und -flexibilität, die später nur sehr schwer wiederherzustellen sind. Auch Ihr Stoffwechsel baut bereits vom 25. Lebensjahr an ab.

Bei schwangeren Frauen ist das Speichern von Fett natürlich und vollzieht sich vornehmlich in den ersten Monaten der Schwangerschaft, um Körperreserven für das spätere Stillen aufzubauen. Das Risiko späterer Gewichtsprobleme ist weit größer, wenn Sie bereits vor Ihrer Schwangerschaft leicht übergewichtig waren. Bevor Sie sich also um ein Gleichgewicht »für zwei« kümmern, bringen Sie Ihr eigenes in Ordnung. Und verfallen Sie nicht auf die Unausweichlichkeitstheorie: »Wozu das Ganze? In drei Monaten bin ich sowieso rund wie eine Kugel.«

Gestillt zu werden, ist gut für das Baby, aber auch gut

für die Mutter, da so die Fettreserven ihrem eigentlichen Zweck zugeführt werden, der Milchproduktion. Ein Monat Stillen kann Wunder bewirken, besonders für Ihre Figur unterhalb der Taille, dem, was wir *culottes de cheval* nennen, die »Reithosen«; diese Schwangerschaftsschenkel wieder loszuwerden, ist eine wahre Obsession für französische Frauen. Wenn Sie mit dem Druck vernünftig umgehen, können die »Übungen« der Mutterschaft eine große Hilfe sein.

Hier sind ein paar Dinge, die Sie beherzigen sollten, wenn Sie endlich Ihrer eigenen Wege gehen:

– Lassen Sie keine Botero-Skulptur aus sich werden: Tun Sie etwas dagegen. Ein bisschen Initiative und Disziplin helfen Ihnen bereits sehr. Jetzt, da Sie erwachsen sind und Ihre Entscheidungen für sich treffen, tun Sie es verantwortungsbewusst: Entwickeln Sie gute Angewohnheiten und Gepflogenheiten.

– In diesen Jahren können Karriere, Ehe und/oder Kinder großen Druck bedeuten. Es kann zu Fehlern, Zweifeln und Fehlschlägen kommen, und es ist unerlässlich, *les petits bonheurs* schmecken und schätzen zu lernen, all die kleinen Dinge, die jeden einzelnen Tag zu einem Wunder machen, ob es ein Sonnenaufgang auf dem Weg ins Büro ist, eine Blüte, die sich öffnet, oder auch einfach nur ein Lächeln im Aufzug oder das Kompliment eines Fremden. Nehmen Sie die Herausforderungen an und lassen sich nicht von Ihrem eigenen Leben unterwerfen: Treffen *Sie* die Entscheidungen, und fürchten Sie keine Risiken. Bewahren Sie Ihre Träume und *carpe diem* – leben Sie. Wie es Ihnen während dieser Jahre geht, ist von großem Einfluss auf die nachfolgenden.

– Finden Sie Möglichkeiten, wie Sie Müdigkeit und Anspannung mit körperlichen Aktivitäten und Hobbys begegnen können. Gehen Sie eigennützig mit Ihrer Zeit um. Finden Sie *Ihre* Art der Bewegung, und machen Sie sie zu einem Teil Ihres Lebens – ob Yoga, Tanz, Golf oder Tennis. Gehen Sie viel zu Fuß, und steigen Sie Treppen.

– Wahrscheinlich kommen Sie dabei auch heraus an die Sonne; achten Sie dabei auf die richtige Sonnencreme, und tragen Sie eine Sonnenbrille. Die Falten, die Sie damit verhindern, wären Ihre.

– Denken Sie an Ihren Wasserhaushalt: Entwickeln Sie einen Geschmack für Kräutertees, und meiden Sie Diät-Drinks oder sonstige Limonaden. Tragen Sie nicht einfach eine Flasche Wasser mit sich herum. Trinken Sie es auch, jeden Tag.

– Ihr Magen und Körper vergeben Ihnen noch einiges; genießen Sie trotzdem in Maßen, und bleiben Sie offen für neue, gesunde kulinarische Erfahrungen, die Sie ein Leben lang begleiten können. Suchen Sie immer nach frischem Obst und Gemüse, das gerade Saison hat.

– Interessieren Sie sich, was das Essen angeht, für Inhalte und Zutaten, kochen Sie selbst, und lernen Sie dabei, was Sie zu sich nehmen. Machen Sie einen Kochkurs.

Im Alter von 35 bis 55

»Nicht älter, aber weiser« ist nur für diejenigen eine leere Formel, die nichts anderes dahinter vermuten. Französische Frauen sind in diesen Jahren sprichwörtlich auf der Höhe – wir glauben fest daran. Sie können das auch. Wenn Sie sich bis in dieses Alter um Ihr Wohlbefinden gekümmert haben, verfügen Sie über die Erfahrung und das Bewusstsein, die Dinge, die Ihnen im Leben am liebsten sind, ausgiebig zu genießen, einschließlich Essen und Sex. Wobei Sie sich immer bewusst machen müssen, dass es nach wie vor *agents provocateurs* gibt, die sich gegen Ihr lang erarbeitetes Gleichgewicht verschwören, einschließlich größerer Verantwortlichkeiten in Beruf und Familie. In dieser Zeit müssen Sie sich womöglich um Kinder wie Eltern kümmern – was Sie ziemlich auslastet. Um einen großen Teil Ihrer Freizeit ist es damit geschehen. Und noch schlimmer: Unser Stoffwechsel funktioniert schlechter und schlechter. Französische Frauen sehen diese Zeit gleichzeitig als Höhepunkt, aber auch als mögliche Krise – und die große Mehrheit gibt sich nicht geschlagen.

Während Ihnen in der Jugend noch unendlich viel verziehen wurde, zeigt sich nun jede Halbherzigkeit und Schwäche, was Essen und Lebensweise betrifft. Herausposaunte Diät-Programme helfen umso weniger. Wenn Sie Gewicht verlieren, werden die Falten mehr, und Sie sehen mager aus, da sich mit dem schnellen Flüssigkeitsverlust das Gewebe lockert. Und mehr denn je verlangt es Sie nach Schlaf. Erinnern Sie sich noch an die Zeit, als Sie die Nacht zum Tag gemacht haben und dennoch morgens im Büro akzeptabel aussahen? Ein *adieu* all dem. Schlafmangel hinterlässt in diesem Alter tiefe Spuren und trägt viel zu Gewichtsproblemen bei. Akzeptieren Sie einfach, dass die Tage, an denen sich die Kerze ungestraft an beiden Enden anzünden ließ, vorüber sind.

Denken Sie von 35 an im siebenjährigen Rhythmus. Fortan verändert sich Ihr Körper alle sieben Jahre so sehr, dass eine neue Bestandsaufnahme notwendig wird und Sie Ihre Gewohnheiten überdenken sollten. Warten Sie nicht bis zum nächsten runden Geburtstag, der oft eine lähmende und traumatisierende Wirkung hat. Mit 35 beginnt sich die Verdauung zu verlangsamen, und Sie können nicht mehr so essen wie in Ihren Zwanzigern; im Normalfall tauschen Sie nun jedes Jahr ein halbes Pfund Muskeln gegen ein halbes Pfund Fett ein. Von 42 an beginnt Ihr Hormonspiegel bis zur Menopause (mit etwa 49) zu fallen, und von da an kommt es zusätzlich zu einem merklichen Verlust von Knochendichte. Aus diesem Grund greifen französische Frauen, die ihr Leben lang sehr viel laufen, nun auch zu Gewichten. Krafttraining ist der sicherste Weg, den Austausch von Muskeln durch Fett umzukehren, der Frauen in ihren Vierzigern mehr als alles andere von ihren jüngeren Geschlechtsgenossinnen unterscheidet. Es wirkt zudem dem Knochenverlust und der Verlangsamung des Stoffwechsels entgegen. (Und denken Sie daran: Muskeln verbrennen mehr Kalorien als jedes andere Gewebe, selbst im Ruhezustand.) Natürlich sollten Sie nichts übertreiben, wie es die Colette unglücklicherweise getan hat. Beginnen Sie mit ein bis zwei Kilo schweren Gewichten, und machen Sie langsame Bewegungen, die Sie kontrolliert von Anfang bis Ende ausführen. Schwung baut keine Muskeln auf, langsame, kontrolliert durchgeführte Wiederholungen der jeweiligen Übung machen den Unterschied. Wirklich neue Muskelmasse entsteht nur durch größere Gewichte. Sollten Sie sich für ein Fitness-Studio entscheiden – was keine Notwendigkeit ist, solange Sie bei Ihren kleinen Gewichten bleiben, dazu weiter Ihr Gehpensum erledigen und Ihre übrigen Übungen merklich intensivieren –, dann leisten Sie sich zu Beginn einen Trainer. Da ich selbst Fitness-Studios nicht mag, kann ich zu den komplizierten Geräten, die es dort gibt, nichts weiter sagen – auf mich wirken sie wie Kampfapparate. Trainieren Sie den Oberkörper mit Ihren Gewichten und den Bauch mit morgendlichen Sit-ups. Sehen Sie es wie eine Religion. Für die Beine habe ich nur einen Rat: Treppen.

Unterschätzen Sie die tief greifende physiologische und emotionale Bedeutung dieser Jahre nicht, besonders wenn sie Traumata wie eine Scheidung oder den Verlust eines Elternteils mit sich bringen. In diesem Stadium finden unsere Gedanken unvermeidlich zum Thema der eigenen Sterblichkeit. Sie können dabei griesgrämig werden – oder Ihr geschärftes Bewusstsein der Pflege von Lust und Genuss zuwenden. (Wofür sich französische Frauen entscheiden, brauche ich Ihnen nicht zu sagen.) Dadurch, dass Sie das jugendliche Verlangen nach sofortigem Genuss hinter sich gelassen haben, verfügen Sie über einen Vorteil, was Ihre Gewichtskontrolle nach dem Vorbild einer Französin angeht. Dazu kommt, dass Sie nach langen Jahren des Probierens nun weit besser wissen, was Sie wirklich mögen und was nicht. Niemand kann auch die kleinen Dinge so schätzen wie jemand, der einige Lebenserfahrung gesammelt hat. Dennoch dürfen Sie nicht die Soll-Seite ignorieren: Neue Forderungen entstehen, manches kehrt sich gar um, und so kann es passieren, dass Sie in Sachen Genuss in Richtung der Nullmarke gedrängt werden. Lassen Sie es nicht so weit kommen. Wenn Sie nicht mehr wissen, was Ihnen noch Genuss bereitet, ist die Wahrscheinlichkeit groß, dass Sie sich zu oft geschlagen gegeben haben. Es ist an der Zeit, neu anzusetzen.

Ich selbst bin in dieser Zeit auf neue Speisen gestoßen. Zum Beispiel liebe ich heute Sojanüsse, ganze Sojabohnen, die durch Rösten knusprig werden und einen nussigen Geschmack bekommen. Darüber hinaus gönne ich mir einige bekannte »Übeltäter« seltener und in kleineren Mengen. Meine Dosis Schokolade gibt es nicht mehr täglich, sondern nur noch drei Mal in der Woche, und ich esse seltener rotes Fleisch. Aber da ich Schritt für Schritt so weit gekommen bin, schmerzt es nicht. Es war auch während dieser Zeit, dass ich die 14 Stockwerke bis hinauf in unsere Wohnung meinem regelmäßigen Gehpensum hinzugefügt habe. Meine 20 Minuten tägliches Gehen waren der Schlüssel dafür, dass ich nicht an Boden verloren habe. Dr. Wunder hat mir damals erklärt: Wer mit 20 gesund aussieht, sollte genau dieses Gewicht für den Rest seines Lebens halten. Mit folgenden Grundregeln verwirklichen Sie dieses durch und durch vernünftige Ziel.

– Erhöhen Sie den Obst- und Gemüseanteil Ihrer Ernährung im Vergleich zu anderen Nahrungsarten, besonders den fetten und zuckrigen, die Sie ohnehin reduzieren sollten, wenn Sie sie regelmäßig konsumieren. Auch ein »süßer Zahn« findet ein neues Gleichgewicht, wenn man ihn langsam konditioniert. Praktizieren Sie das »Weniger ist mehr« mit höherem Nachdruck, vermeiden Sie leere Kalorien, und sparen Sie sie sich für die wirklichen Genüsse auf. Genießen Sie bewusst.

– Versuchen Sie, mehr auf die Rhythmen Ihres Lebens zu achten, täglich, wöchentlich, monatlich. Versehen Sie Ihre körperliche Betätigung und Bewegung mit einer klaren mentalen Dimension. Bewusstheit reduziert Stress und befördert das Gefühl von Wohlbefinden. Atmen Sie kontrollierter.

– Tragen Sie immer Wasser bei sich, und trinken Sie zumindest zwei Liter pro Tag.

– Nehmen Sie Multivitamine zum Essen.

– Lernen Sie, Nein zu sagen, und denken Sie dabei an ein Ja zu etwas anderem.

– Fügen Sie kleine Ruhephasen in Ihren Tagesablauf ein. (Früher ging ich direkt aus dem Büro zu Partys und Abendessen; heute komme ich erst nach Hause, dusche und meditiere ein paar Minuten. Das Resultat: Ich beginne den Abend mit neuer Energie.) Legen Sie an Ihrem Schreibtisch eine Atempause ein: Schließen Sie die Augen, und atmen Sie kontrolliert.

– Suchen Sie nach neuen Dingen, die Sie interessieren. Das Leben wirkt erfüllter, wenn es Neues enthält. Zu viele Frauen tragen allein die Interessen ihrer Jugend mit durch die mittleren Jahre. Das Neue aus dem letzten Jahr kann heute schon ein alter Hut sein. Wenige Ihrer möglichen Aktivitäten bleiben Ihnen aufgrund Ihres Alters verschlossen. Neugierde, genau wie Offenheit für neue Genüsse, ist kein Privileg der Jugend.

– Ihre Haut wird trockener werden und etwas von ihrer Elastizität verlieren, aber Sie brauchen keinen Chirurgen und keine Stammzellentherapie. Benutzen Sie viel Feuchtigkeitscreme und einen Sonnenschutz – auch an Tagen, an denen die Sonne nicht scheint. Viele Französinnen, mich eingeschlossen, tragen eine dunkle Brille, wann immer sie nach draußen gehen. Das verhindert kleine Falten und vergrößert unser Geheimnis.

Im Alter von 55 bis 77 und darüber

Unsere Lebenserwartung hat sich erhöht, und von denen, die vor Jahren noch als »alte Leute« betrachtet wurden, genießen viele heute einen der vitalsten Abschnitte ihres Lebens (besser spät als nie). Zwar lässt sich mit Gesundheitsproblemen nicht mehr so einfach umgehen wie noch in jüngeren Jahren, und die Folgen sind oft weit ernster; Wohlbefinden ist dennoch keine seltene Sache, so zerbrechlich es auch geworden sein mag. Pflegen Sie sich. Erkennen Sie die positiven Seiten der Eigennützigkeit, was nicht bedeuten soll, dass Sie sich nur noch mit sich selbst beschäftigen, sondern in besonderer Form auf die Bedürfnisse, Freuden und nun auch Beschränkungen Ihres Körpers eingehen. Jenseits der 50 gelingt es den meisten Frauen, klar zu erkennen, was ihnen wirklich wichtig ist. In dieser Lebensphase konzentrieren wir uns auf diese Dinge, vereinfachen unser Leben und verabschieden uns von allem Unnötigen. In mancher Hinsicht ist es die Zeit, in der wir Nein sagen lernen, nicht aus Selbstverleugnung, sondern weil wir es besser wissen. Unser Geist war nie ein besserer Verbündeter in Sachen Wellness. Nehmen Sie die Dinge, wie sie kommen. Das heißt nicht, dass Sie den Rest Ihrer Tage im Jogginganzug verbringen sollten. Seien Sie nicht *négligée* (vernachlässigt – ich spreche nicht von Ihrer Wäsche), sondern *soignée* (elegant und gepflegt).

Diese Lebenszeit kann voller Freude sein, aber anmutiges Altern verlangt auch nach vernünftigem Verzicht. In einer Gesellschaft, die jugendversessen ist – und immer schon war, allerdings waren es früher die Twens und nicht die Pre-Teens –, ist das nicht immer einfach und wird alle Kräfte Ihrer Selbst-Bewusstheit erfordern, die Sie herausgebildet haben. Altern kann für jede Frau eine Krise bedeuten, aber die, die gut altern, können es am Ende als natürlich akzeptieren. Der Jugend nachzutrauern, ist ebenfalls absolut natürlich, aber einige, wie Hamlet, trauern zu lange. Ihr Alter zu akzeptieren, wird mit der Erkenntnis belohnt, dass das Leben noch viel Wunderbares für Sie bereit hält.

Ein ausgewogenes Inneres ist es, das uns davor bewahrt, zu sehr der Vergangenheit nachzutrauern oder auf die Zukunft zu hoffen, die nicht länger unbegrenzt ist. Die gleichen mentalen Übungen und Atemübungen, die wir benutzen, um unser Essen zu regulieren, helfen uns auch, uns auf den Augenblick zu konzentrieren und entsprechend zu leben. Leben Sie jeden Tag für sich. Jeder neue Tag ist eine »Extraprämie«. Wenn man sein Alter und die verbleibende Zeit annimmt, wird man beschenkt: mit der weisen Weigerung, die kleinen Momente des Glücks zu verschwenden (deren Wert die Jüngeren oft übersehen) und einem Seelenfrieden, der Toleranz gebiert, Geduld und weniger Feindseligkeit der Welt gegenüber. Wenn Sie es richtig machen, wird aus der Zeit (die zeitweise als Feind erscheinen mag) mehr eine Art Illusion.

Das Schlimmste, das Sie sich antun können, ist, *une vieille qui veut faire jeune* zu sein – eine ältere Frau, die sich wie eine weit jüngere ausstaffiert: mit Miniröcken, Bikinis und zu viel Make-up. Solche Frauen gibt es auch in Frankreich, wo die gut Erhaltenen mitunter der Versuchung zum Opfer fallen, es herauszukehren. Aber es ist nun mal nichts Hübsches an einer 70-Jährigen, die in Shorts auf den Markt geht, wie toll ihre Beine auch sein mögen. Bescheidenheit ist *de rigueur*, je schwieriger es wird, sein Alter zu verstecken. Sich natürlich zu geben, ist die beste »Rache«. Operationen und Rougetöpfe zeigen nur, dass sich jemand nicht *bien dans sa peau* fühlt, worin, wie wir sagen, der Kern des Geheimnisses einer französischen Frau liegt.

Franzosen erkennen zu Recht an, dass *une femme d'un certain âge* von einem ganz besonderen Geheimnis umgeben ist, wobei der Ausdruck mehrere Bedeutungsebenen hat und sowohl auf Respekt abzielt als auch auf Weltgewandtheit und eine Spur von Verführung. Unsere Medien haben keinerlei Probleme zu vermitteln, wie sexy Catherine Deneuve und Charlotte Rampling sind. Männer halten Frauen dieses Alters für begehrenswert, sogar sexy, und oft kann man sie dabei beobachten, wie sie sich nach einer umdrehen, die zum Beispiel gerade ein Restaurant betritt. Wenn sie allein kommt, ist die Wahrscheinlichkeit größer, dass jemand mit ihr zu flirten versucht, als dass er sie bedauert.

Wenn Sie aufmerksam sind, präsentiert Ihnen das Altern

selbst seine vernünftigen Ratschläge. Trotzdem sind hier ein paar Vorschläge, die Sie in Betracht ziehen sollten:

– Trainieren Sie Ihren Körper regelmäßig in allen Lebensphasen, dann sind Sie in der besten Verfassung, auch später damit fortzufahren. Wobei es nie zu spät ist, damit anzufangen. Und der kleine Marsch, der Ihrem jüngeren Ich als unbedeutende Verbesserung erschienen sein mag, wird jetzt womöglich zum lebensbejahenden Ritual, zur verlässlichen täglichen Leistung.

– Überprüfen Sie Ihren Speiseplan, und setzen Sie noch einmal mehr Obst und Gemüse darauf. Essen Sie mindestens zweimal am Tag Obst, besonders Beeren, und gehen Sie mit der Jahreszeit. Versuchen Sie, Fleisch auf einmal in der Woche zu begrenzen, Fisch auf zweimal. Eier sind kein Problem, aber nicht mehr als eins am Tag; täglich erlaubt sind auch Linsen, grünes Gemüse und Salate, Kartoffeln (vermeiden Sie Püree und Pommes frites), brauner Reis und, *bien sûr*, ein oder zwei Gläser Wein. Erklären Sie Joghurtessen zu Ihrer Religion.

– Mahlzeiten und Portionen werden automatisch kleiner, da der ältere Körper schneller gesättigt ist. Manchmal besteht das Problem gar darin, nicht zu viel, sondern zu wenig zu essen und so unter Mangelerscheinungen zu leiden. Bei Fleisch oder Fisch reichen rund 150 g für eine ausreichende Ernährung, sogar 90 g sind in Ordnung. Benutzen Sie Ihre kleine Waage, um Ihr Gefühl für die Größe von Portionen neu einzurichten. Ein nachmittägliches *goûter* einzuführen, ist eine gute Idee. Ein einfacher Flan ist ein guter Protein- und Calciumlieferant. Und vielleicht wollen Sie uns Französinnen ja sogar noch überholen und überlegen, ob nicht fünf kleinere an Stelle der gewohnten drei täglichen Mahlzeiten besser sind. Weil Ihr Geschmacksempfinden nicht mehr so fein ist, werden ältere Menschen ihr Essen eher leid. Es ist sinnvoller, kleinere Portionen einzunehmen, als sich mit dem Speiseplan einer jüngeren Frau abzukämpfen, was durchaus vorkommt.

– Achten Sie auf Ihre Verdauung. Schwere Desserts sind Ihnen womöglich nicht länger so freundlich gesinnt wie Sie ihnen. Sparen Sie sich Schwereres für besondere Gelegenheiten auf, und essen Sie kleinere Portionen.

– Reiben Sie Ihre Haut morgens und abends mit Feuchtigkeitscreme oder einer Lotion ein. Denken Sie an Ihre Hände – nach jedem Waschen oder Abwasch. (Einfache, althergebrachte Lotionen und Cremes für trockene oder besonders trockene Haut reichen völlig aus. Besonders teure Cremes mit genetisch entwickelten Zusätzen sind unnötig.) Noch eine bemerkenswert wirksame Neuerung: Geben Sie zwei Esslöffel Walnussöl in Ihr tägliches Essen. Untersuchungen zeigen einen guten Einfluss auf Laune, Kreislauf und Herzrhythmus. Und es wirkt Entzündungen entgegen. Das hätte meine Verwandten in der Provence interessiert, die das Öl schon seit jeher als Zaubertrank betrachtet haben. Sie benutzten Walnuss- und Haselnussöl ein Leben lang, wenn auch sparsam – es ist teuer –, für ihre Salate. Beide schmecken zudem wundervoll. Probieren Sie.

– Wasser, Wasser, Wasser! Ich weiß, ich wiederhole mich, aber nach 80 Lebensjahren ist der Flüssigkeitsspiegel eine Frage von Leben und Tod. Als meine Mutter ihre Neunziger erreichte, erinnerte mich ihr Arzt, nicht Dr. Wunder, nein, aber jemand der gleichen Schule, dass die beiden größten Gefahren in ihrem Alter Dehydrierung und plötzlicher Gewichtsverlust sind. »*Je n'ai pas soif* – ich habe keinen Durst«, hört man immer wieder von älteren Menschen, aber seinem Rat folgend, trank sie alle drei Stunden ein Glas.

KAPITEL 13
Der Plan fürs Leben

Leslie, eine Freundin aus New York, die liebend gern nach Paris kommt, ist neulich abends mit mir in ein köstliches Restaurant in der rue des Grands-Augustins, gleich bei der Seine, zum Essen gegangen. Während sie auf ihrem Teller herumstocherte und mir zusah, wie ich meinen leer aß, erzählte sie mir von ihrem Mittagessen ein paar Stunden zuvor. Zusammen mit einer amerikanischen Freundin war sie einkaufen gewesen, bis sie auf der eleganten Faubourg St. Honoré nicht mehr konnten und in ein schickes kleines Bistro in der rue Matignon gingen. Zwei typische Pariserinnen, gut gekleidet, saßen am Tisch neben ihnen. Leslies Freundin sagte: »Pass auf«, und war sich sicher, dass die beiden Salat und Evian bestellen und danach nur noch eine Gauloise rauchen würden. Zu ihrer Überraschung mussten sie jedoch feststellen, dass die beiden Frauen nicht nur Nichtraucherinnen waren, sondern eine Vor- und Hauptspeise und dazu auch noch Wein bestellten. Völlig am Boden waren sie dann, als es am Nachbartisch zum Dessert auch noch *profiteroles* gab, während sie selbst bereits ihr »Ein-Gang-Essen« bezahlten. »Nun ja, alles genetisch bedingt«, sagte Leslies Freundin schließlich.

Nein, das ist es nicht. Und Sie können sicher sein, dass die beiden Damen, die da ihr ausgiebiges Essen an einem solch wunderbaren Tag genossen, schon genau wussten, worauf sie im Austausch abends oder am nächsten Tag verzichten würden. *C'est la vie.*

Bei allem gebührenden Respekt für die Genforscher

Watson und Crick kann die große Mehrheit von uns ihr Essen genießen und braucht dennoch nicht dick dabei zu werden, auch wenn sie nicht mit einer besonderen DNA gesegnet ist. Tatsächlich gibt es in Frankreich, was das angeht, weit weniger »natürlich« große oder schlanke Frauen als in Kalifornien oder Schweden. Der wahre Grund, warum französische Frauen nicht dick werden, ist nicht genetischer, sondern kultureller Natur, und wenn sich die Französinnen ähnlichen Extremen von Essen und Diäten aussetzen würden wie beispielsweise die Amerikaner, wäre das Problem der Übergewichtigkeit bei uns weit größer. Bei unserer vergleichsweise kleinen Gestalt wären wir eine Nation aufgeblähter Kugeln, die die Boulevards entlangrollten, ich mit meinem Beruf vorneweg!

Es gibt ein »französisches Paradox«, das weit über unsere Fähigkeit hinausgeht, Wein und Käse zu genießen und uns gleichzeitig ein gesundes Herz zu bewahren. Wobei der Widerspruch, wie bei fast allen Paradoxa, nur auf einem Eindruck beruht, der einen völlig logischen Zusammenhang verschleiert. Französische Frauen werden nicht dick, weil sie ihre uralten Erfahrungen nicht durch neue Gewohnheiten und Theorien ersetzt haben, die uns zu erklären versuchen, wie unser Körper seine Nahrung verarbeitet. Sie sehen keinen Widerspruch im Essen von Brot und Schokolade oder einem Schluck Wein und dem Wunsch, schlank und gesund zu bleiben. Dafür verstehen sie, dass jede von uns für ihr eigenes Gleichgewicht verantwortlich ist und, wenn diese Balance aus dem Lot gerät, ihren eigenen Korrekturplan entwerfen muss, der auf den persönlichen Umständen und Vorlieben beruht. Gewöhnlich lassen Französinnen einen Verlust an Balance nicht zu weit fortschreiten. Wenn wirklich einmal des Guten zu viel getan wird, währt das höchstens ein paar Tage und kann bald schon wieder behoben werden. Wenn Sie Ihre Genüsse und den dafür fälligen Ausgleich auf wöchentlicher Ebene planen, ist es sehr schwer, zu weit vom Weg abzukommen. Viele Frauen stolpern über einzelne Fehler. »Nun, damit bin ich raus aus der Diät. Da kann ich auch gleich ganz aufgeben.« Das ist grundsätzlich falsch gedacht. Wir sind alle Menschen: Wir straucheln und kehren auf unseren Weg zurück. Französinnen geht es da nicht anders. Nur dass sie besser verstehen, wie damit umzugehen ist.

Manchmal nehmen auch Französinnen mehr zu, als sich mit einer Woche des Ausgleichs wieder abnehmen lässt. Auch wir machen unsere Pubertät durch, Schwangerschaften, die Menopause – all die bekannten Gleichgewichtskiller. Der Unterschied liegt darin, wie wir darauf reagieren. Wir machen nicht einfach nur eine Diät, sondern nehmen langfristig kleine Änderungen vor. Wenn wir also unsere überzähligen Pfunde wieder verlieren, geschieht das nicht nur auf schmerzlose Weise, sondern der Erfolg hat auch weit größere Aussichten, anzudauern. Gewichtskontrolle ist kein Schreckensregime, sondern Teil unseres *savoir vivre* – der Kunst zu leben.

Ich wäre dennoch nicht ehrlich, würde ich nicht zugeben, dass auch ich ein oder zwei Französinnen kenne, die ihr ganzes Leben über dick waren. Eine wundervolle Freundin der Familie, sie hieß Yvonne, genoss Essen und Wein mehr als irgendwer, den ich je kennen gelernt habe. Was für ein Vergnügen es war, mit ihr zu essen! Oft habe ich das getan, bis sie vor zehn Jahren mit 84 starb. Yvonne wusste, dass sie keine grazile Person war, aber ihre Figur hatte nichts mit einem Verlust von Kontrolle zu tun. Ganz besonders in ihren letzten Jahren zog sie so großen wirklichen, echten Genuss aus Essen und Trinken, so viel Vitalität, dass ihr der Lohn größerer Beschränkung schlicht nicht ausreichend erschien. Nicht dass sie immer noch mehr Gewicht zugelegt hätte, sie setzte einfach aus freiem Willen ihr »persönliches« Gleichgewicht, wenn man so will, höher an als die meisten Frauen. Und liebte jeden Tag ihres Lebens. Ihre Figur war ungewöhnlich, aber im Geiste hätte sie nicht französischer sein können.

Meine Strategie in diesem Buch ist ebenfalls durch und durch französisch. Essayistisch, *bien sûr*, aber auch systematisch. Stück für Stück habe ich versucht, Ihnen nahe zu bringen, warum französische Frauen, mit seltenen Ausnahmen, nicht dick werden. Dies ist kein Diätbuch, das Ihnen eine mehrfarbige Grafik bietet, anhand derer Sie – a, b, c, d etc. – sofort Schritt für Schritt zu Werke gehen können. Und darauf kommt es auch nicht an. Natürlich können Sie selbst *Madame Bovary* querlesen und blätternd den Plot nachvollziehen, Szenerie und Hauptpersonen im Eiltempo ausmachen; wollen Sie jedoch von den Einsichten des Buches profitieren, müssen Sie sich der Erzählung überlassen und darauf gefasst sein, nicht immer alles beim ersten Versuch zu erkennen. Ein Programm, das Ihnen ein Leben lang dient, ist nicht im Hauruck-Verfahren zu entwickeln. Gewohnheiten zu verändern, dauert länger, aber wenn es gelingt, hat das Neue Bestand.

Es würde jedem französischen Verständnis widersprechen, eine ganze Philosophie auf ein paar einzelne Regeln reduzieren zu wollen. Jedes wirkliche Lebensmuster ist mehr als die Summe seiner Teile. Aber ich bin auch Amerikanerin, und als leitende Angestellte habe ich eine Schwäche für Listen und Kernsätze. Und was für ein Buch könnte sich schon französisch nennen, wenn es nicht zumindest mit dem Versuch spielte, sich selbst zu dekonstruieren. Und so fühlt sich die Amerikanerin in mir – ganz im

Bewusstsein der möglichen Fehlbarkeit dessen, was sie nun tut – zu folgenden verallgemeinernden Beobachtungen bemüßigt:

Französinnen *freuen* sich auf die guten Dinge, die sie essen, und sorgen sich nur wegen der schlechten.

Französinnen essen viele verschiedene Dinge, in kleinen Portionen – nicht nur ein Gericht in großen Mengen.

Französinnen essen viel Gemüse.

Französinnen essen sehr viel Obst.

Französinnen lieben Brot und würden an ein Leben ohne Kohlehydrate nie auch nur denken.

Französinnen essen nicht »fettfrei« oder »zuckerfrei« oder sonst etwas, dem künstlich der natürliche Geschmack entzogen wurde – aber sie mäßigen sich.

Französinnen lieben Schokolade, besonders die dunkle, leicht bittere, seidige, mit ihrem nussigen Aroma.

Französinnen essen mit allen fünf Sinnen und lassen so weniger mehr erscheinen.

Französinnen balancieren Essen, Trinken und Bewegung Woche für Woche neu aus.

Französinnen glauben an Planung, Vorbereitung und Genuss.

Französinnen kommen auch schon mal vom Weg ab, aber sie finden wieder zurück; für sie gibt es Umwege, aber keine Sackgassen.

Französinnen stehen nicht ständig auf der Waage, sondern verlassen sich auf Hände, Augen und Kleider: Sie vertrauen auf das »Reißverschluss-Syndrom«.

Französinnen essen dreimal täglich.

Französinnen essen nicht ständig »zwischendurch«.

Französinnen versuchen, Heißhunger zu vermeiden.

Französinnen essen nie, bis sie sich »voll« fühlen.

Französinnen trainieren ihren Geschmack, und den ihrer Kinder, von früh auf.

Französinnen halten sich an ihre Essensrituale, essen nicht im Stehen oder auf dem Weg irgendwohin. Oder gar beim Fernsehen.

Französinnen sehen sowieso nicht viel fern.

Französinnen lieben es, neue Geschmacksrichtungen zu entdecken, und experimentieren ständig mit Kräutern, Gewürzen oder Zitrus-Säften, um bekannten Speisen einen neuen Anstrich zu geben.

Französinnen vermeiden extreme Temperaturen bei dem, was sie essen, und genießen besonders Früchte und rohes Gemüse, das bei Zimmertemperatur voller Geschmack ist.

Französinnen mögen keine Spirituosen.

Französinnen trinken – und genießen – regelmäßig Wein, aber nur zum Essen und nicht mehr als ein, manchmal zwei Gläser.

Französinnen lieben Champagner, als Aperitif oder auch zum Essen. Sie brauchen keinen besonderen Anlass, um eine Flasche zu öffnen.

Französinnen trinken *den ganzen Tag über* Wasser.

Französinnen suchen sich ihre speziellen Genüsse selbst aus, entscheiden sich für ihren eigenen Ausgleich. Sie wissen, dass die kleinen Dinge zählen, in beiden Richtungen, und dass sie und niemand anders für ihr Gleichgewicht verantwortlich sind.

Französinnen gehen gern auf den Markt.

Französinnen planen ihre Mahlzeiten im Voraus und denken auch zu Hause in Menüs, einzelnen kleinen Speisen.

Französinnen halten ein Abendessen zu Hause für ebenso schick wie eines im Restaurant.

Französinnen laden gern zum Essen ein.

Französinnen legen größten Wert auf die Präsentation des Essens. Ihnen ist wichtig, wie man es *sieht*.

Französinnen gehen zu Fuß, wohin immer sie können.

Französinnen steigen Treppen, wann immer möglich.

Französinnen ziehen sich selbst zum Müllherausbringen richtig an (man weiß schließlich nie).

Französinnen sind sture Individualisten und laufen nicht der Menge hinterher.

Französinnen lieben Mode.

Französinnen wissen, dass man mit einer tollen Frisur, einer Flasche Champagner und einem göttlichen Parfüm viel erreichen kann.

Französinnen wissen, *l'amour fait maigrir* – Liebe macht schlank.

Französinnen vermeiden alles, das für zu wenig Genuss zu viel Energie verlangt.

Französinnen sitzen gern vor einem Café und tun nichts, als den Moment zu genießen.

Französinnen lachen gern.

Französinnen genießen es, zu essen.

Französinnen machen keine Diäten.

Französinnen werden nicht dick.

Das Einzige, was Sie wirklich aufbringen müssen, ist ein wenig Energie. Es gibt absolut keine französischen Kniffe oder Gewohnheiten, die Sie sich nicht mit ein bisschen gesundem Menschenverstand, Aufmerksamkeit für persönliche Bedürfnisse, Stärken, Schwächen – und Vorlieben – zu Eigen machen können.

Hier kommt Ihre erste größte Herausforderung: Schreiben Sie alles auf, was Sie in dieser Woche essen. Sagen Sie sich nicht: »Ich erinnere mich schon daran.« Passivität bringt Sie nicht auf den richtigen Weg. Wenn Ihnen der erste kleine Schritt gelingt – genau Buch zu führen und so herauszufinden, was Sie wirklich zu sich nehmen –, sind Sie bereits *en route*.

Bon courage, bonne chance et bon appétit.